언어, 문화
그리고 커뮤니케이션

언어, 문화
그리고 커뮤니케이션

초판 1쇄 발행 2009년 11월 30일

지은이 _ 한스 위르겐 헤링어Hans Jürgen Heringer
옮긴이 _ 최명원
펴낸이 _ 배정민
펴낸곳 _ 유로서적

편집 _ 심재진
디자인 _ 천현주

등록 _ 2002년 8월 24일 제 10-2439호
주소 _ 서울시 금천구 가산동 327-32 대륭테크노타운 12차 416호
TEL _ (02)2029-6660
FAX _ (02)2029-6663
E-mail _ bhceuro@bookeuro.co.kr

ISBN 978-89-91324-40-4

ⓒ 2004. A. Francke Verlag Tübingen und Basel

Interkulturelle Kommunikation

언어, 문화
그리고 커뮤니케이션

한스 위르겐 헤링어Hans Jürgen Heringer 지음 | 최명원 옮김

유로
BOOKEURO
PUBLISHING

서문

나는 너희들에게 이 작은 책자를 너희들을 들여다 볼 수 있는
거울로써 전해주려고 하는 것이지, 이것을 통해서
다른 사람을 보는 안경으로 삼으라고 주는 것이 아니다.

Georg Christoph Lichtenstein

여기 이 작은 책은 하나의 긴 이야기를 가지고 있다. 그리고 이 이야기에서는 나의 친한 친구 폴커 힌너캄프Volker Hinnerkamp 가 주인공이다. 그는 나에게 이 책을 쓰도록 제안했을 뿐만 아니라. 그 제안에 직접적으로 관계 되어 있다. 무엇보다도 수년에 걸친 그 많은 공동 세미나와 트레이닝과 결정적 사건들에 대하여 그가 수집한 것들을 통해 그도 이 책의 집필에 참여하고 있다. 이 책이 쓰여지게 된 가장 현실적인 유발요인은 바이에른의 가상대학교에서 행했던 공동 프로젝트인데, 이 책은 거기서 교재로 쓰도록 기획된 것이었다. 물론 한 권의 책이 그러한 프로그램을 대체해줄 수는 없다. 책으로 전환하는 과정에서 우리는 이러한 매체 안에서 어떤 것들이 손실되는지 인식하는 고통을 맛본다. 그러나 모든 매체들이 그들 나름의 장점도 지닌다는 것 또한 잘 알려진 사실이다.

상호문화적 의사소통 안에서 우리는 망망대해에서 조각 배를 타고 있는 것과 같다. 네비게이션 역할을 해 주는 것은 별로 없지만, 위험은 도처에 널려있다. 여기서는 우리가 어쩔 수 없이 진퇴양난의 상황에서 둘 중 하나를 선택해야 하는데(두 개의 악 중에서 하나를 택할 수 밖에 없는 상황에 처한 것을 표현하기 위한 것으로, 메시나 해협의 위험한 소용돌이Charybdis에 빨려들거나 이 맞은 편에 산다는 그리스 신화

의 머리 여섯 달린 Scylla라는 괴물에게 잡히거나 하는 진퇴양난의 비유적 표현: 역주), 한편으로는 순진한 낙관주의자들이 우리 또한 결국 인간들이므로 상호문화적 의사소통이 잘 된다고 좋은 뜻으로 보는 것이고, 다른 한편으로는, 우리가 잘 준비되어 있어야만 하며 가능한한 낯선 문화에 대하여 많은 것을 알아야만 한다는 것이다. 이것은 물론 나쁘지 않다, 다만 폭풍 속에서는 네비게이션 시스템이 제대로 작동하지 않는 경우가 너무 많다는 것이다. 그럴 경우, 우리는 새롭고 예측할 수 없는 상황에 즉흥적으로 잘 대처해 나가야 한다. 그렇지 않으면 우리는 Scylla의 손아귀에 걸려들거나 Charybdis의 깊은 소용돌이 속으로 빨려들게 될 것이다.

그렇다. 그리고 우리가 이 모험을 무사히 견뎌냈다고 하더라도 우리는 여전히 전형화의 위험에서 벗어나지 못하고 있다. 우리는 다른 사람들을 우리의 모습에 따라 개조하려고 한다. 다시 한번 리히텐베르크Lichtenberg를 인용하자면, "신은 그의 형상에 따라 인간을 창조하였다라는 것은 아마도 인간이 그의 형상에 따라 신을 창조하였다라는 것을 말하는 것일 수 도 있다."라는 것이다. 아니면 그에 의한 신의 형상에 따라서? 그리고 자기자신에 의한 형상?

2004년 2월에 숀도르프Schondorf에서
한스 위르겐 헤링어 Hans Jürgen Heringer

역자의 글

이 책은 독일 여행 중에 들렀던 서점에서 제목에 이끌려 손에 넣게 되었다. 서점에서 대충 살펴보는 가운데 얼핏 얼핏 한국이나 중국 일본에 관한 언급들이 눈에 띄어, 궁금증은 흥미로운 호기심으로 발전하면서 꼭 읽어야겠다는 욕심이 더해졌다.

마침 언어학 관련 수업에서 이 책에 관한 내용의 일부를 다룰 수 있는 기회가 되어, 내용을 정리하면서 번역의 출발점이 되었다. 이 책이 번역되고 출판되기까지는 당시 수강생이었던 이숙현의 노력과 도움이 컸다. 이 자리에서 번역에 대한 사의를 표시하는 것만으로는 부족하다는 아쉬움이 남는다. 쉽지 않은 내용들을 다루면서, 특히 저자의 의도가 분명하게 읽히지 않는 많은 부분들에서 고민하면서 가졌던 시간들을 돌아보며, 긴 시간을 함께 한 이숙현에게 다시 한 번 고마움을 전한다.

이론에서건 실제 작업에서건 번역은 언제나 회의와 좌절이라는 단골메뉴로 차려진 식탁 같다. 서로 다른 문화를 접하면서 타인과 의사소통한다는 것 또한 번역에서 느끼는 어려움과 크게 다르지 않을 것으로 생각된다. 이 책은 일반적인 언어학 전반에 걸친 이론에 대한 언급부터 실질적인 상호 문화적 의사소통을 위한 지침서로서의 역할까지 폭넓은 내용을 때로는 간결하게, 때로는 깊이를 더하여 다루고 있다. 때문에 어떤 내용은 비교적 쉽게 넘길 수 있는 부드러운 음식 같은 반면, 어떤 내용들은 몇 번이고 곱씹고 곱

씹어야 넘겨지는 질기고 딱딱한 음식 같은 느낌이다. 그것이 어떤 모양새를 하고 있던 간에, 서로 다른 문화를 이해하고 그 안에서 의사소통을 하려는 의도와 관련된 분야나 사람들이라면 분명 커다란 도움을 받을 수 있을 것으로 생각된다.

예상했던 것 보다 훨씬 긴 시간을 보내며, 원고에 마지막 손길을 주고 있는 지금, 막상 세상 밖으로 내놓으려니, 자꾸 부족함이 눈에 띄어 주저하는 마음이 된다. 이 책의 내용에 담겨있을 수 있는 번역상의 오류는 모두 역자의 책임임을 밝히며, 부끄럽고 조심스러운 마음으로 이 책이 세상 빛을 받으며 밖으로 나오는 것을 바라본다.

2009년 10월 30일
역자 씀

CONTENTS

CONTENTS

의사소통의 토대

우리는 일련의 정확한 정의를 내리는 것으로 시작해야 하는가?

프리드리히 바이스만

Interkulturelle Kommunikation

1 의사소통의 토대

우리는 일련의 정확한 정의를
내리는 것으로 시작해야 하는가?

프리드리히 바이스만

인간의 의사소통이 무엇이며 어떻게 인간의 의사소통이 작동하는
지 우리 모두는 알고 있다. 우리는 그냥 그것을 할 수 있고, 그것
은 우리에게 일상의 일이다. 의사소통은 인간의 자연사自然史의
부분이다.

우리는 어떤 학문적 연구로부터, 이 연구가 우리에게 또 다른 더
많은 지식을 가져다주고, 우리가 우리의 의사소통에 관한 훨씬 더
정확하고 체계적인 지식을 얻게 되며, 어쩌면 또 의사소통의 일반
적인 원리들을 알게 되기를 기대하게 된다. 그리고 우리는 물론 이
러한 지식이 다시 실용적으로 사용되기를 바라고, 우리가 이러한
지식을 갖고 있을 때, 보다 더 심사숙고하는 자세로, 한마디로 좀
더 나은 의사소통을 하게 되기 바란다.

일반적으로 어떤 한 연구는 이미 연구된 현상의 기본개념을 가지
고 시작한다. 사람들은 이러한 기본개념을 수정하고자 하고, 이 기
본개념을 상세한 내용들, 새로운 인식들로 채우고자 한다. 그리고
또 이따금씩은 심지어 완전히 폐기시켜 버리기도 하는가?

그러나 우리가 생각하기에 몇 가지들은 폐기시키지 않을 것이다.
그렇지 않다면 우리는 어쩌면 종국에는 어떤 다른 것을 연구했을
지도 모른다.

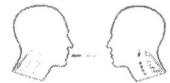

● 인간의 의사소통에는 항상 적어도 두 사람이 있게 된다. 능동적으로 무엇인가를 생산해 내는 한 사람과, 수동적으로 수용하는, 좀 더 알맞게 표현하자면, 이해하는 다른 한 사람이 있다. 이러한 역할들은 바뀔 수 있다.

● 인간의 의사소통에서 우리는 기호를 사용한다. 물론 어휘들은 우리에게 너무나 익숙해서, 우리는 이 어휘들을 그냥 간단히 기호로 보지 않는다. 어휘들을 기로호서 인식하기 위해서는 체계화된 성찰이 요구된다.

● 기호는 의미를 갖고 있다. 기호 사용의 핵심은 간접성에 있다. 더 이상 실제 사물들이 아니라 일종의 대용품이 의사소통에 사용된다.

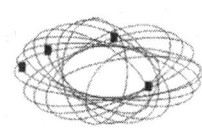

어떤 하나의 학문적 연구는 기술記述해내는 가운데 끝을 맺는다. 기술은 언어적 텍스트, 수치들, 통계학, 그래픽 등으로 구성될 수 있다. 그래픽에 의한 기술은 비록 모델의 개념이 이 안에서 상세하게 논의되지 못하더라도, 모델로서 묘사된다. 하나의 모델은 어떤 다른 영역으로부터 개념을 전용하는 것과 같은 그런 것일 수 있다. 그러나 그 모델이 적합한지 어떤지는 다른 문제다. 이 문제는 오직 다른 학문적 기술과의 비교나 혹은 논리적 입증과 잘못된 반론을 통해 결정될 수 있다.

1.1. "의사소통"의 정의

맨 처음에 정의를? 많은 학자들은 어떤 대상의 연구를 그 대상을 정의하는 것으로 시작한다. 물론 그것은 학자들이 그 대상을 정확히 알지 못한다면 하기 어려운 것이다. 연구는 우선 이러한 목적을 달성해야 한다. 그러므로 우리가 더 많은 지식을 얻게 될수록, 연구가 진행되는 동안 대상과 정의는 변화하게 된다.

대상, 즉 현상은 단지 그렇게 주어져 있는 것이다. 학자들은 그것을 정의내리거나 규정할 수 없다. 이로써 우리는 첫 번째 문제에 부딪히게 된다. 동사 정의하다*definieren*는 학문에서 통일적으로 사용되지 않고 있다. 이것은 비교적 자주 원래 어떤 것인지 찾아내다*herausfinden* 라는 의미에서 사용되지만, 대개는 어떤 것이어야 하는지 확정하다*festlegen* 라는 의미에서 사용된다. 그래서 사람들은 예를 들어 실제로 두개의 상반된 가치를 동시에 갖고, 사전에 어떤 낱말의 정의가 있는지에 대해 이야기 하다. 하지만 일반적인 사전의 과제가 의미에 대한 그 무엇인가를 확정하는 것인가? 사전은 오히려 의미가 그 의미인 그대로 그것을 서술하는 것이 아닌가? 학문에서 널리 사용되는 동사 정의하다*definieren*는 대상에 초점을 맞추고 있는 것이 아니라 연구나 이론을 표현하는 언어에 집중되어 있다. 그리고 거기에는 이론을 표현하는 언어, 특히 그의 용어들이 정확히 정의되어야 한다는 합리적 요구가 있다. 수학자와 논리학자들은 모든 그들의 용어들이 정확히 정의되어 있어야한다는 것을 요구한다. 보다 덜 경직된 이론들에서는 여기에 그다지 큰 가치를 두지 않는다. 여기에 바로 전문용어들이 일상어로 이해될 수 있을 것이라는 희망이 있다. 이것은 어쩌면 단지 일상어로서만 명확히 표현될 수 있는 일반적인 인간의 문제에 관한 것이기 때문에 때로는 합리적인 것처럼 보인다. 그로부터 우리는 전문용어들은 자의적으로 정의되어서는 안 되며, 삶과 그러한 용어들의 통상적인 적용의 상관관계 안에서 정의되어야 하는 것으로 결론내릴 수 있다.

여기에 갈등이 있다. 이론들과 전문용어들을 위해 학문적으로 확고한 위치를 가지고 설명되는 판단기준들이 있다. 무엇보다도 정확성과 관련성이 여기에 속한다. 정확성은 이론들이 잘못된 것으로 증명될 수 있도록, 또 사람들이 그 이론들에 반론할 수 있도록 하기 위해 요구된다. 관련성은 사람들이 이론을 일관성을 가지고 검증할 수 있도록, 또 이론의 가설을 합리적으로 논증할 수 있도록 하기 위해 요구된다. 이것이 어떻게 일상어의 표현으로 성취될 수 있는지, 그리고 이것이 일상어 표현으로 성취될 수 있는 것인지 어떤지는 여전히 논란의 여지가 많다.

사람들은 언제 정의할 수 있는가? 물론 논리적 절차 안에서도 사람들이 이론을 내세우기 전에 어쩌면 사건에 대해 충분히 알지 못할 수 있다는 문제가 있다. 달리 말해서, 그 전문용어들이 무엇을 표현해야 하는지 미리 알지 못한 채 내가 특정 전문용어들을 그러저러한 방법으로 사용한다면 전체 이론이 쉽게 잘못될 수 있다. 그 때문에 사람들은 그 전체를 오히려 하나의 과정으로 본다.

내 전문용어들의 우수성 혹은 유용성은 내가 설명하는 이론의 우수성을 통해 정해진다. 그리하여 나는 바로 이 과정이 진행되는 동안 내 전문용어들도 시험해 볼 것이며, 새로운 인식들이 전문용어의 정의 안으로 유입되도록 할 것이다.

바로 이러한 방법으로만이 의사소통*Kommunikation*이라는 용어가 다루어 질 수 있을 것이다.

의사소통은 여러모로 연구됐고 또한 여러모로 정의되었다. 모든 정의들이 방법론적 연구가 진행되던 그 때에 생겨난 것은 아니다. 그보다는 많은 정의들에 있어서 정의를 내리는 사람들이 단순히 그들에게 의사소통에 있어서 결정적인 것이 무엇인지를 생각하는 가운데 의사소통의 본질을 제시하거나 규정하고자 의도했을 뿐만 아니라 아마도 그렇게 했을 것으로 생각된다. 이와 같은 것은 널리 확산되어 있다.

다양한 방식의 산물들을 보도록 하자.

> 나는 **의사소통**_Kommunikation_이라는 단어로 다음에 열거하는 것들 사이에
> 서의 모든 종류의 의사소통을 표시한다.
> ● 생물과 생물
> ● 생물과 기계(인간 혹은 기계에 의해 산출된 구성물들)
> ● 기계와 기계
> (Payer 2001: www.payer.de/cmc/cmcs01.htm)

여기서 우리는 확고한 정의에 대한 한 예를 볼 수 있다. 이 여성
저자는 그 어떤 전통에 의지할 수 있지만, 우리는 어디에 이러한
정의의 성과가 있어야 할지, 있는 그대로 인식할 수 없다. 이렇게
상이한 것들을 동등하게 다룬다는 것이 비현실적인 결과에 이른다
는 의혹은 생기지 않는가? 아니면 바로 이러한 개관이 창의적이고
성과가 있는 것일까?

다음과 같은 정의가 훨씬 더 개방적이고 동시에 훨씬 더 특별하다.

> 의사소통이라는 단어는 매우 다양한 방식으로 사용된다. 원한다면 우리는
> 어떤 한 체계의 영향을 받는 모든 형식들을 또 다른 의사소통을 통해 일컬을
> 수 있다. 그렇게 되면 파이프, 동물, 뇌세포와 같은 것들이 의사소통한다. 사
> 람들은 해석상 유용한 모든 사건을 의사소통이라고 말할 수 있다. 그렇다면
> 어퍼커트 또한 넥타이를 매지 않는 것이나 바람에 움직이는 풀잎도 마찬가
> 지로 의사소통적이라고 할 수 있다.
> 나는 의사소통이라는 단어를 언어학이나 언어철학에서처럼 아주 제한된 의
> 미에서 사용하고자 한다.

> 다른 사람에게 드러낸 방식으로 뭔가를 알려주고자 하는 의도를 가지고 행해지는 모든 의도된 행동은 의사소통이라고 불려야 한다.
>
> 이와 연관된 의미에서 의사소통한다는 것은 주변 사람들에게 영향을 끼친다는 것을 말하는데, 더 정확히 말하자면 사람들이 다른 사람에게 기호를 통해 (아주 광범위한 의미에서) 알아차리도록 하고자 하는 것으로, 이것은 이러한 인식이 다른 사람에게 원하는 방향으로 영향을 끼칠 수 있는 이유가 될 수 있으리라고 바라는 가운데, 다른 사람들이 어떻게 하도록 하는 것이다.
>
> (Keller 1994: 104)

루디 켈러(Rudi Keller, 1942)는 언어학자이다. 그의 연구는 다음과 같은 곳에 중점을 두고 있다.
- 언어변화
- 기호이론
- 기업의사소통

언어 변화에 관한 그의 이론은 본질적 설명원칙으로서 보이지 않는 손의 과정을 확립하였다. 기호의 변형은 기호 발생의 중요한 관점이다.

물론 여기에는 다음과 같은 문제들이 제기된다.
- "의도적 행동"이란 무엇인가?
- "드러낸 방식으로"라는 말이 무엇을 의미하는가?
- "(아주 광범위한 의미에서) 기호"란 무엇인가?

결손적 정의들 다음의 두 정의는 유사하다. 켈러의 정의를 염두에 둔다면, 이 두 정의들은 약간 낯설게 작용한다.

> 수신인과 마찬가지로 정보전달을 위해 동일한 기호문을 이용하는 발신인으로부터 하나의 소식을 받아들이는 것.
>
> Umstätter:www.ib.hu-berlin.de/~wumsta/wistru/definitions/da4.html)

발신인으로부터 수신인에게로의 소식이나 정보의 전달이 의사소통으로 불린다.
(Bussiek:www.rauchzeichen.de/wissen/kommunikation/definition.htm)

사람들이 전혀 이해하지 못하는 것은 그때그때의 일방성이다. 의사소통은 적어도 양쪽 참여자들과 관계되지 않는가?

낯선 관찰방법의 전용과 기술적 어휘들은 이와 같은 견해가 큰 대중성을 얻게 했다. 이러한 관찰방법이 얼마나 폭넓게 받아들여지는지는 아직 검증되어야 한다.

1.2. 의사소통 모델들

소식 전달의 기술적 표현을 받아들이는 것이 의사소통의 발신자-수신자-모델이 되었다. 그러면서 섀논/위버(Shannon/Weaver)의 최초의 기술적 모델이 다소 강도 높은 변화를 겪게 되었다.

인간의 의사소통은 사람 A와 B 사이의 정보전달의 연속으로 파악된다. 이때 의사소통 파트너들은 발신인과 수신인의 역할을 교대로 취하게 된다. 전화 상에서도 발신과 수신을 여기에 참여하고 있는 사람들이 선택해야만 한다는 점에서 이러한 순서는 비슷하다.

발신자에게 있어서는 어떤 하나의 의도가 어떤 한 의미저장물로 되는 것인데, 어쩌면 이것이 의사소통되어져야 하는 것들이다. 이것은 발신자가 사용하도록 마련되어 있는 언어적·비언어적 기호들과 관련되어 코드화 된다. 발신자 개인에 있어서 의도된 것이 기호화되고, 이것은 바로 이어서 상이한 경로(청각적, 시각적, 감각적)로 소식이나 보고로써 사람들 사이에 전달되도록 한다.

수신인에게 있어서는 그렇게 전달된 기호의 연속체(보고 / 소식)가 각자 자신들이 가지고 있는 기호저장물들을 토대로 해독되고

발신자-수신자-모델

의미연속체로 번역되는데, 이것은 수신인에 의해 다시금 발신인이 보낸 보고로 이해된다. 수신인이 이제 이렇게 이해된 의미에 반응함으로써 수신인 자신이 발신인이 되고, 다른 사람이 수신인이 되고 하는 등등이다.

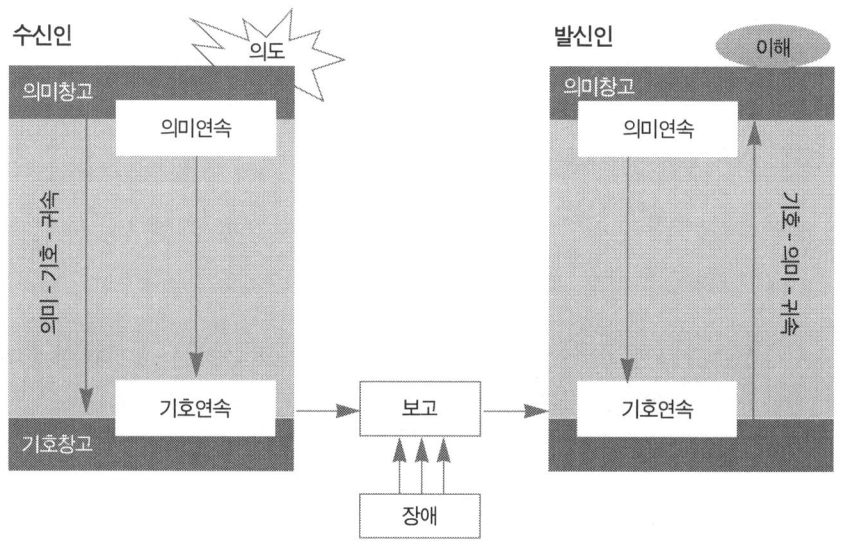

의사소통을 이처럼 기술하는 것은 대단히 불충분하다. 상황, 인지, 지식 같은 것이 전혀 들어있지 않다. 그리고 이것들은 전문어를 벗어나지 못하고 있다. 발신자나 수신자들에 의한 말은 우리가 의사소통에서 하는 것과는 그다지 잘 들어맞지 않는다. 이것은 무엇인가 외부로부터의 낯선 시각이며, 이와 같은 것을 우리 자신은 알지도 경험해보지도 못했다.

이 모델은 사고가 언어보다 먼저라는, 소위 사고가 근본적이라는 이데올로기 위에서 만들어 졌다. 그 어떤 하나의 의미창고가 있고, 개별 의미들이 의미창고로부터 만들어지게 되면, 그것들은 다시

언어로 코드화된다. 하지만 그 의미들은 그 이전에는 정확히 무엇
이었는가? 그리고 그 의미들이 이미 언어적인 것이 아니라면, 우리
는 그 의미들을 코드화할 수 없는 것이다. 하나의 코드는 코드화하
는 것에 속한다. 여기서 코드라는 것은 무엇이어야 할까? 보통 하
나의 코드는 두 개의 기호문으로 구성되는데, 그 기호문의 요소들
은 서로 1 대 1의 대응으로 귀속된다.

이와 같은 묘사가 단지 전문용어가 지니는 위엄에 달려있는 것일   **코드**
까?

기호문 1	a	b	c	d	e	f	g	...
기호문 2	ﺀ	ﺏ	ﺝ	ﺏ	ﺕ	ﺙ	ﺯ	...

아직도 여전히 다음과 같은 많은 문제들이 있다.
● 도대체 의미연속체란 무엇인가? 그런 것들이 있기는 한 것인가?
  아니면 먼저 기호들(그리고 언어 이전의 파악되지 않는 의미
  들)이 연속적으로 조합될 수 없는 것인가?
● 우리는 어떻게 부호화하는가?
● 장애라는 관념 뒤에는 무엇이 숨어 있나? 텔레비전에서 화면이
  불안정하게 깜빡거리는 것과 같은 그런 것인가? 보내진 바로 그
  것이 항상 그대로 도착되는 것이 아닌 것과 같은 것으로 이해
  되어야 하는 것이라면, 우리는 이것이 바로 의사소통의 일반적
  인 경우라고 말해야 한다.
● 도대체 어째서 두 기호문이 동일한 기호창고와 동일한 코드화
  방식을 갖고 있나? 장애로 간주되는 것은 비현실적이며 근거를
  댈 수 없는 이상상으로부터 비롯된다.

이 모든 문제들을 우리는 좀 더 다루고자 한다.

조화로운 생각, 즉 의도는 이해 속에서 분명해지고, 본질적으로 외적인 장애들에 의해서만 위태로워지며, 그 어떤 방식으로도 인간의 의사소통과 부합하지 않는다.

인간의 의사소통은 항상 위태롭다. 의사소통의 장애는 우리의 전기선을 불통으로 만드는 벼락처럼 외부로부터 오는 것이 아니다. 그보다는 우리가 말하고자 하는 것이 우리가 그것을 의미하는 것과는 다르게 이해되는 바로 그런 것이 일반적인 경우이다.

결정적인 것은 언제나 이해한다는 것이다. 이해한다는 것은 이를테면 무엇이 말해진 것인지를 이해하는 파트너가 규정하는 것이다.

초기의 유명한 의사소통 모델은 칼 뷜러(Karl Bühler)의 오르가논 모델이다. 뷜러는 언어는 오르가논이라는 플라톤의 격언을 출발점으로 삼았다. 그 안에는 다음과 같이 "어떤 한 사람이 - 다른 사람에게 - 사물들에 대해"라고 하는 세 가지 관련기반들이 열거되어 있다. (Bühler 1969: 94)

오르가논-모델

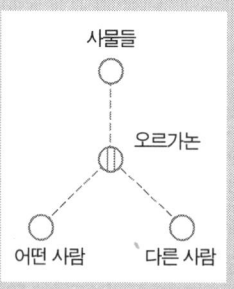

사람들은 한 장의 종이 위에 삼각형과 같이 세 개의 점이 배열된 하나의 도식을 그리고, 4번째 점을 중앙에 그릴 것이다. 그리고 이 도식이 상징화 할 수 있는 것에 대해 숙고하기 시작할 것이다. 중앙에 있는 4번째 점은 우리가 연구해야 하는 오르가논을 상징하고 있다. 이 오르가논은 추측컨대 모퉁이에 있는 각각의 세 기반들에 대해 모종의 관계 속에 있어야만 한다 [...] 우리는 점선으로 그어진 선을 중앙에서 우리 도식의 꼭짓점 쪽으로 끌어당기고, 이 점선이 무엇을 상징하는지 생각해 보게 된다.(Bühler 1969: 94)

이러한 설명은 종이 위에 무엇인가를 끄적거리고 어른에게 그것이 무엇을 그린 것인지 묻는 아이의 행동을 생각나게 한다.

이러한 설명이 그 어떤 교수법적 전통을 확인시켜주고 있는 것은 분명하다. 아마도 이것이 어떤 강의에서 비롯된 것일 수도 있다. 그러므로 당신들도 그 선들이 무엇을 상징하는지 묻고 있다. 자 이제, 어떤 사람은 발화를 생산해내고, 다른 사람은 수용하며, 발화는 세계와 관련을 가지게 된다.

전통적으로 뷜러는 플라톤처럼 단편적으로 해석되었다. 오르가논을 도구로써 표현한 것은 올바르지 못한 생각이다. 그러나 오르가논은 얼마든지 생체기관이 될 수도 있고, 이로써 진화로 생각되는 언어이해력으로 연결될 수 있다. 뷜러는 이와 관련하여서 어쨌거나 생체기관에 대해서 언급하면서, 인간의 눈과 비교하였다. 어찌되었건, 어떤 점에서는 이 도구라는 생각이 적합하지 않다. 언어는 목적을 위해 만들어진 그 어떤 것도 아니다. 언어는 기능적으로 생겨난 것이고, 의사소통 목적도 진화로 생겨난 것이다. 인간이 언어를 도구로써 생각해낸 것이라면, 그 전에 이미 그 어떤 목적을 파악했어야 했을 것이다. 하지만 의사소통 전에 의사소통이라는 생각이 주어졌어야 했었는가?

뷜러는 모델을 계속해서 달리 만들어나가면서, 소위 구조적 모델로부터 기호의 기능과 의사소통의 양상을 설명하는 하나의 모델을 고안해낸다. 더 이상 현실에 대한 묘사의 양상뿐만 아니라 화자들과 그들의 관계도 이에 포함된다.

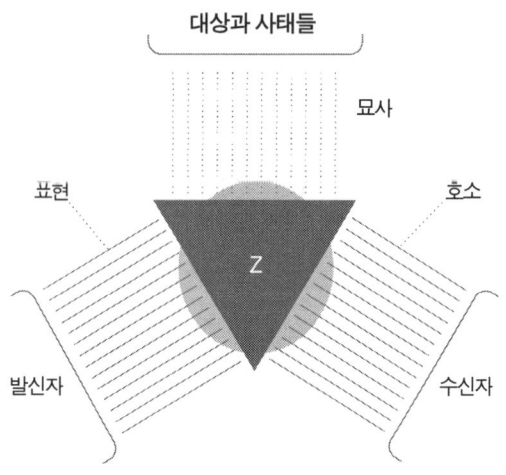

세 가지 기능들   "중앙의 원은 구체적인 음향현상을 상징한다. 〔...〕 삼각형〔=기호〕
은 어떤 관점에서 원보다 덜 포괄적이다(추상적 관련성의 원리).
다른 방향에서는 감각적으로 주어진 것이 항상 통각적으로 채워지
는 것을 경험한다는 사실을 보여주기 위해 삼각형이 원을 벗어나
고 있다. 많은 선들은 언어기호의 의미론적 기능을 상징한다. 대상
과 사태로의 귀속에 근거하는 것이 바로 **상징***Symbol*이고, 발신자
에 의존하는 것에 근거하는 것이 **징후***Anzeichen, Indicium*인데,
발신자의 내면성이 이를 표현한다. 그리고 청자에게 호소하는 것
에 근거하는 것이 바로 **신호***Signal*다."(Bühler 1969: 116)
여기에서 혁신 적인 것은 표현기능의 강조와 호소기능의 강조다.
표현기능은 음성과 제스처-표정술 또한 포함한다. 하지만 뷜러에
따르면 모든 것은 정확한 호소기능을 위해 갖추어져 있다. 이에 대
한 좋은 예가 있다.

한번은 본Bonn 대학을 다니는 한 학생이 시합에서 욕쟁이 시장 아줌마를 그
리스어와 히브리어 알파벳(당신은 알파야! 당신은 베타야! 등.)만으로 아무 말

도 못하고 울게 만들었다는 소문이 있다. 심리학적으로 믿을만한 이야기이다. 왜냐하면 음악과 같이 욕을 할 때에도 거의 모든 것이 톤에 좌우되기 때문이다.

전반적으로 고전적 의사소통 모델들은 많은 사람들에게 납득할만한 것으로 여겨진다. 왜냐하면 고전적 의사소통 모델들이 의사소통에 대하여 일반적으로 널리 퍼져있는 견해의 한 면을 책임지고 있기 때문이다. 이러한 견해는 '내게서 너에게로' 라는 의사소통의 전달모델로 특징지어진다.

A라는 어떤 한 사람은 다른 사람인 B에게 뭔가를 전달하려는 의도를 갖고 있다. A는 이러한 무엇인가를 말로 표현하고(코드화 하고) 이 말을 음성이나 문자로 표현한다. B라는 사람은 음성을 듣거나 문자를 읽고 그것들의 의미를 이끌어낸다(해독한다). 이전에 A의 머릿속에 있던 것(흐릿한 의도)이 그 다음에 B의 머릿속에도 있다. - 그러나 그것은 어쩌면 반쪽밖에는 안 되는 불완전한 것일 수도 있다.

전달모델

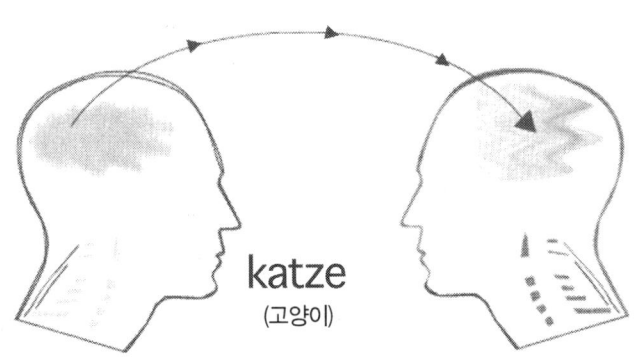

katze
(고양이)

전달모델은 특히 다음의 두 가지 경우에서 문제가 된다.

● 의의Sinn는 전혀 운반되지 않는다. A는 단지 음성이나 글자를 산출한다. 그러므로 어떻게 의의가 A에게서 B에게로 가는가?

● 의의 혹은 A의 의도는 두 사람의 머릿속에만 있을 것이다. A의 머릿속에 무엇이 있는지, 혹은 있었는지 그리고 B의 머릿속에 무엇이 있는지 도대체 어떻게 확인 할 수 있나? 그리고 어떻게 사람들이 이 두 가지가 다 (대략으로라도) 같다는 것을 확인할 수 있을까?

전달모델은 인간의 의사소통을 적절하게 설명하지 못한다.

제안

> 이 외에도 다소 기술 지향적인 의사소통 모델들이 더 있다.
> 한 번 조사해 보십시오. 최소한 다른 두개의 모델을 더 찾아보십시오.
> ● 이 모델들에 대해 어떤 이의가 제기될 수 있다고 생각되십니까?
> ● 어떤 문제점들이 있다고 보십니까?

1.3. 의사소통의 공리들

뷜러는 인간 언어와 의사소통의 근본적 특성을 부각시키려는 생각을 갖고 있었다. 그는 자신의 책을 "언어학 공리론"이라고 불렀다. 그는 공리론을 말하면서 논리학과 수학 같은 정확함으로 정평이 나있는 학문을 차용했다. 우리는 그것을 은유적으로 이해해야 할 것이다. 그러나 처음부터 의사소통 참여자들을 연구 안으로 끌어들인 것은 중대한 발전이다. 우리는 이것을 심리학적인 관점에 대입시킬 수 있다.

파울 바츨라비크(Paul Watzlawick, *1921)
정신 병리학자이자 심리치료사
의사소통 방법을 치료에 도입한 대표적 인물
바츨라비크는 불행한 존재로의 안내(Anleitung zum Unglücklichsein,
1983)같은 대중적이고 실질적인 출판물들로 유명하다.

파울 바츨라비크를 중심으로 하는 연구집단은 동일한 전통 안에서
병인성 의사소통 혹은 의사소통의 장애의 연구와 민족학적 사례연
구를 통해 의사소통의 다섯 가지 원칙을 만들었다.

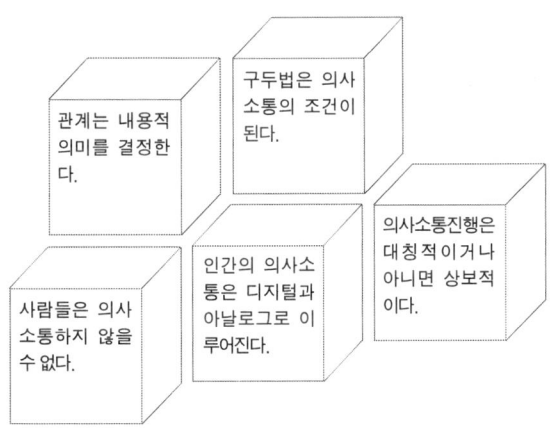

관계는 내용적 의미를 결정한다.

구두법은 의사소통의 조건이 된다.

사람들은 의사소통하지 않을 수 없다.

인간의 의사소통은 디지털과 아날로그로 이루어진다.

의사소통진행은 대칭적이거나 아니면 상보적이다.

사람들은 의사소통하지 않을 수 없다.　　　　　　　　　　　　　**첫 번째 공리**

공리는 우리에게 우리가 행하는 모든 것이 해석되도록 요구한다.
심지어 아무것도 하지 않는 것조차 태만으로 혹은 의도로 이해된
다면, 그것조차도 해석되어진다. 그러므로 내가 아무 것도 하지 않
는다면 파트너가 이것을 태만으로 해석할 수 있다 - 그리고 그것은

오해일 수도 있다.

침묵의 예를 보자. 영국 교수 액턴경은(Lord Acton)은 19세기 말에 영국 의회의 의원이었다. 몇 년이 지난 후 그는 왜 그가 언제나 변함없이 침묵하고 있는지에 대해서 질문을 받았다. 그는 "그 누구도 그와 의견이 같지 않은 것처럼, 그도 그 어느 누구와도 의견이 같지 않다"라고 대답했다. 이러한 종류의 침묵은 물론 오해받을 수 있다. 왜냐하면 침묵은 비교적 자주 동의로 받아들여지기 때문이다.

사람들은 그냥 아무 것도 하지 않을 수도 있고 침묵할 수도 있다. "나는 다른 사람이 말할 때까지 기다렸다." 사람들은 의미심장하게 많은 것을 암시하며 침묵할 수도 있다. "나는 동의하지 않지만 내 대화 파트너에게 이의를 제기하지도 않는다." 무엇이 침묵인지 그리고 침묵이 무엇을 의미하는지는 맥락에 달려있다.

특히 상호문화적 의사소통에서 문제들이 발생할 수 있다. 왜냐하면 어떤 것이 침묵으로 간주되고 침묵이 무엇으로 간주되는지에 대하여 문화적으로 달리 이행되는 규정이 있기 때문이다. 독일 문화에서는 대화가 중단되는 시간이 20초를 넘기면서부터는 민망해지기 시작하는 반면, 다른 문화에서는 다른 규칙들이 통용된다. 행해지지 않은 행위에 대한 해석은 그 자신의 문화에서 보다 문화 상호적 맥락에서 더욱 위험하다. 아무것도 하지 않는 것을 해석하는 것은 관습과 문화에 대한 많은 지식을 전제로 한다. 침묵, 상대방의 눈을 정면으로 바라보지 않은 것, 기대에 어긋나게 아무 것도 하지 않는 것 등은 문화적으로 매우 다르게 해석될 수 있고, 이것은 종종 독일적인 해석과는 반대방향으로 해석될 수도 있다.

근본적으로 이러한 공리는 다소 어긋나있다. 그것은 의사소통의 일방적이며 청자 지향적 이해와 맞물려 있는 것처럼 보인다. 침묵은 원래 아무것도 하지 않는 채로 있는 것이다. 그리고 행동하지 않는 자는 의사소통하지 않는다. 우리는 게다가 화자로서 우리의 행위들이 파트너들에 의해 해석되는 것을 받아들여야만 한다. 그렇다고 해서 이렇게 저렇게 해석되는 그 어떤 것이 또한 이런 저런 것을 의미했다는 것을 말하는 것은 아니다. 말을 하는 개개인에게 모든 하나하나의 해석에 대해 책임을 물을 수는 없다. 이해하는 사람들 또한 함께 책임을 져야하며, 어쩌면 심지어 책임의 주체가 될 수도 있다. 다만 화자로서 내가 어떻게 이해될 수 있을지에 대해 생각해 봐야 할 것이다. 왜냐하면 내가 말하고자 하는 것을 청자가 이해하기를 바라지, 거기에 너무 많은 것이 덧붙여지는 것을 원하지 않기 때문이다.

관계는 내용적 의미를 결정한다.

두 번째 공리

이 공리는 내용양상과 관계양상의 차이에 근거한다. 공리는 의사소통에서 객관적 내용이 중요한 역할을 한다는 사실뿐만 아니라 두 파트너 사이의 관계가 어떻게 보이는지도 항상 말 속에 함께 표현된다는 사실에 대한 주의를 환기시켜야 한다. 이 차이는 관계가 대화 파트너들 사이의 의사소통을 결정한다는 주장과 결합된다. 이러한 사실들은 또한 아주 일반적으로 통용되는 것은 아니며 문화 특수적이다. 독일 문화권에서는 실무지향이 매우 높게 평가되고, 의사소통 파트너들 사이의 관계가 형성과제Gestaltungs-aufgabe로서 부차적 의미만을 가지는 반면, 다른 문화권에서는 당연히 맨 처음 관계의 발전이 의사소통의 중심에 놓일 수 있다. "우리가 서로 알지 못한다면 내가 어떻게 누군가와 계약을 체결하겠는가? 중요한 것은 좋은 관계이다 - 그리고 난 다음에 모든 어려운 사안들도 빨리 그리고 훌륭하게 해결할 수 있다."

관계지향적 문화에 속하는 사람들이 바로 본론으로 들어가지 않는다면, 독일의 관료들은 이것을 종종 불쾌한 것이나 기만작전의 하나로 받아들인다. 독일 관청에서는 직업상의 만남이나 목표지향적 만남에서도 마찬가지로 이러한 것은 **증증** 시간 낭비로 여겨지고, 독일인 대화 상대자를 조급하게 만든다. 그러나 다음과 같은 경우도 생각해 볼 수 있다. 직원과 고객 사이의 협동적인 작업관계가 전개되지 않는다면, 사안을 다루는데 있어서 좋은 관계 발전을 위한 초기 투자를 통하여 비롯된 경우일 때보다, 이러한 경우에 전반적으로 더 많은 시간과 에너지와 신경이 소모될 것이다.

세 번째 공리 구두법은 의사소통의 조건이 된다.

이 공리는 의사소통의 순서에 초점을 맞추고서, 의사소통 파트너들이 의사소통 진행을 다양하게 나누고 배열하는데 초점을 맞춘다. 이로부터 오해가 발생한다.

마가렛 미드(Margaret Mead)는 2차 세계대전 동안에 영국인 간호사와 미국인 군인 사이의 연애사건에서 발생한 오해에 대하여 연구했는데, 이로서 이 연구는 유명해졌는데, 간호사와 군인 양측 모두에게 키스를 한다는 것이 어떤 상황에서 무엇을 의미하는 것인지에 대한 혼란스러움을 가져다주는 경우였다.

그 당시 영국 문화권에서 키스를 하는 것은 아주 나중 단계에서 하는 것, 즉 성관계로의 허락 직전에 하는 것이었다. 이와 달리 미국인에게 있어 키스는 서로 사귀기 시작할 때 하는 것으로 별다른 책임이 따르지 않는 행위였다. 미국 군인이 간호사를 사귀게 된지 얼마 지나지 않아 키스하려고 했을 때, 이것은 영국 여성에게 매우 이례적인 일이었고, 미국 군인들은 저돌적이고 감수성이 별로 없다는 소문의 주인공들이 되었다. 어떤 영국 여성이 키스하려고 밀어붙이는 것에 응하게 되면, 이것은 그들의 문화적 규범에 따라서 이 영국 여성이 그 다음 단계에 응할 준비가 됐다는 것을 의미하게 된다. 이처럼 빨리 성관계의 단계로 허락하는 것은 다시금 미국 남성들을 당황케 했고, 미국 남성들은 이러한 경험을 근거로 영국 여성들을 헤프고 부도덕하다고 여겼다.

발화행위와 테마 순서의 중요성의 관점에서 상호문화적 상황과 직접적인 관련성들이 만들어질 수 있다. 누가 대화를 시작해도 좋은지, 처음에 무엇이 이야기되어야 하고, 마지막에는 무엇이 이야기되어야 하는지의 문제는 상이한 문화에서 각기 서로 다르게 규정되어 있다.

인간의 의사소통은 디지털과 아날로그로 이루어진다.   네 번째 공리

이 공리는 의사소통 매체와 관련된다. 이 네 번째 공리는 언어적 · 비언어적 의사소통의 차이를 예로서 보여줄 수 있다. 우리는 언어적 의사소통에서 명료한 어휘들을 사용하는데, 이를 위하여 우리는 인지의 비밀스러운 모범적 틀을 가지고 있다. 언어적 의사소통은 디지털 방식이다. 비언어적 의사소통에는 훨씬 더 많은 유동적인 것이 들어 있고, 그것은 아날로그 방식이다.
미소짓는 것Lächeln의 예를 보자.

누군가 우리가 있는 자리에서 미소 짓는다면, 그것은 파트너에 대하여 어떻게 이행되고 수용되는가에 따라서 친절하거나, 잘못되었거나, 당황하거나, 부정직하거나, 의기양양하거나, 잘 알고 있거나, 즐기거나, 반어적이거나 등의 하나에 속하는 것일 수 있다. 상호 문화적인 상황에서는 특히 빈번하게 오해가 생긴다. 제스처, 표정술, 움직임, 감정 표현은 많은 사회에서 특별한 의미를 가지며, 전통주의적인 문화에서는 엄격하게 규정되어 있다.

이 공리로서 의사소통을 위한 함축성과 동시에 비언어적 층위의 다의성이 강조되는데, 특히 관계층위에서 강조된다.
아날로그 양상에서 디지털 양상으로의 변역가능성 문제는 의사소통 있어서 매우 조심스러운 부분으로 보여 진다. 어느 한 문화권에서 무엇이 언어적으로 설명되어야 하고, 무엇이 비언어적으로 남아야만 하나? 다른 사람이 비언어적으로 원래 말하려 했던 것이 무엇인지 확실하지 않다면, 독일 사람은 분명 다음과 같이 물을 것이다. "지금 무슨 말씀을 하시려는 것이지요? 이것이 당신에게는 옳지 않다는 말씀인가요?" 이것은 문화 상호적 관계에서 심각하게 규범에 위배되는 것으로 느껴질 수 있다.

독일 사람들은 이미 몇몇 문화권에서 무례하고, 세련되지 못하고, 예의 없다는 명성을 얻고 있는 것처럼, 모든 점에서 아주 세세한 것까지 남김없이 토론하려는 경향이 있다. "의사소통 문제를 위한 해결책으로써 메타 의사소통"이라는 충고를 따르는 것 또한 문화 상호적 맥락에서는 위험한 것이 될 수 있다.

다섯 번째 공리   의사소통 진행은 대칭적이거나 아니면 상보적이다.

이 공리는 대칭성과 상보성이라는 참여자들의 관계와 상호 교환의 종류들을 다룬다. 대칭적 의사소통에서는 상대자의 행위가능성들이 동등하게 분배된다. 두 사람 모두 그 어떤 동등하지 못한 것이나 차이가 생기지 않도록 노력한다. 상호 보완적 의사소통에서는 상대방의 행동가능성들이 서로 보완하는 관계에 있게 된다. 여기에서는 서로 다른 위치에서의 비대칭이 드러날 수 있다. 어떤 한 상대자가 우세한 위치를 취하고, 다른 상대자는 이에 상응하는 열등한 위치에 놓인다. 이것이 반드시 의식적인 지배관계이어야 할 필요는 없다.

대칭적 관계의 동등성에 근거하는 긍정적 형태는 이상적인 것으로 선언될 수 있을 것이다. 그러나 서로 다른 문화권의 상대자들이 만나게 되는 경우, 그 이면에서는 자주 "누가 더 중요한가?"라는 문제가 다루어진다는 것을 보여준다.

이것은 상호 문화적인 만남에서 파괴적 측면으로 발전되어 결국 국제적 분쟁으로까지 가면서 서로 상승작용으로 치달을 수 있다. 이와 같은 진행과정은 참여자들이 다른 상대방으로부터 존중되지 못한다고 느끼거나, 스스로 우월하게 행동할 때 - 혹은 우위적 위치를 요구하는 것으로 인식될 때 더 자주 관찰된다. 눈 깜빡할 사이에 관계는 더욱 악화되고, 분위기는 싸늘해진다. 의사소통의 장애는 불신과 상대방의 자기정의의 포기를 포함한다(Watzlawick 1969: 104).

예를 들어 여기에 해당되는 문화 안에서 A라는 개인의 행동이 주도적인 것으로 간주되고, 그것에 이어서 문화적 요인에 기인한 B의 행동이 이를 따르는 것으로 기대된다면, 그것은 이러한 복종이 그의 편에서 다시금 이를 따르도록 요구하는 새로운 주도적 행위를 유발할 것이 거의 확실하다.

1.4. "의사소통" 틀

인지주의의 틀에서는 (심사숙고된) 정신적 표상에 대한 현상을 파악하는 것이 통상적인 일이 되었다. 그래서 의사소통 같은 것은 우리에게 본질적인 관점을 제공하는 소위 말하는 어떤 장면이나 프레임 안에서 설명될 수 있다.

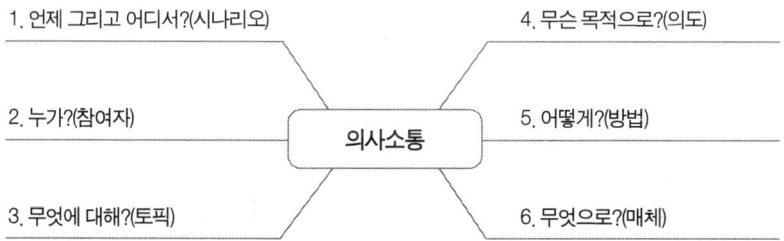

1. 언제 그리고 어디서?(시나리오)
2. 누가?(참여자)
3. 무엇에 대해?(토픽)

의사소통

4. 무슨 목적으로?(의도)
5. 어떻게?(방법)
6. 무엇으로?(매체)

의사소통의 시나리오   언제 의사소통되는가?

- 참여자들에게 관련된 시간이 얼마만큼 충분히 주어져 있는가?
- 그것은 참여자들에게 무엇을 의미하는가?
- 참여자들은 예상된 시간 범위를 얼마만큼 고려하고 있나?

어디서 의사소통되는가?

- 참여자들은 그 공간을 어느 정도 염두에 두고 있나?
- 어떤 공간성인가?
- 참여자들의 어떤 공간적 배치인가?
- 참여자들은 어떤 간격으로, 어떤 위치에 있나?
- 참여자들이 동시에 등장하는가 아니면 그렇지 않은가?

참여자들   얼마나 많은 참여자들이 있나?

- 단 두 명
- 여러 명?
- 당파나 연합동맹이 있나?

대화 상에서 상대방들은 자신에게 어떤 역할이 주어져 있다고 생각하는가?

- 남성? 여성?
- 친구? 적?
- 나이가 많은가? 젊은가?

누구에게서 어떤 참여가 기대되는가?

참여자들은 서로에 대하여 무엇을 알고 있나?

참여자들은 어떤 관계 속에서 서로를 보는가?

- 대칭적? 비대칭적?
- 양자는 같은 것을 하는가? 양자는 같은 것을 해도 되는가?
- 양자는 각각의 상대방으로부터 존중된다고 느끼는가?
- 어떤 한쪽의 상대가 주도적으로 등장 하는가 혹은 그의 등장이 그렇게 느껴지는가?

상대방에게 부여된 역할은 고정된 것이 아니고, 의사소통 안에서 역동적으로 바뀐다. 모든 행위는 관계와의 관련 속에서 해석되어 지고 또 그렇게 의도된 것일 수 있다.

무엇에 대해 이야기 되는가? 무엇에 관한 이야기인가?　　　　　**토픽**

- 모든 파트너들에 의해 동일한 것이 토픽으로 간주되는가?
- 한자리에 모이기 전에 토픽은 분명했는가?

토픽을 바꾸는 일이 일어나는가?

토픽의 순서가 있는가?

- 토픽의 통상적 순서가 있는가?
- 하위 토픽의 구조가 인식될 수 있는가?

무엇은 말을 하고, 무엇은 말하지 않는 편이 더 나은가? (터부)

토픽은 아주 일반적으로 표시된다. 그것은 이미 내적으로 차이를 두고 있고 어쩌면 유일한 단 하나의 토픽으로 전혀 규정되지 못할 수도 있다.

의사소통의 다른 구성요소들의 경우에서 보다 우리가 더 출발점으로 삼는 것은 무엇에 관한 것인지, 무엇에 대해 의사소통 되어야 할지가 시작부터 확정되어 있다고 보는 것이다. 그러나 이러한 가정은 다른 구성요소들의 경우에서보다 더 위험스러울 수 있다. 무엇을 다루고 있는지는 과정상의 것이며 역동적인 것이다. 그것은 과정 속에서 규정되고, 변화되며 함축적으로 타결된다. 여성 상대자가 대체 무엇을 의도하고 있는지 알지 못하는 경우들이 허다하다. 참여자들에게 잘 알려져 있을 수도 있고, 혹은 잘 알려져 있지 않을 수도 있는 관습적 토픽 구조들이 있다. 어떤 위치에서 말하는 가운데 어떤 것이 이야기 되는가라는 것이 우리의 이해를 위해서 가장 중심적인 역할을 한다는 것은 분명하다. 예를 들어 서양 문화권에서는 중요한 것을 앞에 두고, 아시아 문화권에서는 중요한 것이 나중에 오도록 이야기를 구성한다.(Scollon/Scollon 1995: 2) 논증의 상이한 형태들과 마찬가지로 문서로 된 것도 상이한 순서로 된 다양한 텍스트 형태들이 있다. 이러한 형태들은 논리화되고, 수사적이며, 연상적인 것들로서 물론 이들은 이로서 이미 어떤 한 문화 안에서 특징적으로 자리잡고 있다.

의도 전체의 목표는 무엇인가?

● 목표는 분명한가 혹은 제시되어 있는가?
● 목표는 어떻게 전개되는가?

참여자들은 어떤 목표들을 갖고 있는가?
● 참여자들에게 어떤 목표가 공통적인가?
● 어떤 목표들이 상이한가?

● 서로 상대방들의 목표를 수용하는가?

서로 협동하고자 하는 것인가 아니면 경쟁하고자 하는 것인가?

여기에 토픽과 유사한 문제들이 있다. 처음부터 대략적인 목표가 제시될지도 모른다. 하지만 그 안에는 정교한 목표들과 대략적인 목표들의 단계가 있다. 특히 공통의 목표와 개인적 목표들은 구별되어야 한다.

어떻게 의사소통 되는가: 무엇이 언어적이고, 무엇이 비언어적 인가?   방법

어떻게 무엇인가가 말해지는가?
● 직접적 혹은 간접적?
● 어떤 언어로: 모국어 혹은 외국어?
● 어떤 스타일로?

의사소통은 어떻게 구성되는가?
● 누가 어떤 대화 순서의 차례가 되는가?
● 어떻게 대화 순서 바꾸기가 작동하는가?
● 미리 주어진 어떤 순서가 있는가?

얼마나 자주 직접적으로 그리고 얼마나 자주 간접적으로 얘기되는지 그리고 어떤 계기로 얘기되는지는 문화마다 상이하게 규정된다. 동아시아 문화권 사람들에게서는 간접성이 높게 나타난다. 간접성은 중국어에서 전형적이다. 사람들은 질문을 하면서 동시에 그것으로 어떤 암시를 준다. 사람들은 몸이 편안한지를 물으면서

옷을 어울리지 않게 입었다는 것에 대하여 넌지시 충고해준다. "사슴을 가리키면서 그것을 말이라고 부른다"와 같은 것이 중국어의 한 어법이다. 수신인 스스로 말과 사슴 사이의 관련성을 찾아내야 한다. 여기에는 체면을 유지하는 것과 조화로움이 숨어있다. 체면을 유지하는 것은 의사소통의 어디에서나 존재하는 지상명령이다. 서양 문화권의 사람들에게서는 직접성이 높게 나타난다. 개인주의와 진실성은 의사소통의 중요한 가치로 여겨진다. 그럼에도 불구하고 우리 또한 자주 충분히 간접적일 때도 있고, 특히 정중한 인간관계에서는 갖가지 다채로운 간접적 표현방식을 갖추고 있다. 괴테가 "독일어로 사람들이 정중하게 말한다면 거짓말하는 것이다"라고 말했듯이 실제로 정말 그 정도일까?

매체 **어떤 매체가 사용되는가?**

- 문자(시각적)?
- 구어(청각적)?
- 신체언어(제스처, 표정술, 감각적)?

매체는 디지털 방식인가 아니면 아날로그 방식인가?
기술적 보조수단 혹은 2차 매체가 사용되는가?
- 전화?
- 채팅?
- 프로젝터?

매체 없는 의의는 없다. 매체는 그 안에서 의의가 명백히 드러나는 바로 그것이다.
일반적으로 매체 구별을 위해 수용적 감각 기관이 기저에 놓이게

된다. 사람들은 채널/경로들에 대해서도 얘기한다. 그럴 경우 구어
는 청각채널에, 표정술과 제스처는 시각채널에 속하게 된다.

채널들이 서로 상이하고 다양함으로 인하여 발생하는 모순된 불일
치는 문제를 야기한다. 대화 상대자가 다소 슬픈 얘기를 하면서 동
시에 웃는다면 대체 어떻게 해야 하나?
상대방이 자신의 체면을 유지할 수 있는 것에 신경을 쓰는 아시아
지역에서는, 사람들이 다소 부담이 되는 이야기를 하는 대화 상황
에서 (그 어떤 특정한 방식으로) 웃는 것이나, 또 사람들이 다른
사람이 말하는 것에 동의하지 않을 때에도 역시 미소 짓는 것은 아
주 정상적인 것으로 받아들여진다. 이러한 사실은 자주 자신이 속
한 문화에서 미소는 기쁨이나 동의 등을 의미한다는 가정을 이끌
어 내는 서양 대화 상대자들을 통해 잘못 해석된다.

2

● 말하고 이해하기

문화는 상징적 구조에 의존한다. 문화는 학습되는 기호 행동이다.

라이모 안틸라

Interkulturelle Kommunikation

2 말하고 이해하기

문화는 상징적 구조에 의존한다.
문화는 학습되는 기호 행동이다.

라이모 안틸라

기호론자들은 우리가 기호에 둘러싸여 있다고 말한다. 그리고 바로 그 점에서 그들의 말은 맞다. 기호는 우리에게 직접적으로 말하지 않는다. 기호들은 그들 고유의 사용방법을 지니며 또한 그로부터 그들의 의미를 지니게 된다.

● 어떤 종류들의 기호가 있는가?

● 어떻게 우리는 그 기호들을 이해하는가?

● 어떻게 기호들에게 그 의미가 부여되는가?

우리가 해결의 열쇠를 알지 못한다면 우리는 기호를 이해할 수 없다. 우리는 그것이 기호인지 아닌지 조차도 알지 못한다. 그래픽 중앙에 배치하고 있는 "적함을 침몰시키다"(역주: "적함 침몰시키기" 게임 그래픽이다)의 나머지 부분이 있는가? 아니면 그것은 외계인들에게 보내는 소식인가? 왼쪽 아래에 있는 것은 우리에게 친숙한 십자가가 거꾸로 된 것에 관한 것인가? 그리고 상단 오른편에 있는 것이 어떤 역사를 설명해주고 있기라도 하다는 것인가?

2.1. 기호란 무엇인가?

표상모델 기호란 무엇인가라는 질문에 대한 일반적이고 오래된 대답은 다음과 같은 내용이다. 무엇인가를 대신해서 존재하는 무엇 Aliquid stat pro aliquo. 무엇인가가 다른 무엇인가를 대신하는 것, 즉 어떤 Y 대신 어떤 X.

$$X \longrightarrow Y \qquad 고양이 \longrightarrow 🐱$$

이 모델은 수세기에 걸쳐 다듬어졌다. 이 모델은 비판을 받으면서 다양한 형태에 이르렀다.

반론/이론(異論) 한 가지 비판점은 가령 고양이라는 단어가 모든 고양이들을 위해 있을 수 있는가이며, 이로써 여기에는 결코 1 대 1 대응관계가 존재하지 않는다는 점이다. 그러므로 그 어휘에 상응하는 그 어떤 다른 것이 있어야 할 것이다. 기호와 사물간의 관계가 더 이상 그렇게 직접적인 것이 아니라 간접적인 것으로 보여야 할 것이라는 것이 해결책이었다. 단어는 그것을 말하는 개인에게 하나의 표상을 떠오르게 한다.

이러한 표상이론의 형태들 중 하나가 소위 (Ogden/Richards 1923: 6에 따른) 기호론적 삼각형에서 확인된다.

표상 (Vorstellung)

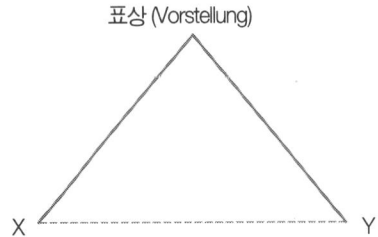

X   Y

그러므로 X와 Y간의 관계는 간접적일 뿐이고, 하나의 표상을 통해 전달된다.

그러나 이것은 오히려 좋게 하려다가 더욱 망쳐 놓은 것이라 할 수 있다.

표상모델을 반박하는 더 많은 이론(異論)들이 제시될 수 있고 또 제시되기도 하였다.

● 우리가 가지고 있는 단어들 중 많은 단어들의 경우에, 그 많은 단어들이 사물이나 표상을 위해 있지 그 이상은 아니라는 가정이 나온다. 어떤 표상이 비슷한*ähnlich*, 중요한*wichtig*, 그리고 *und*, 아무것도 아니다*nichts*같은 단어들과 결합되어 있는가?
● 아이들이 모국어 습득하는 과정에서 이러한 결합을 배운다는 것에 어떻게 도달하게 되는가 혹은 그것이 어떻게 가능하게 되는가?

● 내가 X라는 단어를 사용할 때, 나의 파트너는 나의 Y에 대한 표상을 어떻게 얻는가? 그리고 무엇보다도 우리는 우리의 표상이 같다는 사실을 어떻게 확인할 수 있는가?

● 사람들은 예를 들어 두 개의 단어가 동의어이므로 동일한 표상과 연관되어 있다는 사실을 어떻게 확인하는가?

이렇게 보는 방안의 또 다른 약점은 그 방안이 X와 Y가 있고 이 두 가지가 서로 상관없이 독립적으로 파악될 수 있다는 사실을 전제로 한다는 것이다. 하지만 이것이 어떻게 될 수 있을지는 불분명하다.

기능적 기호모델 표상모델의 반대 입장은 기능적 기호모델이다. 기능적 기호모델은 오히려 발생학에 방향을 맞추고, 인간의 의사소통에서 기호들이 어떻게 생겨나게 되는지 그리고 어떻게 기호들이 변화해 가는지에 중점을 둔다. 기능적 기호모델은 기호가 무엇을 위해 있는지에 대하여 크게 중점을 두는 것이 아니라 무엇이 기호에 적합한지에 초점을 맞춘다.

여기서 또 기호는 표명의 측면과 작용, 효과 그리고 기능의 측면이라는 두 가지 양상으로 구분된다.

기호는 의사소통이 진행되는 동안 확립된다. 기호의 의미는 의사소통 하는 가운데 우리가 기호로서 이것 혹은 저것에 도달할 수 있도록 가능하게 하는 바로 그것이다.

사용이론 언어적 기호를 기호답게 해 주는 것은 규칙적인 사용이 그 기호에 의사소통적 기능을 부여한다는 사실이다. 언어 기호는 의사소통 놀이에서 중요한 역할을 한다. 이러한 사실은 비트겐슈타인의 기호이해라는 간단한 공통분모에 이르게 된다. 그의 입장은 의미의 사용이론으로 표현되기도 한다.

여기서 사용은 얼마든지 모호하게 이해될 수 있다. 어떤 때는 지금 당장의 사용으로 그리고 그 다음에는 소위 지금까지 사용된 모든 것의 합으로 이해될 수 있다.

비트겐슈타인은 다음과 같은 유명한 말로써 이를 표현하고 있다. "사람들은 "의미Bedeutung"라는 단어를 이용할 경우들의 대부분에 대하여 - 설령 그 단어 사용의 모든 경우를 위한 것이 아니라 하더라도 - 이 단어를 이렇게 설명할 수 있다. 어떤 한 단어의 의미는 언어로 그 단어를 사용하는 데 있다"(Wittgenstein 1967· 43).

사용이론의 장점들

1. 언어는 모든 인간 행위의 연관성 안에 놓여질 수 있다. 왜냐하면 그 사용이 바로 이러한 인간행위이기 때문이다.

2. 언어는 화자들과 사회적 집단들과 무관하게 존재하는 기호체계로 간주되지 않는다.

3. 사용과 함께 생성 가능성과 변화가능성 그리고 의미 습득 가능성을 알아차리게 된다.

4. 의미는 전혀 불가사의한 것이 아니다. 내가 체스 놀이에서 성장(역주-장기에서 차에 해당하는 것)의 사용을 배울 수 있는 것과 마찬가지로, 그보다 못하던 더 잘하던 그렇게 나는 단어의 사용법을 배울 수 있다.

5. 누군가가 성장의 사용을 얼마만큼 잘 할 수 있는지를 우리가 점검해 볼 수 있는 것처럼, 누군가가 자신의 머릿속을 들여다보지 않고도 단어의 의미를 얼마나 잘 다루고 있는지 아닌지를 점검해 볼 수 있다.

6. 의미는 표상 · 개념 · 의미론적 자질들이나 그런 종류의 것들과 같이 인위적으로 만들어진 실체 없이도 표현될 수 있다.

수많은 사람들이 루드비히 비트겐슈타인(Ludwig Wittgenstein, 1889-1951)을 20세기 가장 유명한 철학자로 간주한다. 그의 철학의 중심에는 언어가 있다. 물론 그가 언어철학자로 여겨졌던 것 때문이 아니라 모든 것이 언어로 이행되었다는 확실한 근거에 의한 것이다. 그 자신이 출판한 것은 매우 적다.

논리 철학 논고(Tractatus Logico-Philosophicus, 1922). 하지만 그의 유작은 헤아릴 수 없이 많다. 사후에 철학적 탐구(Philosophische Untersuchungen, 1953)가 출판되었다.

기능적 기호이론에서는 기호가 두 가지로 구성되어 있고, 두 가지 측면을 갖고 있다는 사실이 전제되지 않는다. 그럼에도 불구하고 우리는 얼마든지 기호의 두 가지 구성적 측면을 인식할 수 있다. 첫째로 표명과 표명의 모범적 틀을 인식할 수 있다. 그리고 두 번째로 인식할 수 있는 것은 의의Sinn와 의미Bedeutung인데, 우리는 의의로써 전달하며, 의미는 우리에게 이것을 가능하게 해준다.

그 밖에도 다음과 같은 구분을 볼 수 있다. 첫째로 모범적 틀로서의 기호, 즉 언어의 단위(랑그)로써의 기호와 이것으로 우리가 이것 혹은 저것을 말할 수 있게 해주는 잠재된 의미, 그리고 두 번째로 의사소통에서 기호의 사용(빠롤)과 그때그때 상황에서의 의의이다.

이제 우리는 이 두 가지의 구분의 조합 안에서 다음과 같이 전문용어 상의 차이를 두어야 한다.

구분짓기	잠재적	표현	의미
	구체적 실현	표명 / 일정한 언어단위의 출현	해석 / 의의

 페르디낭 드 소쉬르(Ferdinand de Saussure, 1857-1913)는 현대 언어학
의 창시자로 간주된다. 그는 자신의 저서 일반언어학의 근본문제들
Grundfragen der allgemeinen Sprachwissenschaft 에서 언어의 일반적 이
론을 기호체계와 구조적 분석의 방법론으로 설명한다.

그의 이름과 결합되어 있는 중요한 이분법들이 있다.

● 랑그 대 빠롤
● 공시적 기술 대 통시적 기술
● 시니피앙 대 시니피에

소쉬르의 기호모델에 따라 우리는 언어적 기호에 있어서 표현과
내용을 구분한다. 이 두 가지는 관습적으로 서로 결합되어 있지만,
이 두 가지가 언어와 무관하지 않게 존재한다. 이 두 가지는 어떤
한 언어에서 그리고 언어를 통해서만 기호로서 존재한다.

그리고 모든 기호처럼 이 두 측면은 도식화된다. 표현은 물리적 음
성현상이 아니고, 내용은 우리가 지금까지 의미했던 그런 것이 아
니다(Saussure 1984: 98). 이 도식들은 관습적인 것이다. 도식들
은 도식이 개별적 개인의 언어 지식 속에 있는 한 그들 나름의 대
응 쌍을 가지고 있다.

그렇다면 무엇이 기호를 기호로 만드는가? 혹은 기호로 의미를 전 **기호의 해석**
달할 수 있다는 것이 어떻게 가능한가?

자동조정Autopoiese의 원칙에 따라 이해하는 사람은 어떤 식으
로든 의미를 산출하게 되고, 말을 하는 사람은 이해하는 사람이 그
것을 해내리라는 것을 출발점으로 삼는다.

이해하는 사람은 해석하고 그 의미를 밝혀낸다. 그러기 위해 이해
하는 사람은 발화된 기호로부터, 즉 표명으로부터 이해하기 위해
자신의 결론을 이끌어내야만 한다. 이러한 것을 하는 것은 많은 수

고를 하지 않아도 되기 때문에, 물론 어느 정도 너무 행동주의적인 것처럼 들린다. 행동주의적 반향을 피하기 위해 우리는 이러한 과정에 대하여 인공어Kunstwörter인 **추론하다***inferieren*와 **추론** *Inferenz*을 사용한다.

물론 이해하는 사람은 텅 빈 진공 공간에서 추론하지 않는다. 그는 이것을 자신의 실제적 인지와 행동주의적 지식 그리고 맥락의 토대 위에서 추론한다. 이 모든 것은 말하자면 함께 가감되는 것이다. 그리고 오로지 그 결과, 즉 이해한다는 것이 이러한 연관관계에 적합한 바로 그 때에만 이해하는 사람이 만족하게 된다.

세 가지 유형　이해하는 사람들은 해석을 위해 다음과 같은 세 가지 방식을 사용한다.

1. 징후에 의한 추론
2. 아이콘 (성상)에 의한 추론
3. 상징에 의한 추론

이에 상응하여 우리는 다음과 같이 세 가지 유형의 기호를 구분할 수 있다. 징후, 아이콘 그리고 상징.

징후　징후는 인과적 연관관계에 토대를 두고 있다. 어떤 것을 징후로 평가하는 사람은 인과적 연관관계의 토대 위에서 추론한다. 누군가 홍역을 앓고 있다면, 그에게 반점이 생긴다. 그러므로 반점들은 하나이 기호이며, 홍역에 대한 하나의 징후이다. 연기가 있는 곳에는 불도 있다. 우리는 연기를 불에 대한 징후로 평가 한다 - 통상적인 의미에서는 불에 대한 기호라고도 말할 수 있을 것이다. 그것은 세상 경험에 기인하는 하나의 연관관계이다.

징후들은 엄격한 의미에서 어쩌면 전혀 기호가 아닐 수도 있다. 한편으로 우리는 징후들을 직접적으로 그리고 의도적으로 산출할 수 없고, 또 다른 한편으로 징후들은 원래 의사소통적이지 않다. 징후들은 실제로 의사소통 목적을 위해 사용되지 않는다.

단순한 인과적 결과에 대한 한계는 원래 그것을 사용하는 것 안에 들어있다. 결과는 원인과 비교해 볼 때 종종 우리에게 훨씬 덜 중요한 것처럼 보여서, 우리는 결과에 대해 본연의 가치를 부여하지 않고, 단지 우리에게 원래 더 중요한 원인에 대한 기호로서 결과를 받아들인다.

징후들은 어떤 의미에서도 자의적이거나 임의적이지 않다. 즉 두 기호 양상의 연관관계는 확고부동한 것이고 자연스런 것이다.

아이콘은 유사성의 연관관계에 토대를 둔다.

아이콘 (성상)

아이콘에 의한 추론은 드러난 것으로부터 의도된 것을 발견하기 위해 유사성을 사용한다. 어떤 것을 아이콘으로 평가하는 사람은 기호와 그 기호가 전달해야 하는 것 사이의 유사점을 인식한다.

가령 이 기호를 보는 사람은 유사점을 이용해서 이 기호가 미끄러짐을 의미한다는 사실을 추론한다. 그는 아이콘으로 추론한다.

아이콘은 전적으로 임의성의 특징을 갖고 있다. 왜냐하면 유사성을 인지하고 확인하는 것 자체가 관습적으로 규정될 수 있기 때문이고, 어쩌면 항상 관습적으로 규정되는 것일 수도 있기 때문이다.

유사한 것으로 간주되거나 혹은 진실로 여겨지는 것은 이미 다시 문화적 요소에 기인하는 것이다.

여기에 잠비아로부터 보고 된 한 사례가 있다.

> 한 보건 전문가가 체체파리로 인해 닥칠 위험에 대해 정보를 제공하기 위해
> 잠비아의 한 마을에서 강연을 했다. 그 전문가는 그 지방 언어를 자유롭게 구
> 사하지 못했다. 그래서 그가 영어로 말하면 통역해야 했다.
> 그 전문가는 구체적 설명을 위해 커다란 파리의 설명모델을 사용했다.
> 나중에 잠비아 인들이 말했다: "당신이 이 파리에 대해 말한 모든 것이 맞을
> 지 모릅니다. 하지만 그것은 우리에게 해당되지 않습니다. 우리 파리는 훨씬
> 더 작습니다."

물론 이것은 하나의 교훈적인 예이다! 누가 그렇게 바보스러웠는
가? 잠비아인들인가, 전문가인가 아니면 이야기하는 사람인가? 어
쩌면 전문가가 놀림당한 것일 수도 있다.

그럼에도 불구하고 종종 받아들여지고 있는 것처럼 아이콘은 그다
지 광범위하게 보편적일 필요가 없다. 중국의 기차역들에서는 또
다른 아이콘들도 볼 수 있다. 대문자 I는 중국인에게 무엇을 말하
는가? 아니면 당신에게 이 표지판은 무엇을 말하는가?

사람들은 이 아이콘을 알고 있던지 아니
면 상황으로부터 가설을 이끌어내야만
한다.

상징 상징은 우선하는 것과 관습의 관련성에 토대를 두고 있다. 상징에
의한 추론은 과거에 성취된 해석을 이용한다. 한번 발화된 기호와
특정 의미를 결합하는데 성공한 사람과 이것을 성공적인 것으로
경험한 사람은 이러한 우선하는 것으로부터 이 기호를 다음에도
다시 그렇게 해석하고 사용할 것이다.

상징은 X와 Y의 당위적 연관관계가 없는 자의적 기호이다. 하지
만 상징은 자의성의 토대 위에서 해석될 수 없다. 왜냐하면 자의성

이 공허한 것일 수 있고, 또 어떤 추론도 허용하지 않을 수 있기 때문이다. 개개인은 추론의 토대를 자신의 경험, 즉 우선한 것에 두고 있다. 개개인은 기호 X가 이제 그 이전과 같게 사용된다는 것으로부터 출발한다. 말을 하고 있는 개개인에게는 의도된 의사소통적 성공을 얻는다는 (혹은 그렇다고 믿는) 것이면 판단기준으로서 충분하다. 이해하는 사람에게는 추론에 맞는 해석이면 충분하다.

인간의 의사소통은 상징의 사용에 근거를 두고 있다. 내 파트너가 단순히 내가 하품하는 것을 피곤함의 기호로 해석하는 것만으로는 충분하지 않다. 하품이 상징이 되기 위해서 내 파트너는 내가 그에게 그 어떤 것을 이해시키려고 하품한다는 사실에서 출발해야 한다. 그리고 무엇보다도 나는 내 파트너가 이것을 인식하도록 의도적으로 하품을 했어야만 한다. 왜냐하면 그래야만 나는 그가 나를 이해한다는 것을 근거로 할 수 있기 때문이다.

관습

이러한 구조 안에 인간의 의사소통에서 헤집어 보아야할 부분이 있고, 이 구조 안에서는 원래의 간주관성이 상쇄된다. 의사소통은 서로 상대방의 기대와 가정에 토대를 두고 있다. 의사소통은 상호 관계적 지식에 근거한다. 상호 관계적 지식은 객관적으로 담보된 지식과 같은 것으로서 이해되어서는 안 된다. 그것은 오히려 그렇다고 믿는 지식Glaubwissen에 해당된다. 그렇다고 믿는 지식은 또한 상대방이 동일한 것을 생각한다는 의미로 공유되어서도 안 되는데, 그렇게 되면 우리는 우리를 결코 이해할 수 없을 것이다. 나에게는 내가 내 파트너가 생각하는 것이 무엇인지를 알거나 안다고 믿는 것으로 충분하다.

우선하는 것의 토대 위에서 물론 추론은 개별적이거나 주관적으로 남아있지 않다. 개개인은 그야말로 상대방이 각자가 이해하는 바

로 그것을 의미한다는 것을 출발점으로 삼을 것이다. 이것은 상호
관계적 지식의 순환을 통해 추론이 더 이상 단지 우선하는 것에 근
거하는 것이 아니라, 관습, 즉 공통적으로 관할되는 전통으로서의
관습에 근기한다는 것을 말한다.

> 반복적으로 나타나는 상황 S에 관계된 G그룹 구성원들의 행동 규칙성 R은
> 그것이 참이고 G의 구성원들 사이에 나타나는 모든 상황 S에서
> (1) 모두가 R을 따르고,
> (2) 누구나 다 모든 다른 사람들에게 R을 따르기를 기대하며,
> (3) 나머지 사람들도 그렇게 하는 한 누구나 다 R을 따르는 것을 선호하는데,
> 왜냐하면 상황 S는 협력의 문제이고, 상황 S에서 R의 전반적인 준수는 협
> 력적 등가를 생기게 하기 때문이라는 것이 G 안에서 공통의 지식에 속하
> 는 바로 그 경우에만 하나의 관습이 된다. (Lewis 1975:79)

변형 세 가지 기호유형의 변형이 있고 계통발생학적으로도 중요한 상이
한 유형들(Keller 1995: 176) 사이에 이행변화가 있다.
징후에서 아이콘으로의 이행조건은 가령 다음과 같다.

● X는 의도적으로 산출된다.
● 이해하는 사람에 의해 X가 의도적으로 산출됐다는 사실이 인
  식된다.

예를 들어 "아야(독일어로 아우 au)"라는 외침은 갑작스런 고통
에 대한 인과적 반응, 즉 징후일 수 있다. 누군가 외침을 의도적으
로 표현하고 그것이 상대방에 의해 인식되었다면 이 외침은 상징
적 기호로 이해될 수 있다. 반복과 확산을 통해 그처럼 그로부터
독일어 단어 au가 될 수 있었고, 다른 언어권에서는 그것과 등가

의 단어가 다르게 소리날 수도 있기 때문에 이것은 전적으로 하나의 상징이 된다. 또한 언어적 실현에 있어서 징후나 상징이 앞서 제시 되었는지 아닌지는 대체로 확실하지 않다. 웃는 것과 같은 것은 단순히 몸이 무탈함의 결과일 수 도 있지만, 또한 웃는다는 것이 무엇인가를 이해시키기 위하여 마련된 의사소통적인 것일 수 도 있다.

징후들은 관습화되는 경우 상징이 될 수 있다.

> 그곳이 어디였는지 더 이상 잘 알지 못하는 스페인 어디인가의 아주 작은 마을에 어부들의 술집이 하나 있었고, 거기에는 그릴에서 구운 정어리가 있었다. 우리는 모두 넷서 식사를 했는데, 그 때 주인이 우리에게 4개의 플라스틱 접시를 나눠주고, 정어리들이 담긴 큰 접시 하나를 더 갖다 줬다. 그래서 우리는 각자 손으로 정어리들을 집어서 먹었다. 접시가 비고 난 후에 주인은 다음 접시를 가져왔다. 그 때 우리는 한 접시가 더 나오는 것을 보고 기뻐했으며, 그것을 또 남김없이 다 먹었다. 그런데 그런 다음 언젠가 한 접시가 또 나왔는데 우리가 이제 그것을 어떻게 처리할 수 있을지 난감해졌다. 그러니까 우리 네 사람에게 세번째 접시까지는 좋았다. 하지만 그 다음에 우리는 우리가 완전히 배가 불렀다는 사실을 그에게 어떻게 분명히 해줄 수 있는지 정말 알지 못했다.

해답은 아주 간단하다. 사람들은 그냥 마지막 생선을 남겨두어야 한다. 그러면 주인은 그 일행이 배가 부르다는 사실을 알고 더 이상 아무것도 가져오지 않을 것이다. 하지만 사람들이 음식을 남김없이 다 먹는 한, 그것은 주인에게 있어 사람들이 아직 좀 더 원한다는 사실에 대한 하나의 기호이다.

물론 이것이 끝없이 계속되지 않을 것이다. 이러한 문화적 처리방식 안에 이를 해결할 방법이 마련되어 있다.

이 예에서 주목할 점은 사람들이 기호를 수용하여 마지막 생선을 먹든지 아니면 먹지 않든지 하도록 강요된다는 것이다. 이 두 가지 모두 무엇인가를 말하고 있다.

상형문자란?   상형문자와 상형문자 해독의 역사는 기호변형의 본보기이다. 역사 속에서 우리들은 사람들이 기호를 해석할 수 없다면, 어떤 일이 일어나는지 보게 된다. 로마에 있는 이집트 오벨리스크들은 끊임없이 상형문자들을 보여주었지만, 아무도 이 상형문자들을 이해하지 못하고, 단지 그것들이 신비한 형상들이라고만 여겼다. 의미 추측은 다음과 같은 몇 가지 원천으로부터 비롯된다.

- 사용상황으로부터, 두드러져 보이는 어떤 인상을 주는 돌들로부터,
- 세심하게 형상들을 실현해 내는 것에서,
- 기호의 반복과 배열에서.

이것이 기호들이라면, 기호들은 이해하기 어렵고 비밀스러운 것이다. 그렇기 때문에 이러한 것이 추측으로 생각된다. 기호의 사용과 해석의 모든 전통은, 신비주의적이며 비밀스런 기호들과 이 기호들을 점성술과 밀교에 적용하는 것이다. 우리가 어떤 것을 이해하지 못한다면 우리는 또한 예로부터 전해 내려오는 것들을 앞에 두고 이 2장 시작 부분의 그림 오른쪽 상단에 있는 것이 아이콘적 기호일까 아니면 관습화된 문자일까라는 것과 같은 질문을 던지게 된다.

상형문자는 성상(아이콘)화 되어있다. 사람들은 오랫동안 생각을
거듭하면서 온갖 노력을 기울였음에도 불구하고 이를 해독하는데
실패했다. 샹폴리옹Champollion이 처음으로 결정적인 첫 발을
내딛었다. 그는 상형문자를 아이콘적 기호가 아니라 혼합된 기호
로 보았다. 아이콘이면서도 효율적인 문자는 다음에서처럼 확대되
어야 할 것이다.

혼합기호

● 우선 대상들은 아이콘적으로 표현될 수 있다. 그런 이유로 연상
과 비유에 관한 동사 같은 것들이 묘사되어야 한다. 따라서
'눈'은 '눈'(Auge: 명사)을 위한 것이기도 하지만 또한 '보다'
(sehen: 동사)를 위한 것이기도 하다.
● 단어 형태를 위해 서술된 것으로부터. 단어들에서 현저한 음소
들이 기호의 의미가 된다. 따라서 /b/에 대해서는 Bein(다리)
이라는 단어가 있는데, 그 단어가 b로 시작했기 때문이다. 그
때문에 상형문자들은 음소, 음소조합 그리고 음절들에 대해 존
재할 수 있다.
● 이들을 사용하는 가운데, 글 쓰는 습관의 연마와 의사소통적 경
제성을 통하여 양식화 된다.
● 아이콘적이며 음성적 혼합물은 완전한 코드를 만들어 내지 못
하고, 문법적 현상들은 묘사될 수 없다. 그 때문에 복수는 세 개
의 줄을 통해 묘사되고, 여성적인 것을 위해서는 아이콘이 아닌
고유한 기호가 있었다.

제안

상형문자의 발전과정에서 자유로운 관습화가 보인다. 아이콘들은 상징을 적
용하는 가운데 반영되어졌다. 왜 그런가?

2.2. 의미란 무엇인가?

기호가 한편으론 외적인 형태, 표현, 표명을 갖고 있고 다른 한편
으론 내용, 즉 의미를 갖고 있다는 것은 모든 기호 모델들에 공통
적이다. 의미는 그때 그때의 실현에서 어떤 것을 이해하게 하는 기
호의 잠재력이다. 의미는 또한 사용에 있어서 일반적으로 이것 혹
은 저것을 생각하도록 우리에게 허용된 잠재력이다.

이러한 잠재력은 의사소통에서, 언어 기호의 발생학적 모델과 완
전히 상응하여 생겨난다.

의미는 하나의 긴 역사이다. 왜냐하면 언어에 있어서 어떤 한 단어
의 사용은 대단히 긴 하나의 역사이기 때문이며, 그로부터 최소한
무엇인가를 이해하기 위해서는 적어도 하나의 짤막한 이야기short
story를 필요로 한다. 지나칠 정도로 세세한 기술만이 언어와 그
언어의 실제적 사용을 들여다볼 수 있도록 해준다. 사용에 대한 상
세한 기술만이 문화와 세계관에 관련된 한 단어의 구성적 역할을
밝혀준다.

말하다speech의
산물로써의 언어
language

단어들이 의미를 갖고 있다는 일반적인 가정은 자주 과장돼서 왜
곡되어 해석된다. 궁극적으로 그것은 안탈Antal에서처럼 계통발생
학적으로 언어적 일상에서 보여 지는 것과 같은 것이 아니었을 수
있다.

> 우리가 단어를 단어의 의미에 따라 사용한다면, 언어 사용이 언어 지식을 전
> 제로 하는 것과 마찬가지로 의미는 단어 사용에 선행한다. (Antal 1963: 51)

물론 우리는 의미 없이는 더 이상 진전을 보지 못한다. 우리는 언
어 사용에 있어서 의미 또한 넘어선다. 그렇지 않으면 언어 변화와
언어 생성은 불가능할 것이다.

언어가 그 어떤 것이었다 하다라도, 의사소통에 앞서서 언어는 없었다. 언어는 의사소통으로서 시작했고 의사소통 속에서 의사소통과 함께 발전한다.

의미를 통한 관습적 의사소통은 관습 이전의 의사소통의 토대 위에서 설명되어야 한다. 이러한 의미에서 발화들은 원초적이다.

> 하지만 이론가들과 마찬가지로 우리가 인간의 말을 이해하지 못한다면, 인간 언어에 대하여 아는 것이란 아무것도 없다. (Strawson 1971: 189)

계통발생사에 적용되는 것과 동일한 것이 개체발생사에서도 또한 적용된다. 개체발생사는 의미로써 시작하는 것이 아니라는 것을 보여주는 가장 좋은 예이다. 언어 학습자는 자신의 능력을 의사소통에서, 즉 발화의 토대 위에서만 형성해간다.

개체발생사

사람들은 아이일 때 특정 의사소통 시도에 대한 반응을 배운다. 그야말로 사람들은 무엇이 의사소통의 시도로써 이해되는 것인지까지 배운다. 적절한 반응들은 개별적으로 규칙적인 것으로서 다듬어진다. 사람들이 점점 더 그리고 점점 더 많은 개개인들과 의사소통하기 때문에 추정된 규칙성이나 자기 재생산적으로 산출된 의미의 범위는 커진다. 사람들이 처음에 모든 반응을 신성불가침한 것으로 받아들여야 한다면 - 사람들은 우선 전체가 작동하는 것처럼 배운다 -, 이후에는 사소한 이탈은 용인할 수 있고, 궁극적으로는 무시할 수도 있다. 사람들은 전체적인 움직임의 기능에 대해 의심하지 않고서도, 사소한 이탈은 각각의 개개인에 속한 것이라는 것을 배운다.

한 개인의 의미론적 지식은 언어습득에서 만들어진다. (그리고 이것은 아마도 결코 완성되지는 않을 것이다). 개개인은 자신의 지식을 의사소통에서, 즉 엄청나게 많은, 적용된 기호들로부터 그리고 이에 상응하는 상황으로부터 얻어내야만 한다. 이 지식은 기억 속에 머물고 있는 모든 발화와 상황 안에는 거의 존재하지 않을 것이다. 도식회 혹은 압축이 일어난다.

이것이 어떤 모습인지 우리는 알지 못한다.

사용으로서의 의미 의미의 발생학적 견해는 의미의 사용이론과 결합되어 있다. 사용이론의 핵심 표제어는 다음과 같다.

어떤 한 단어의 의미는 언어에 있어서 그 단어의 사용이다.

이러한 표제어는 특정 견해를 거부하며, 다음과 같은 생각에 반대한다.

- 의미를 규정하는 언어가 없는 세계가 있을 것이다,
- 기호와 무관한 의미영역이 있을 것이다,
- 동일시 할 수 있는 대상으로써의 의미들이 있을 것이다,
- 기호를 사용하는 화자 없이도 의미들이 있을 것이다.

비트겐슈타인은 이러한 표제어를 창안했을 뿐만 아니라 자신의 정신을 규정했다. 그는 소위 말하는 의미의 존재론적 층위에 관심을 둔 것이 아니라, 그 보다 훨씬 더 높은 의미를 파악하고 기술하려는 가능성들에 대한 그 어떤 것을 얻고자 하였다. 그 때문에 그에게 있어 의미는 다음과 같다.

> 단어의 의미는 의미의 설명이 설명하는 그것이다. 즉, 네가 **의미**라는 단어의 사용을 이해하길 원한다면, 사람들이 의미의 설명을 무엇이라고 말하는지 확인해야 할 것이다. (Wittgenstein 1967: 560)

비트겐슈타인은 이러한 연관관계에서 특히 우리가 말하는 것이 규칙에 의해 유도된다는 사실을 다룬다. 그렇다면 이 표제어의 다음과 같은 하나의 변이형은 그다지 잘못된 것이 아니다. 어떤 한 단어의 의미는 이 단어의 사용규칙이다.

그러나 이러한 변이형은 사용이 동일한 의미에 있어서 모호하다는 사실을 인식하지 못한다. 사용은 한편으로는 관습, 즉 습관이고 다른 한편으로는 실제적 발화, 즉 실제 있었던 역사적 의사소통사건이라고 말하는 것이다.

이렇게 해서 사용을 줄이고, 사용의 특정한 양상들을 도외시 하고, 특정 양상의 관찰을 소홀히 하는 것과 같은 검토되지 않은 의미를 만들지 않는다. 그렇다면 사용은 오히려 그보다는 원래 각각의 어떤 한 단어로 행해졌거나 성취되었던 모든 것이다. 어떤 한 단어의 사용과 그 역사에서 모든 한계설정과 모든 초점화 그리고 모든 경계설정은 정당화되어야 한다. 그리고 이러한 것들은 원래 특정한 실용적 목적을 위해서만 정당화될 수 있다. 때문에 사람들은 예를 들어 사전에서 한 어휘의 사용에 대하여 오히려 짤막하게 언급해 주는 것을 원한다. 대체로 사람들은 겉으로 보기에 같아 보이는 것에 만족해한다. 차이들은 사용하면서 인식하게 된다.

오랫동안 언어학자들은 소위 언어적 지식과 객관적 혹은 백과사전적 지식 (이와 유사하게는, 언어적 의미와 객관적 의미) 사이의 경계설정을 위해 노력했다. (동사와 형용사도 마찬가지이겠지만) 특히 명사는 이러한 의미경계설정에 대단히 민감하다. 이러한 노력은 궁극적으로 불변의 고정된 핵심적인 것을 의미로 이해하고, 유연한 주변적인 것을 객관적 지식으로 이해하려는 것이다.

구별하기에 부여되었던 정당성들은 곧바로 변질된다. 정당성들은 개*Hund*, 호랑이*Tiger*, 사자*Löwe* 같은 단어들에 대하여 논의하고,

언어와 세계

동시에 어떤 특성이 종(種)에 필수적으로 수반되는지, 혹은 어떻게 사자*Löwe*라는 개념을 정의내리고, 의미의 경계를 만들어주는 것 등과 같은 것을 할 수 있는지에 대한 의문을 던진다. 단어들과 단어들의 사용에 대한 디 이상의 말이 없다. 여기에는 곧 종(種)이나 개념, 컨셉이 다른 모든 것들로부터 구별될 수 있도록 특징지워져야 한다는 생각이 덧붙여진다. 하지만 왜 그렇게 초라한가?

실제로 가다*geben*라는 단어가 어떻게 사용되는지 그리고 그 단어의 사용에 있어서 무엇이 이해되는지는 걸어갈 때 무슨 일이 일어나는지, 어떤 근육과 신경이 활성화되는지 등과는 다른 문제제기이다. 그렇다고 이것이 과정(세계)에 대한 지식이 이해에 속하지 않는다는 것을 말하는 것은 아니다. 사람들이 걷는데 발을 전혀 사용하지 않는다는 것을 전문가들이 발견하였다면, 이것은 무엇이겠는가? 이와 같은 것은 아주 오랜 시간에 걸쳐서 진행된다. 그리고 가다*geben*의 의미가 바뀌게 되었을 수 있다.
그밖에도 시계들은 발을 가지고 있지 않다.(역주 - 시계가 작동하는 것을 독일어로는 시계가 간다(*Die Uhr geht*)로 표현하는 것.)

학문적 진리는 의미가 문제가 되는 그런 것이 아니다. 그렇지 않으면 어떤 의미도 존재하지 않을지 모른다.
기호의 의미가 화자들에게 의사소통과 이해를 가능하게 하는 것이라면 그것은 받아들이기에 불분명하며, 몇몇 전문가들은 참된 의미를 알고 있을 수도 있다. 그리고 그것은 다른 모든 사람들은 전혀 올바로 이해할 수 없다는 것과 우리의 선조들이 오랜 기간이 지나도록 잘 다루지 못했을 것이라는 것을 말하는 것일 수 있다. 그렇다, 우리가 알고 있는 진실은 주지하는 바와 같이 확실하지 않거나 완결되어 있지 않기 때문에, 우리는 지금 그리고 미래에 있어서도 이해할 수 없을지 모른다.

의미의 요소는 이해하는 데 중요하고 관련되어 있는 등등의 요소들에서 만들어진다. 그것은 항상 동일한 것들은 아니며, 결코 확고한 근간조차도 되지 않는다.

언어에 결부된 것들

> 대학 어학 강좌를 마친 후 시험을 치러야 했던 한 칠레인은 강사에게 그가 자신의 친구(amigo)라고 보낸 암시에도 그 강사가 전혀 반응하지 않고, 정상적으로 계속 시험을 보도록 한 것을 이해할 수 없었다. 칠레인이 생각에는, 그의 친구라면 쉬운 문제들로 시험이 치러지도록 했었거나 (그렇지 않다면 그는 친구가 아닐 것이고) 그에게 미리 절교를 선언해야만 했다.
> 그래서 그는 배신감을 느꼈다.

사전들은 다양한 언어들에 같은 의미를 가지는 등가의 단어들이 있다는 것을 암시해 준다. 그러나 그것은 대략의 경우에만 적용된다. 우리는 적용된 것의 의미를 어느 정도 잘 번역해 낼 수 있다. 하지만 두 단어가 동일한 의미를 갖는다는 것은 의미에 의한 발생에 따르면 매우 불합리해 보인다.

모두 친구를 지칭하는 *Freund, friend, amigo*라는 단어들에는 아주 다양한 문화적 사실들이 결부되어 있다. 미국에서는 빨리 친구가 되고, 독일에서 사람들은 우정*Freundschaft*으로 훨씬 깊은 관계를 갖고, 친구끼리*Amigotum*같은 그런 단어에 대하여는 외래어에서 차용하고 있다.

사람들은 언제나 보편주의를 경계해야 한다.

그러므로 암묵적으로 감정을 보편적인 것으로서 받아들이는 것이 일반적이다. 게다가 널리 일반적으로 쓰이는 심리학적 상위어는 간단히 이 언어적 보편성을 전제로 한다. 왜냐하면 단지 이러한 방법으로만이 문화와 언어를 넘어서 동질성에 대하여 말할 수 있기 때문이다. 개개인과 역사, 개개인과 문화의 상호의존은 그와 같은 출발점에서는 무시된다.

김징에 있어서 표현과 심리학적 반응들이 광범위하게 발생학적으로 규정된다는 가정은 다윈으로 소급된다. 그에 따르면, 사람들은 원숭이와 인간에게 있어 특정 상황에서의 유사한 얼굴표정을 인식할 수 있다. 하지만 우리는 표정에서 유사한 점들만 인식하고 행동에서 약간의 것을 인식한다. 이점으로부터 우리는 체험을 추론한다. 동물들이 그런 감정을 갖고 있다는 것을 말해줄 어떤 시금석들이 있을 수 있을까?

보편적인 것이란?　유효한 판단기준은 의사소통 판단기준의 하나이다.

보편적인 것을 추구하는 연구들은 영어 어휘의 선택, 즉 *joy, sadness, fear, anger*와 같은 것들을 골라내고, 이를 번역한다. 내가 어떤 한 일본인에게 그의 정서적 경험을 묻고자 한다면, 나는 일본어로 물어야 한다. 그러나 이와 동일한 의미를 가지는 그 어떤 표현들이 없다면, 그리고 물론 그런 것들은 없는데, 그렇다면 나에게는 무엇이 남게 되는가?

상호문화적으로 이해하는 과정은 문화와 언어의 분석을 전제로 한다.

"언어와 문화 등이 감정에 의한 가치를 결정한다"(Schmidt-Atzert 1980: 48)는 사실이 우리에게는 별로 내키지 않지만, 문화가 다르면 다를수록 그 가치평가도 그만큼 더 다르다. 아니, 감정 자체가 다른 것이다. 따라서 어떤 기본생각 자체가 의심스러워진다. 기본생각은 문화란 마치 예를 들어 무엇인가를 느끼는데 있어서 그 모습을 그려내는 것과 같은 그 어떤 것과 같은 것처럼 들린다. 그 어떤 하나의 문화란 바로 어떤 감정이 확고한 위치를 갖고, 그 감정들이 어떤 성질을 지니는지와 같은 것들로 형성된다.

인도에서의 비통함이 독일 혹은 유럽에서와 다른 어떤 것이라면, 그것은 어떤 것인가? 단지 사람들이 비통함을 공통적인 것으로 전제한다면, 이렇게 말할 수 있다. "물론 다른 사람들도 우리처럼 동일한 감정을 갖고 있다." 단, 이것을 받아들이는 건 바로 우리다. 이것은 우리에게 있어서 어떤 것을 느끼는 것에 의한 역할의 한 양상, 즉 감성*Gefühl*에 대한 의미의 한 양상이다.

뉘앙스

> 나는 독일어 사전이 일련의 선택된 예문들을 통해 어떤 의미가 그 단어 안에 포함되어 있는지, 그리고 그 의미가 어떻게 항상 상이하게 산출되고, 달리 판단되며, 달리 조명되지만, 결코 완전히 소진되지 않는지에 대하여 성과를 거두기 바란다. 그 모든 내용은 그 어떤 정의로도 설명될 수 없다. (Grimm 1847 / 1953: 811)

단어의 사용은 서로 비슷한데, 비트겐슈타인이 그것을 가족 유사성이라고 불렀다. 모든 사용에 있어서 그 어떤 공통점이 있는지 어떤지에 대한 문제는 사람들이 그때그때마다 무엇을 가리키는지를 통해서만 답해질 수 있다.

하지만 왜 모든 것에 공통된 것이 그토록 흥미로운 것인가? 개별적인 것, 즉 많은 세세한 것들과 뉘앙스들이 훨씬 더 흥미롭지 않은가?

의미를 습득하기 위해서 공통되는 것이 중요한 것처럼 보인다. 왜냐하면 우리가 때때로 공통점으로부터 뉘앙스를 얻게 되는 능력을 갖고 있기 때문인데, 우리는 공통점에서 미묘한 뉘앙스를 추론할 능력을 갖고 있다. 학습에서 우리는 비로소 처음으로 그 어떤 사용법을 얻게 되고, 임의의 사용으로부터 이미 어떤 하나의 공통점을 두어야만 한다. 그러나 이 공통점이 동일한 것일 필요는 없다.

모호성

의미의 개방성과 모호성은 몇 가지 관점에서 나타난다.
첫째로 우선 맥락과 연관된 단어들이 있는데, 단어들의 의미는 문맥에 따라 강도 높게 달라진다. 모든 대명사들이 여기에 속한다.

(1) Er war interkulturell sehr erfolgreich.
 그는 상호문화적으로 대단히 성공을 거두었다.

위와 같은 독일어 문장에서 아무런 맥락이 없이 사람들은 대명사 *er*가 남성인 인간존재를 의미하는 것으로 생각한다. 맥락이 주어진다면, 그것은 이렇게 보일 수 있다.

(2) Das ist der erste Roman dieser Art. Er war interkulturell sehr erfolgreich.
 이것은 이러한 종류의 첫 소설이다. 그것은 상호문화적으로 대단히 성공을 거두었다.

(3) Dieser Fisch wird erst seit einiger Zeit gezüchtet. Er war interkulturell sehr erfolgreich.
 이 물고기는 얼마 전부터 비로소 양식이 되었다. 그것은 상호문화적으로 대단히 성공을 거두었다.

(4) Unser Freund schrieb seinen ersten Roman. Er war interkulturell sehr erfolgreich.
 우리 친구가 그의 첫 소설을 썼다. 그는/그것은 상호문화적으로 대단히 성공적이었다.

이러한 변이형들은 대명사의 의미에 속한다. (4)의 경우에서처럼 대명사가 지시하는 것의 관계가 아주 분명하지 않은 경우가 아니라면, 이것이 우리에게 문제가 되는 경우는 드물다.

다른 종류의 개방성은 단어의미의 발생에 있다. 한 언어의 모든 화자가 동일한 사용에 익숙하지는 않다. 때문에 전체적인 의미는 화자마다, 그리고 집단마다 변화할 수 있다. 그럼에도 불구하고 일상의 의사소통들은 잘 이루어지는데, 왜냐하면 의미의 변형들 사이에 그 어떤 공통의 핵심부분이 있고 이해하는 판단기준들이 그다지 까다롭지도 엄격하지도 않기 때문이다.

한 예로 거짓말하다*lügen*라는 동사가 있다. 거의 모든 독일어 화자는 어떤 틀린 것을 말하는 사람이 거짓말을 하는 것이라는 점에서 대부분 의견의 일치를 보이는 것 같다. 아이들에게 있어서는 완전히 그런 의미로만 쓰인다. 아이들은 무엇인가 말해진 것이 들어맞지 않으면 그 거짓말에 대해 어른을 나무란다. 어쩌면 많은 성인들도 그것을 그렇게 볼 것이다.

결정적인 것이 첨가된다면, 화자도 그가 말한 것을 믿지 않았다는 것일 것이다. 고전적 의미의 거짓말의 정의는 '하나는 혀에, 다른 하나는 가슴 속에'이다. 문제가 되는 경우에 두 판단기준들 사이에서 갈등이 생길 수 있다. 어떤 한 사람이 거짓말을 했다는 것이 맞다는 사실이 밝혀질 수 있을 것이다. 그는 그것이 맞지 않다고 잘못 생각했다. 이것은 거짓말인가?

혹은 화자가 그가 말한 것을 믿지 않고, 그 말이 맞지도 않지만, 그는 상대방이 그가 무엇을 말하든지 그의 말을 믿지 않는다는 사실로부터 출발한다. 그런데 그 상대방이 그를 믿었다. 이것이 거짓말인가?

의미는 이 모든 사용을 지지할 수 있을 만큼 그렇게 유연하지 않은가?

우리는 개방성과 모호성을 가족*Familie*이라는 단어로 구체적으로 설명할 수 있다. 아주 두꺼운 사전에서는 이 단어가 다의적이라는

하나의 가족이란 무엇인가?

인상을 받게 된다.

1. 부모와 그들 자녀들의 공동체
2. 서로 친족관계인 모든 사람들로 이루어진 집단

첫 번째 점에 대해 우리는 깊게 생각하지 않아도 여기에 문제가 있다는 것을 안다.

● 아이가 없다면 그것은 무엇인가?
● 단지 혈연관계에 있는 아이들만을 말하는가?
● 부모란 무엇인가? 동성의 쌍은?

두 번째 점의 경우에도 우리는 비슷한 문제들을 갖는다. 그 문제들은 일반적으로 의사소통을 방해하지 않는다. 예를 들어 가족상봉에 관한 것이라면 우리는 어쩌면 오히려 두 번째 경우를 생각할 것이다. 하지만 우리는 첫 번째 경우도 받아들였을 것이다. 그러므로 두 개의 의미는 없다. 그리고 1 혹은 2를 의미한 것인지 아닌지 우리에겐 전혀 관심 밖일 수 있다. 이것이 관계된 것이라면, 우리는 이미 그 점에 대하여 언급했을 것이다 - 아닐 수도 있지만.
그런데 누가 가장인가? 혹은 무엇이 가족의 소유물인가?

어떤 한 단어가 다의적이라고 우리가 말하는 지점에서 의미가 전복되는 경우들은 큰 물의를 일으킨다. 의미가 전복된다는 것은 비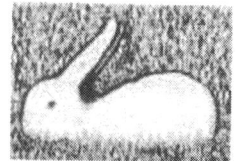트겐슈타인이 **토끼-오리-머리**의 예에서 구체적으로 보여주었던 것처럼 관점의 변화로 이해할 수 있다. 드러누워 쉬고 있는 오리인가 아니면 앉아있는 토끼인가?

어휘상으로도, 문장에서도(통사적으로) 그리고 텍스트상에서도 이러한 종류의 의미의 전복이 있다.

(5) Kauf dir ein neues **Schloss**.

　　새 **성城/자물쇠**를 사라.(역주: 독일어로 Schloss는 성과 자물쇠의 의미를 모두 갖는다.)

(6) Ich schreib das Wort rot.

　　나는 그 단어를 빨간색으로 쓴다/경고하다.(역주: 글자 그대로 '빨간색으로 글씨를 쓰다'와 '경고하다'의 의미가 있다.)

(7) Auch du auch du auch du 너 또한 너 또한 너 또한

　　wirst langsam eingehn 서서히 그렇게 될거야

　　an lohnstreifen und lügen 월급명세서와 거짓말로

　　reich, stark erniedrigt

　　부자가 되고 강력하게 굴복당하고 (Enzensberger)

사람들이 어떤 한 단어의 의미를 그 특징들과 판단기준들, 따라서 다른 방식의 표현들이 어느 정도 핵심 주위로 긴밀하게 운집해 있는 단어의 의미론적인 궁정의 뜰처럼 생각한다면, 이것은 한편으로는 어째서 이해의 정도가 다를 수 있는지, 그리고 단어들의 모호성의 경우에 어째서 끊임없이 오해가 생겨나지 않는지를 설명할 수 있게 된다.

모호성은 장점이다

공통적 지식의 상태에 따라 다양한 화자들은 그 궁정 뜰의 특정한 지역을 활성화시킬 것이며, 이에 상응하는 정도의 이해가 생길 것이다.

우리는 이해하는 판단기준을 이에 상응하게 유동적인 것으로 간주한다. 우리와 상식수준의 지식만을 공유하는 상대방에게서 우리는 일반적인 정도의 이해만을 기대한다.

의미의 모호성은 자주 비판적으로 언어의 불충분함으로 낙인찍힌다. 하지만 모호성은 우리 언어의 장점들 중 하나이다.

- 모호성은 의미 발생의 필수적인 결과이다.
- 모호성은 의미의 유동적 속성을 위한 토대이다.
- 모호성은 새로운 것에 대해 말할 수 있기 위한 토대이다.
- 모호성은 언어의 수용과 변화를 위한 전제이다.

연상적 의미　이해하기 위해서는 어떤 한 사람에게 무엇인가가 생각나야하고, 어쩌면 무엇인가가 관심을 끌어야 한다. 그것은 의미론적 뜻에서 나온다. 사람들은 연상적 의미를 넘어서 그 뜻을 부분적으로 파악할 수 있는데, 물론 연상적 의미는 언어학과 언어철학에서 올바르게 평가되지 않는다. 연상적 의미는 일반적 규칙성에 근거를 두지 않는다. 연상적 의미가 규칙적이지 않다면, 그것은 오히려 주관적일 것이다. 예를 들어 사람들은 어떤 한 화자에 대하여 말해진 것에 상응하는 성분들을 가지고 딴지를 걸어오지는 못할 것이다.

하지만 첫째, 연상은 전적으로 주관적이지 않다. 심지어 이에 상응하는 규범서들이 연구를 통해 완성되었다(Postman / Keppel 1970). 그리고 둘째, 의미론적인 규칙성들이 모든 화자에게 그리고 언제나 적용된다는 의미에서 도대체 어떤 그러한 의미론적 규칙성이 규칙적인가 하는 문제이다. 여기서는 단지 (우리 모두가 물론 그 동질성에 대해 확신을 가져야만 하는) 허구적 언어적 동질성에 호소하고 있다. 그밖에도 내적인 의미 속성들이 딴지가 걸릴 수 있을 것이라는 사실은 단지 문화적 관습처럼 보인다. 우리는 어떤 한 문화에서 연상적 결합이 추론에 의한 결합보다 훨씬 더 구속력이 있을 것이라고 충분히 생각해 볼 수 있다. 그러한 문화를 발견하기 위해 우리는 멀리 갈 필요가 없다.

기니를 여행 중에 사람들은 가는 곳마다 음악을 듣게 된다 - 대부분 소위 말
하는 하이 라이프 음악(high-life-music)이다. 이 음악은 아주 내 마음에 들었
고, 난 그 음악이 경쾌하고 활기차고 매우 따뜻하며 삶의 기쁨을 누리게 하고
유희적이라고 느꼈다. 아프리카 친구들과의 대화에서 나는 내가 느낀 것을
말로 표현하려고 했다. 그리고 나는 이 음악을 음향적 태양이라고 표현했다 -
이는 유럽인 지인이 정확한 메타포로 설명했었던 하나의 표상이다. 이와 달
리 가나인들은 한 사람이 내게 다음과 같이 물어올 때까지 나의 이러한 감동
이 묻어나는 비유에 대해 침묵하고 있었다. "왜 너는 이 음악이 태양과 같다
고 생각하니? 태양은 격렬하고 무자비하며, 삶을 불태워 없애고 파괴하잖니
- 사람들은 태양 앞에서 자신을 보호해야만 해! 우리 음악은 완전히 달라!"

다양한 언어에 대한 연상적 의미에 관한 연구들이 있다. 이것은 이
미 상호문화간의 차이에서도 조사된 것이다(Szalay/Deese 1978).
연구결과들은 보통 목록으로 만들어지지만, 그 목록을 그래픽으로
도 설명할 수 있다. 이런 방법으로 표면적으로 대등한 단어들에 있
어서의 중요한 차이점들을 보여준다.

상호문화적 연상조합

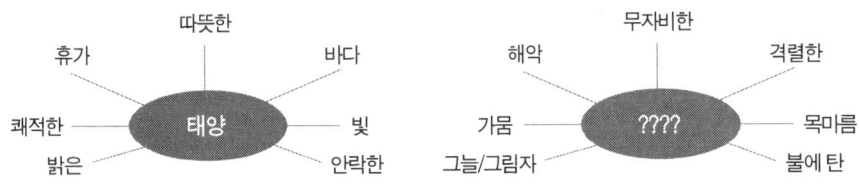

사실상 문화적 차이를 세상에 알리기 위해 연상적 방법론이 유용
하다. 이것은 1973년 Szalay/Deese의 자료들에 따른 별모양의
형상들을 인상 깊게 보여준다.

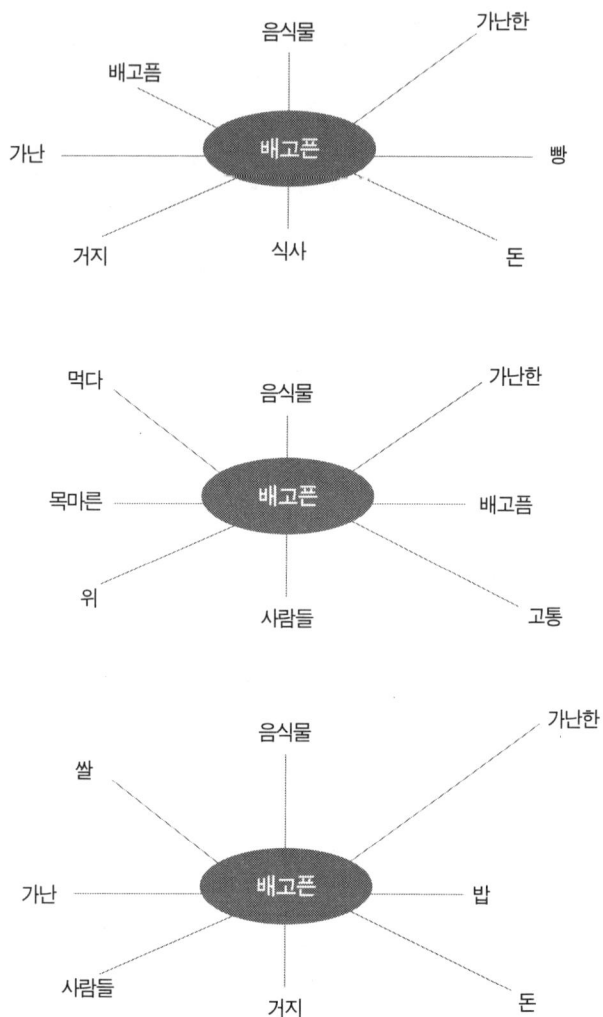

해석 별 모양의 형상들은 대체 어떤 연상이 빈번하고 중요한지 보여준
다. 위성들이 핵심에 더 가까이 있으면 있을수록 위성은 더욱 신속
하게 그리고 더욱 자주 연상됐고, 더욱 많이 위성이 단어의 의미와
관계가 있는 것으로 우리가 가정해 볼 수 있다. 몇몇 연상들은 모

든 별 모양의 형상들 속에 나타나지만 근접정도는 상이하다. 다른 연상들은 아주 특수해서, 문화나, 다양한 음식 그리고 그 나라의 기근에 대해서도 아주 많은 것을 말해주고 있다.

여기서의 문제는 물론 모든 것이 번역되었다는 것이다. 원래 연상되었던 것은 우리에게 감추어져 있다. 하지만 각각 자극으로 주어진 어휘들의 의미는 물론 사전적 어휘의 등가물이 아니다. 각각의 의미는 바로 그 연상 안에서 나타난다.

우리는 다음에 대하여 명확히 해둘 필요가 있다.   **요약**

- 하나의 의미가 무엇인지에 대해 말해주는 하나의 통일된 견해는 없다.
- 그 어떤 한 단어의 의미가 무엇인지를 말해주는 그 어떤 통일된 견해가 없다.
- 어떤 한 단어의 의미론적 기술이 어떤 모습이어야 하는지 또는 어떤 모습을 지닐 수는 있는지에 대한 명백함이 없다.
- 우리가 확실히 어떤 한 단어의 의미를 얻을 수 있게 해주는 어떤 방법론도 없다.

제안

> "배고픈hungrig" 에 대한 세 개의 별 모양의 형상들은 한국과 콜롬비아 그리고 북아메리카에서 조사됐다.
> 어떤 별 모양의 형상들을 당신이 어떤 문화에 귀속시킬 것인지, 그리고 특히 어떤 증거가 그것을 말해주는지 생각해보시오.
> 당신이 내린 결론을 말로 표현하는 것 또한 항상 중요하다.

2.3. 이해한다는 것은 무엇을 말하는가?

이해한다는 것은
일차적이다.

잘 알려져 있는 바와 같이 언어적 의사소통에 속하는 최소한 두 가지의 것이 있다. 화자와 적어도 한명의 청자. 화자는 뭔가를 말하고자 하고, 청자는 화자가 말하는 것을 이해하려고 한다. (이것은 성적으로 민감하지 않은 역할 기술이다.)

이러한 대화자 역할이 바뀔 수 있다는 사실 또한 전형적이다. 지금 화자인 사람이 바로 그 다음에 청자가 될 수 있고 또 그 역으로도 가능하다. 그 때문에 한 언어 공동체의 구성원으로서 우리는 두 가지를 배웠다. 우리는 발화, 문장, 텍스트를 산출할 수 있고, 그리고 우리는 그것들을 이해하거나 수용할 수 있다.

우리가 이해하는데 있어서 힘들어하는 경우는 드물기 때문에, 이해는 우리에게 보다 당연하고 문제없는 것으로 보인다. 이해가 될 수도 있고 안 될 수도 있다. 이해한다는 것은 너무도 쉬워서 우리는 이것을 개한테 조차도 전가할 수 있다. 그럼에도 불구하고 우리는 어째서 언어습득에 있어서 특히 말하기를 배우는 것, 즉 능동적인 능력을 발전시키는 것이 중요하다는 견해를 통상적이라고 생각하는가?

제안

> 당신에게 있어 관계란 어떤 것인가? 당신은 당신이 사용하는 것보다 얼마나 더 많은 독일어 단어들을 이해한다고 생각하는가?
> **작은 숲**Hain이라는 단어를 이해하는가? 그리고 당신이 그 단어를 사용하기도 하는가?

언어를 배우는 것은 이해하는 것으로 시작한다. 왜냐하면 우리가 아이일 때 언어를 습득하면서 일단 한번은 - 최소한 대략 - 다른 사람들이 말하는 것을 이해해야만 하기 때문이다. 어떤 한 아이가 어른들로부터 문장들을 배우게 되고, 그로 인하여 아이가 언젠가 적당히 능청스럽게 말하기 위해서는 그 문장들을 우선 이해해만 한다.

이해한다는 것에서는 무엇을 이해하는가? 개념(Begriff)이 학문적 **이해의 개념** 이론의 전문 용어로써 쓸모가 있는가? 이것은 너무 다층적이고 온 갖 이론적 고찰들이 침투되어 있지 않은가?
여기에 이해하다*verstehen*라는 단어가 통용되는 몇몇 사용방식이 있다.

- 누군가가 의미한 그 무엇을 이해하다 (그의 의도를 인식하다),
- 텍스트를 이해하다 (텍스트의 의미를 파악하다),
- 문장을 이해하다 (문장의 의미를 이해하다),
- 단어를 이해하다 (그것이 무엇을 말하는지를 안다),
- 언어를 이해하다 (그 언어를 구사할 능력이 있다),
- 행동을 이해하다,
- 어떤 (예를 들어 물리적) 이론을 이해하다,
- 현상을 이해하다 (현상의 원인을 알다),
- 사람을 이해하다 (그 사람에 대한 이해력을 갖고 있다).

첫 번째 관점이 인간의 이해관계의 원래의 의미를 나타내고, 다른 이해력의 모든 발전에 선행하는 한, 그것은 가장 중심을 이루는 것 으로 보인다.
의도를 파악한다는 것은 관습적 기호와 논리적으로 무관해야만 한 다. 잘 알려져 있듯이 사람들은 누군가가 말하는 것을 그 말을 정확 히 이해하지 않고서도 이해할 수 있다. 단지 그 때문에 인간 언어의 계통 발생사가 가능할 수 있다. 해석은 의미 그 이상의 것이다.

**말해진 것이
무엇인지 이해하기**

이해하는 사람들에게 있어 저자, 즉 자신의 상대방이 말한 것이 무엇인지를 이해한다는 것은 결정적인 판단기준이 된다. 이해한다는 것은 멋진 해석들을 얻고자 하려는 텍스트들을 가지고 하는 가벼운 수수께끼 놀이기 아니다. 이해한다는 것은 의사소통의 부분이고, 의사소통에서 항상 중요한 것은 다른 사람을 이해하는 것이다. 하지만 도대체 어떻게 상대방의 의도를 알아낼 수 있을까? 단지 의사소통과 이해를 통해서이다. 그렇다면 의도는 이해를 위한 판단기준도, 척도도 되지 못하는가? 물론 아니다. 이해한다는 것을 상대방이 말 한 것을 이해하는 것으로 무조건 이해하는 사람은 그 스스로 의사소통적 요구를 제기한다. 그는 의사소통 외에 그 어떤 판단기준에도 주의를 기울이려 하지 않는다.

상대방이 말한 바를 이해한다는 것은 이해한다는 것에 의미 있는 경계 또한 마련해준다. 물론 나는 누군가가 왜 이것 혹은 저것을 말하는지에 대하여 올바른 직감을 가질 수 있다. 나는 이를테면 그 사람의 동기를 추적할 수 있고, 게다가 그가 살아온 발자취들을 추적할 수 있으며, 심지어 이로써 상대방을 어쩌면 더 잘 이해할 수도 있다. 하지만 그가 말한 것을 내가 정말 그렇게 더 잘 이해하는가? 그것은 가능하다. 그리고 그때 그것이 바로 이해하는 것에 속하는 것이다. 하지만 상대방이 전혀 의도하지 않은 어떤 것을 이해한다는 것은 본질적으로 다른, 즉 의사소통적이지 않은 이해개념을 전제로 한다. 그것은 종종 우리에게 화자가 표현하고 싶어하지 않았던 뭔가를 드러내는 신체언어에 관심을 갖는 경우에 그 어떤 역할을 하는 것처럼 보인다. 이것이 의사소통인가?

**이해한다는 것의
판단기준**

우리가 이해를 했다면, 우리가 무엇을 이해한 것인가라는 문제가 항상 남게 된다. 그것에 대한 판단기준, 즉 이해를 잘했다거나 올바로 이해했다고 할 수 있는 판단기준이 있는가?

모든 텍스트는 몇 가지로 이해될 수 있다는 것을 허용한다. 그러한 다수의 이해 가능성에 대한 설명은 다시금 바로 그 텍스트들이 되는데, 이는 이 텍스트들이 또 다른 탐구를 위해 사용될 수 있는 방법론적인 장점을 제공하기 때문이다. 그러나 궁극적으로 모든 개별적 이해들은 설명될 수 없다. 왜냐하면 모든 설명이 자체로 다시 '이 설명은 어떻게 이해되는가?' 라는 근원적 문제와 마주치게 되기 때문이다.

해석학적인 고찰들도 또한 무엇을 통해 이러한 다양한 이해들이 생겨나게 되는지에 대한 입장을 밝혔었다. 하나의 기호로서 어떤 하나의 텍스트는 스스로 기호가 되는 객관적 형상이 아니라, 항상 오직 특정한 개인에 대해서만 이해될 수 있는 기호다.

이해의 지평이 바로 이해하는 것의 토대이다. 그리고 이러한 이해의 지평은 물론 최근의 언어학 이론들이 설명하고자 하는 바로 그것이다. 언어학 이론들은 대개 기호의 규칙적 동질성을 풀어낼 정도까지는 아니지만, 의사소통 파트너의 머릿속에 있는 세계가 각각의 이해에 어떤 영향을 미치는지를 보여준다.

우리가 도대체 무엇을 이해한 것인가라는 판단에 대하여 어떤 한 이해가 옳은지 나쁜지 평가하도록 만들어진 선행되는 일반적인 판단기준이 없다. 모든 것은 본질적으로 해결되지 않은 채 남아 있다. 이해에 대한 훌륭한 (그것이 최고는 아니라 하더라도) 판단기준은 당신이 이러한 이해로써 만족해하고, 당신에게 적절하고, 또 다른 문제들을 만들지 않는 것이다.

물론 청자가 그가 가지고 있는 지식과 상황인식에 따라 텍스트를 상이하게 이해하는 것은 옳다. 그것은 해석학적 근본원칙이 의미 **우리가 할 수 있는 것**

하는 바로 그것이다. 하지만 그로부터 청자가 이 모든 것을 능동적
또는 의식적으로까지 행한다는 결론이 도출되는 것은 아니다. 그
리고 우리가 청자로서 그때그때 요구되는 필요한 믿을만한 지식을
창출한다는 것은 모든 이성적 고찰과는 동떨어진 것이다.

머물러 있는 지식이나 활동하는 지식과 같은 에피소드적인 지식은
이를테면 텍스트의 씨앗들이 뿌려지는 토양이다. 내가 어떤 특정
한 스크립트나 프레임을 알고 있다면 그것들은 자동적으로 내가
이해하는 가운데 작동될 것이다. 물론 내가 공통 지식으로부터 대
안들을 충분히 검토하고, 거기에서 생기는 이해를 다른 가능한 이
해와 저울질해보며, 다양한 이해 가능성들을 가정해보면서 신중히
검토해 볼 수 있다. 그러나 그것은 내가 재구성을 해보거나, 내가
의구심을 가지게 될 때, 내가 확신이 서지 않을 때, 다시 말하면 내
가 충분히 이해하지 못한 경우에만 생긴다. 그렇게 되면 나는 해석
하게 된다. 예를 들어 그것은 내가 언어학자로서 지속적으로 다루
어야 하고, 그런 종류의 텍스트 의미에 대한 모든 이론적 취급이어
야 하는 작업 활동이다.

하지만 이것을 끊임없이 해야 하는 청자/독자라면, 그는 가엾은 정
신 나간 바보일 것이다.

우리는 다음과 같은 것을 잊지 않고자 한다. 해석하는 것의 목표는
하나의 이해이고, 그리고 이러한 이해 또한 결과로 생겨날 것이다.
따라서 내가 기분이 좋다는 것에 대한 조건을 행동을 통해 형성할
수 있는 것처럼, 나는 나의 이해를 위해 더 좋은 조건을 만들어내
기 위해 행동할 수 있다. 이것은 훨씬 나은 이해가 생기는 결과로
이어질 수 있다. 다만 그런지 아닌지, 어떤 이해인지는 그전에는
아무도 모른다.

우리는 매번 이해한다는 것이 깊이 생각해 보지 않고 일어나는 훨씬 직접적인 것이라는 입장을 고수해야 한다. 그리고 사람들이 이해하는 것들 가운데는 이해하는 사람이 설명할 수 없는, 그야말로 도저히 설명될 수 없는 것들이 있다는 사실로부터 출발해야 한다. 우리가 이와 같이 이해한다는 것을 완전히 주관적인 것으로 간주하기 때문에, 어쩌면 거기에는 이해한다는 것에 대한 어떤 한계가 있을 것이다.

이해는 직접적이다

이러한 사실에 있어서 우리는 우선 이해한다는 것이 아닌 것이 무엇인지를 다루었던 비트겐슈타인도 우리의 입장에서 잘못 생각하고 있다. 그리고 거기에는 그의 두 가지 본질적인 통찰이 있었다. 이해한다는 것은 …로 해석하는 것이 아니다. 그리고 그것은 정신적 과정이 아니다.

…로 해석하는 것이 이해한다는 것은 아닌데, 왜냐하면 사람들은 이해하는 가운데 한 문장을 해독해내는 것과 같은 것, 즉 이를 테면 그 자리에 다른 문장을 갖다놓아야 하는 것이 아니기 때문이다. 모든 문장이 이와 같은 의미에서 하나의 해석을 필요로 한다면, 그 어떤 문장도 다른 어떤 것 없이 바로 이해되지 못할 것이다. 그러나 그것은 말도 안 된다.

이해한다는 것을 정신적 과정으로써 파악한다는 것은 혼란을 가져온다. 사람들이 단순하게 이러한 과정의 특징을 묻는다면, 과정의 본질적 특징을 볼 수는 없을 것이다. 그리고 사람들은 "과정의 본질은 지금까지 발견되지 않은 어떤 것, 즉 파악하기 어려운 어떤 것"임에 틀림없다고 추론한다. 사람들은 이해한다는 것의 신비스러움, 즉 비트겐슈타인의 이해 안에서 우리의 이해의 전형적인 철학적 마법걸기를 발견한다.

이해한다는 것이 인간 의사소통의 결정적 판단기준이라면, 그것이 의사소통적으로 다루어지지 않고 토의되었다면 놀라워할 것이다.

이해에 몰두하다 의사소통은 단 한번으로 이루어지는 것이 아니다. 그리고 그 때문에 이 문제가 일방적인 성찰로 끝나지 않는다. 이해하는 것은 의사소통 진행 과정 중에 개선되고, 우리가 이해하지 못한다는 것이 의식되는 경우는 이해기 안되는-것*Nicht-Verstehen*을 제거하고자 노력한다.

따라서 의사소통적으로 이해하는 활동의 예는 헤아릴 수 없이 많다. 역동적 진행과정에서 우리는 더 나은 이해를 위해 방법론을 사용한다. 이것은 무엇보다도 비-모국어 사용자와의 대화에 적용된다. 이와 같은 방법론에는 다음과 같은 것들이 있다.

- 관련성 있는 요소들의 강조
- 반복
- 재구성
- 형식화 제안들
- 이해를 확실하게 하려는 재차 질문들 ("이해하십니까?")
- 번역
- 모국어의 재수용

모국어를 하는 여성 화자: 안젤라 Angela (A),
비-모국어 여성 화자: S씨 (S)

```
01   S: caffè?
     A: ja bitte. das ist ja wirklich sehr schön
03      hier auf dem balkon.
     S: balkon, ja.
05   A: sie haben ja früher woanders gewohnt, oder?
        also ich meine eine andere wohnung,
```

07   in der sie gewohnt haben, früher als sie noch

        nicht hier waren. verstehen sie?

09 S: nicht hier

    A: ja, also jetzt wohnen sie hier und vorher

11   haben sie in einer anderen straße gewohnt,

        woanders, verstehen sie?

13 S: anderes ja, ahornestraße, andere seite

    A: wie heißt die straße? verstehen sie? den namen

15   von der straße.

        also jetzt hier das ist die eschenhofstraße

17   und die andere straße wie heißt die?

    S: anderes ahornestraße

19 A: wie?

    S: ahornestra-

21 A: ach ahorner straße, ja das ist ja gleich dort

        drüben, und gefällt es ihnen hier gut? äh,

23   wohnen sie hier gerne.

        es ist ja eine sehr schöne wohnung, verstehen

25   sie?

    S: ja wohnung gut, balkon gut, kinder au, kinder.

27 A: ja die daniela kommt jetzt dann bestimmt

        gleich wieder und ihr sohn, wo ist der? ihr

29   sohn ist in der arbeit oder?

    S: ja, sohn arbeit, äh spät kommt.

01 S: 커피?

    A: 네 주세요. 여기 발코니 위는

03   정말 아주 멋지군요

    S: 발코니요, 그렇습니다.

05 A: 당신은 이전에 어딘가 다른 곳에 살었었죠, 그렇죠?

        그러니까 저는 다른 집을 말하는 겁니다.

07   그 집에서 당신이 살았었죠, 이전에 당신이 아직

여기 없었을 때. 이해하시나요

09   S: 여기가 아니에요.

      A: 그래요, 그러니까 지금 당신은 여기 살고 있고 이전에

11   당신은 다른 거리에 살았었죠,

어딘가 다른 곳에, 이해하시죠?

13   S: 다른 것 네, 아호르네 거리죠, 다른 쪽

      A: 그 거리 이름이 뭡니까? 이해하세요? 그 거리

15   이름을.

그러니까 지금 여기 이곳은 에쉔호프 거리이고

17   다른 거리는 그 거리 이름이 뭔가요?

      S: 다른 것 아호르네 거리

19   A: 뭐라구요?

      S: 아호르네거-

21   A: 아 아호르너 거리, 정말 그곳은 바로 저쪽

편이에요, 이곳이 당신 마음에 드나요? 에에,

23   당신은 여기 사는게 좋은가요.

정말 멋진 집이죠, 이해

25   하세요?

      S: 네 집은 좋아요, 발코니도 좋아요, 아이들도, 아이들도 좋아요.

27   A: 네 다니엘라가 지금 틀림없이

금방 다시 올거에요 그리고 당신 아들, 아들은 어디있나요? 당신

29   아들은 일하고 있는 중인가요 아니면?

      S: 네, 아들은 일해요, 에에 늦게 와요.

제안

> 이것은 상호문화적 의사소통의 한 예이다.
> 당신은 전사본(Transkript)에서 의사소통적 이해활동의 방법론을 인식하는
> 가?

● 무엇이 대화인가?

Interkulturelle Kommunikation

3 무엇이 대화인가?

대화*Konversation*라는 용어는 매우 고상하게 들린다. 그것은 일상 대화나 대화를 분석하는 대화분석conversation analysis의 전문 용어이다. 대화의 가장 중요한 관점은 다음과 같다.

- 이 분석은 문장을 넘어선다.
- 언어는 그것을 사용하는데서, 즉 사회적인 적용 안에서 연구된다.
- 모든 양상들은 방법론적 제한 없이 관찰된다.

좀 더 긴 연속적 대화 분석에 대한 설명은 대화 연구 · 대화 분석 · 담론 분석 · 언어행위 이론 · 텍스트 언어학에도 있다. 이 모든 이론들은 상이한 전통으로 명맥을 유지하고 있고, 상이한 방법론적 설명을 추구한다. 하지만 경험적 토대는 대개 신뢰할 수 있는 대화, 즉 면 대 면 상호작용이다.

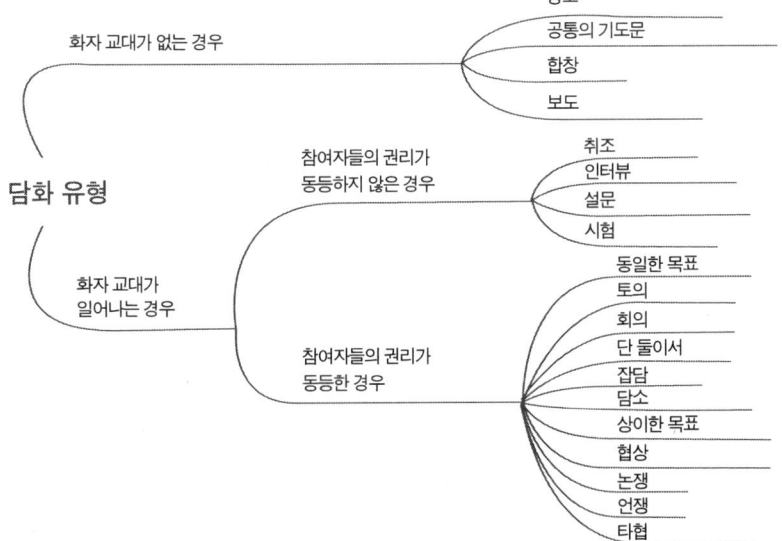

담화 유형

화자 교대가 없는 경우
- 공고
- 공통의 기도문
- 합창
- 보도

화자 교대가 일어나는 경우

참여자들의 권리가 동등하지 않은 경우
- 취조
- 인터뷰
- 설문
- 시험

참여자들의 권리가 동등한 경우

동일한 목표
- 토의
- 회의
- 단 둘이서
- 잡담
- 담소

상이한 목표
- 협상
- 논쟁
- 언쟁
- 타협

3.1. 대화 분석

이것은 간단한 대화를 글로 옮긴 원고이다. 구조적 특징은 고려되지 않았다. 물론 물음표들이 몇 개 삽입되어 있다.

> 안녕, 요하나 너 어제 잘 잤니? 아 그래, 수면제 먹고 잘 잤어 아니면 안 먹었어? 아니라구 아니면 먹는 걸 잊었다는 거지? 그래? 너는 말하자면 수면제가 필요없다구 아 내 시계가 서버렸어 우리 여기서 잠깐 좀 더 켤 수 있겠어? 안돼 그렇게 할 수 없어 안돼 네 부엌시계는 맞니? 그건 잘 가는 것 같구나 어쩌면 3분 빠른 것 같고 아빠가 어디에 편지를 쓰셨니? 아 그래 베를린이었지 아 그래서 말인데 잘들어 내가 가져 와야해? 좋았어 그렇다면.... 꼭 필요한데 내가 원래 하려고 했던 ... 오늘 여기가 너한테는 별로 맛있지 않은가보다 열어봐 고마워 날씨는 또 왜이래 걸어가야겠다 다행히 훨씬 건강하고.

구조화된 표현

AAA	BBB
guten morgen 안녕	morgen johanna 안녕 요하나
	hast du gut geschlafen? 잘잤니?
o ja es ging 응 그럭저럭	mit tablette oder ohne? 수면제 먹었어 아나면 안먹었어?
ohne 안먹었어	ohne hast du nämlich 안먹었다면
ja 응	vergessen gell? 잊었다는 거지?
	du bräuchst nämlich gar 너는 말하자면 아무것도
	keine 아니

ich glaub meine uhr is
내 생각에 내 시계가
stehen geblieben
멈추었어
können wir hier mal n
bissel anmachen?   das können wir nicht nein
우리 여기서 조금 더 켤수 있겠어?   우리는 그렇게 할 수 없어 아니

geht die richtig deine
küchenuhr?   die geht wohl richtig
네 부엌시계는 잘 맞는 거지?   그거는 잘 맞아

                                  vielleicht drei minuten vor
                                  아마 3분이 빠를지도
wohin hat der papa
geschrieben?   ach nach berlin so also
아빠가 어디로 편지를 쓰신거지?   아 맞아 베를린으로 그렇지 그러면

                                  noch einmal
                                  다시 한 번
GERÄUSCHE WIE VON KOHLEN-   hör mal soll ich ... nich
SCHAUFELN   잘 들어 내가 가져오지 않아도 돼?
석탄 삽질할 때 나는 것 같은 잡음   holen?

okay   so
좋아   그래

정밀한 대화 분석을 위한 기술적 전제조건은 일시적으로 대화를
저장하는 것이다. 대화 분석은 기록과 녹음과 녹화로 시작하고 이
러한 자료들의 전사본을 가지고 연구한다. 여기서 예로 들고 있는
대화는 어느 정도 매끄럽게 만들었지만 이미 구어적 형태가 문어
적 규범에 잘 맞지 않는다는 것을 보여준다. 즉흥성은 중단, 문법
상의 급변, 통사적 변칙 등을 초래한다.
문자화함으로써 음성학적이며 운율적인 특징이 사라진다. 때문에
사람들은 상세하게 전사하는 가운데 이와 같은 현상들을 가능한
한 많이 확인하고자 한다.

실제 대화를 연구하고 이로써 사회집단의 일차적인 자료들을 얻고자 하는 목표 설정을 통하여 이러한 분석은 현재 일어나는 일들에 초점을 맞춘다. 규칙적인 것들은 그 다음에 위치한다. 연구 결과는 당연히 그래야 할 것이다. 그리고 이론적인 것, 즉 개관은 맨 마지막에 오게 된다.

이렇게 되면 다른 전통을 가진 연구자들이 대화 분석자들에게 끊임없이 되풀이하여 그들이 그들의 전문용어와 이론적 토대에 근거해볼 때 충분히 명확하지 않다는 비판의 화살을 돌리는 것은 그다지 놀랍지 않게 된다. 그리고 또한 이 모든 것이 논리 정연한 이론으로 귀결되는 것도 아니다.

이론가들은 대개 규칙적 언어현상을 자기관찰을 통해 얻게 되는데, 이론가들이 성급히 규칙적인 언어현상을 공식화하는 것에만 골몰하므로 현실을 제대로 알지 못한다고 생각하는 대화 분석자들은 당연히 이들에 대해 이의를 제기할 수 있다. 경험적 연구는 그러나 기초 자료로써 그리고 생산적인 출발점으로서 경험적 자료들을 요구한다. 오직 그렇게 함으로서 새로운 것이 관찰될 수 있다.

대화교대 / 턴   대화 분석의 기본단위는 대화교대/턴 혹은 대화의 기여도로, 하나의 새로운 언어학적 단위가 된다.

하나의 대화가 물론 언어행위로 구성되었음에도 불구하고, 대화분석이 화행이론의 의미에서 일반적인 모범으로써 화행을 연구하는 것이 아닌 것과 마찬가지로 광범위한 의미의 발화를 연구하지 않는다. 초점을 맞추고 있는 것은 실질적인 진행과정이다. 이론적으로 확고한 언어행위이론적인 진행과정분석으로부터 그 어떤 언어적 행위에 대한 묘사에 사용된 모든 표현이 이에 해당되는 화행의 완전한 특징짓기를 통해 확고해지고, 더 나아가 화행 그 자체가 하나의 체계 안에 자리 잡도록 요구될 수 있을 것이다.

> 대화가 내부 구조를 가지지 않는 반면 발화 행위가 내적 구조를 가지는 이유
> 는(종종 주장되는 것처럼) 대화가 두 사람 혹은 그 이상의 사람을 포함하기
> 때문이 아니라, 대화에 특정한 목적이나 요점이 부족하기 때문이다. 모든 발
> 화수반 행위는 발화수반 요점을 가지고, 그것이 바로 그러한 유형의 하나의
> 행위라는 점에서 효력을 갖는다.
> (Searle 1992: 20)

그러나 그럼에도 불구하고 대화들은 그 밖의 많은 연구에서도 볼
수 있듯이 고유한 내적 구조를 갖고 있다. 대화교대/턴은 그 어떤
한 문장과 동일하지도 않고, 그 어떤 한 발화와 동일하지도 않으
며, 그 어떤 한 화행과도 동일하지 않다.

대화교대/턴은 어떤 한 문장이나 어떤 한 화행과는 달리 실제 분
절음으로써, 즉 실제 대화에서의 실제 발화로써 나타난다. 대화교
대/턴은 화자가 개입함으로써 시작하고, 그만둘 때 끝나게 되는데,
일반적으로 다른 화자가 시작할 때이다.
언젠가는 한 화자가 중단하고 다른 화자가 시작한다. 이것은 어쩌
면 오히려 작위적이고 진부한 것처럼 들리고 또 그런 것 같아 보
일 수도 있다. 기조논문(Sacks / Schegloff / Jefferson 1974: 701)
에서 이것은 다음과 같이 더 간결하고 효과적으로 언급되었다.
"턴의 크기는 고정된 것이 아니라 다양하게 변형된다.Turn size is
not fixed, but varies." 이것은 맞는 말이지만 대화교대/턴을 규
칙적으로 규정하는 것이 무엇인가란 질문에 대한 답은 없다. 이 문
제가 대화관리의 이해를 위한 연구의 첫 번째 중점과제이기도 하
다. 화자가 대화에서 그 모든 불확실한 상황에서도 일반적으로 정
해진 대화순서 넘겨주기와 전환이 실행되는 것이 어떻게 가능한
가?

이에 대한 답이 소위 말하는 순서교대turn taking 이론이다. 이 이론은 대화의 순차적 구조가 협력에 기초한 시스템 상에서 분류되고 체계화된 것임을 보여준다.

추이적정지점 TRPs

소위 추이적정지점transition relevant places(TRPs)으로 불리는 과도점은 가능한 화자 교체를 위한 전제조건으로 보인다. 이와 같은 위치에서 원칙적으로 매끄러운 전환이 가능하다. TRPs는 잠재적인 가능한 턴-교체를 표시해주지만, 교체가 반드시 있어야 하는 것은 아니다.

전통적으로 우선 떠오르는 TRPs들은 다음과 같은 것들이다.

● 문장 단락
● 구 단락
● 의미론적 기준: 화행의 완성도, 명제의 완성도, 동사 결합가 프레임의 완결, 테마적 완결로서의 레마

최근에 들어 특히 억양의 특징들이 연구됐다 (목소리 낮추기).
다른 준언어적 수단들은 망설임과 휴지이다.
여기에 비언어적 수단이 더해진다: 태도 (등 돌림), 제스처, 표정, 특히 시선.

화자 교체는 협력의 문제이다. 화자 자신은 능동적으로 화자 교체를 규정한다. 이 때 화자는 포괄적인 협동원칙을 따른다.
대화참여자들에게 있어서 중요한 것은 어떻게 대화가 올바르게 유지되고 지속되는지, 사람들이 어떻게 주제들을 다루는지, 어떻게 대화 속으로 들어오게 되는지, 그리고 누구를 어떻게 대화 속으로 들어오게 하는지와 같은 것이다.

다음과 같은 것들이 구별된다.

1. **타인에 의한 선택**: A가 턴을 허용하고, 추이적정지점에서 B에게
   이러한 희망을 신호로 알린다.

● 목소리와 억양으로
   • 모음이나 악센트가 없는 약모음을 길게 함
   • 성문 폐쇄음
   • 피치(역주: 말소리는 복합파로 구성되어 있고 그 중에서 가장 낮은
     영역에 위치한 sinewave의 주파수)
   • 전형적인 인식꼬리표(태그)들(감탄사, 불변화사, 안그래요
     nicht wahr, 아니죠*ne*, 아니요*nicht*, 그래요*ja*와 같은 관용구)

● 제스처나 표정으로
   • 시선을 마주치는 것을 중단함
   • 시선
   • 암시적인 제스처들

● 관습적으로
   • 인접쌍의 첫 번째 부분의 종결
   • 내용에 따른 종결

2. **자동선택**: 추이적정지점 TRP에서 새로운 화자가 끼어든다.

● 걸어 잠그기(예: 그렇지만*ja aber*, 그렇다면 좋아요*na gut*, 아 그
  래요*ach ja,* 그래*ja*)
● 자동수정

3. 교대/턴-방어

● 좀 더 빠르게 말하기

어떤 한 주제가 완결된 것으로 간주되는지 아닌지의 문제가 내용
적인 기준으로써 보다 더 중요하게 된다.

인접쌍   소위 말하는 인사-답례, 초대-승낙, 작별-작별 같은 인접쌍들이 화
자교체를 위한 보조수단들이 된다.

인접쌍

● 서로 연이어 나오고,

● 순서가 바뀔 수 없으며

● 내용적으로 하나의 단위를 이루고,

● 서로 다른 화자들에 의해 산출되며,

● 관습적 내용의 관련성을 갖는다.

여러 부분으로 된 연속체도 있다.

질문 - 대답 - 추가질문

질문 - 대답- 질문 반복하기

인접쌍은 형식적으로 규정되는 것이 아니다. 이해를 명백하게 해
주는 해석모형들이 있다.

바로 다음으로 이어진 장면에 따르면, 화자는 그가 이해했고 기꺼이 그것에
협조 하겠다는 것을 보여줄 수 있다.

(Schegloff / Sacks 1973: 297)

인접쌍은 그 어떤 삽입요소, 예를 들어 설명을 해주는 질문이라 할
수 있는 사이사이에 하게 되는 질문에 의해 분리될 수 있다. 이것
은 의사소통에서 일반적으로 별 문제없이 된다.

A: Darf ich eintreten? 들어가도 될까요?

B: Haben Sie eine Karte? 표 있습니까?   매끄러운 turn-교대

A: Ja, hier. 네, 여기 있습니다.

B: Bitteschön. 자 들어가세요.

매끄러운 turn-교대

A ————————————————— ———————————————
B .... ——————————— ....
C ....

동시에 말하기

A ————————————————————————————
B .... ——————————————— ....
C ....

이와 같은 것이 언제나 중단으로 간주될 필요는 없다. 중단한다는
것은 예를 들어 B가 그럴만한 권리가 없다던가, A가 방해받고 있다
고 느끼는 것 등과 같은 것이 전제되는 의미 있는 행위를 말한다.

동시에 시작하기

A ——————————— ————————————————
B .... ———————————— ....
C ——————— ....

섣부른 출발

방해 받지 않음

잘못된 출발

B의 포기

협력 대화의 협동적 진행과 협력의 중요성은 우리가 언어로 이미 이것을 위한 해당 어휘를 만들어 냈다는 것 안에서 보여준다.

● 말을 끝까지 다 하게 하다
● 중단하다
● 끝내다
● 대화에 계속 참여하고 있다
● 대화에 참여하게 되다

대화는 턴-가로채기-게임으로도 표시된다. 지금까지는 이런 게임이 보편적인 것으로 생각되었다. 그러나 이것이 실행되는 것은 상호문화적으로 유의미하게 다양성을 갖는다.

여기에는 가령 미국인들과 애서배스카족 아메리카 인디언 사이에서 발생하는 문제 같은 것이 있다. 애서배스카 인디언들은 미국인들보다 대화 중간에 훨씬 더 긴 휴지기를 만든다. 우리는 개별적으로 이에 관한 지식을 알고 있다. 가장 작은 휴지기 때 누군가 대화에 끼어들어서 이 대화 교대/턴을 장악해버린다. 어떤 미국인은 그것을 일반적인 것으로 간주하는 반면, 애서배스카 인디언은 이것을 문제시 한다.

우리에게 중단하지 못하도록 하는 요구가 있다. 그 요구는 누가 바로 지금 말할지를 결정짓는 권한을 규정하는 규범적 기본가정과 같은 것에 근거하고 있다.

중단

이것은 아이들에 대해서는 과잉일반화 되어있는 규범이다.

상대방에 의해 수용되고 성공적으로 된 중단은 잘 이해되었다는 것에 대한 하나의 기준이 되기조차 한다. 이것은 턴-가로채기가 성공적으로 되었다는 것을 보여주며, 의사소통에서의 관습과 사전지식 안에서 포괄적으로 서로를 이해시켰다는 것을 증명한다. 성공한 턴-가로채기는 성공적인 의사소통에서의 협력에 대한 간접적인 증거이다.

중단은 자연스럽게 해석된다. 그리고 여기에는 무엇이 중단에 속하며, 어떻게 중단이 이해되어야 하는지에 대한 문화적 표준이 있다.

내가 처음으로 스페인에 머무는 동안에 나는 지인들로부터 저녁식사에 초대받았다. 우리는 기분 좋게 나란히 앉아서 활기차게 신과 세상에 대해 얘기를 나눴다. 독일인인 나는 당연히 대화 파트너 중 한 사람이 말을 끝낼 때까지 정중하게 기다린 다음에 이 주제에 대한 내 생각을 표현했다. 하지만 내 말은 자꾸 끊기게 되었고, 시간이 지나면서 나는 무례하고 좋지 못한 교육을 받은 사람과 마주 앉아 있다는 느낌에 사로잡히게 되었다. 나는 나중에서야 깨닫게 되었는데, 그것은 스페인 사람들이 그들 문화와 또 그에 따른 그들의 언어습관에서 상대방의 대화를 중단시키는 것을 통해 대화 상대자에게 자신의 관심을 나타낸다는 것이다.

이것은 나의 지인들의 입장에서도 다르지 않았다. 그들은 나를 어떻게 여겨야 할지 알지 못했고, 그들의 대화가 나를 지루하게 하는 것은 아닌지 혹은 혹시나 내가 그들을 전혀 이해하지 못하고 있는 것은 아닌지 어떤지에 대해 명확하게 알지 못했다.

그 밖의 두 개의 주제영역이 대화분석의 중심에 놓여있다:

● 오프닝과 클로징: 시작과 마무리 문구(Schegloff 1968; Schegloff/Sacks 1073),

● 정정: 의사소통 방해 요소 제거와 의의 다루기

Emanuel A. Schegloff
1937년 출생. 미국 사회언어학자. 대화분석의 대가 중 한사람. 민속방법론의 공동설립자.
Schegloff는 대화의 많은 측면들을 다뤘는데, 특히 전화대화에서 시작, 중단, 동시에 말하기, 정정 등에 관한 것을 다루었다. 최근에는 의사소통 장애에 대해서도 다루었다.

여기에는 다음과 같이 대화를 시작할 때 하는 형식적인 미사여구, 장식적인 말들, 새로운 시작, 보충, 반복, 의사소통을 방해하는 요소들의 제거, 새로운 주제 표시 등의 반복되는 현상들을 기술하고 있다.

각각의 문화 안에는 어떤 한 대화의 시작과 끝을 위한 표준들이 있다. 상투적인 관용구들이 있다. 하지만 항상 문제는 파트너의 제안들이 어느 정도 받아들여지냐는 것이다. 상호문화적으로는 그와 같은 것들이 원래 존재하지 않는다. 각 문화 내적으로 당연하게 규정되어 있는 모든 것은 문제가 될 수 있다. 즉 누가 가장 먼저 말을 시작하고, 대화를 끝내는 사람은 누구이며, 누가 다음 차례가 되는가?와 같은 것들이다. 이런 관점에서 본다면 문제들은 이미 일찍부터 시작될 수 있다. 이처럼 미국인과 애서배스카족 인디언들의 만남에서 이미 처음부터 문제점이 드러난다는 사실이 보고되었는데, 왜냐하면 애서배스카족 인디언들은 서로 대화를 시작하기 전에 우선 좋은 관계를 확고히 하기 원하는 반면, 미국인들은 곧바로 그들의 관심사로 가기 때문이다. 이로써 미국인들은 시작과 함께 바로 주제로 들어가며 그렇게 함으로써 그 주제를 그들에게 있어서 최우선의 것으로 결정한다.

상호문화적 의사소통에서는 그 밖에도 양측의 모두에게 있어서 해결되지 못하는 구도가 만들어지는 경우들도 있다. 상호이해가 절대적으로 필요하다.

제안

> 애서배스카족 인디언들은 자주 체념조로 미국인에 대한 생각을 가지게 됩니다. 당신이라면 애서배스카족 인디언으로서 당신의 의도와 관습을 실현시키기 위해 어떤 것을 하시겠습까?
> 당신은 이 문제에 대한 어떤 해답을 갖고 계십니까?

정정

메타의사소통적으로 화자들은 그들의 연설문의 내용과 의도에 대해 의사를 전달 할 수 있고, 화자교대와 주제에 관해서, 자신들의 고유한 의사소통 행위 혹은 이질적인 의사소통 행위에 대한 자신의 이해를 해명할 수 있다. 하지만 여기에는 다음과 같이 주의할 점이 있다.

> 사람들이 이러한 언어학적 관례들을 공유하지 않으면, 비슷한 관례들로 사람들을 웬만해서는 성 가시게 하지 않을 그런 류의 흔치않은 오해가 따를 위

> 험이 있다. 왜냐하면, 당신이 오해나 오류를 수정하기 위해 사용한 순수한 의
> 미 그 자체가 오해받기 때문이다. 따라서 당신은 상황을 바로잡으려 했지만,
> 오히려 악화시킬 수도 있다 - 보시다시피, 이것은 아주 어렵고, 피해를 주는
> 언어습관 내적인 대화 속에서 축적되는 현상이다.
> (Gumperz 1982: 48)

메타의사소통 메타의사소통적 발화는 화자교대를 규정해주는 수단으로써 그리
고 주제를 이어가는 방법으로 이용될 수 있다. 이러한 수단들로 화
자는 그들이 말하고자 하는 것의 내용과 의도에 관하여 의사를 전
달할 수 있고, 자신의 고유한 혹은 이질적인 의사소통 행위에 대한
이해를 알릴 수 있다. 그러나 이러한 방법들 또한 바로 의사소통의
방법이기도 하며 동시에 의사소통의 모든 문제들의 기저에 놓여있
는 것이기도 하다.

제안

> 메타의사소통적이라는 것은 예를 들어 말을 하는 도중에 중단되어서는 안
> 된다는 규칙이기도 하다. 그런데 화자가 자신이 계속해서 말할 수 있도록 당
> 신에게 암시를 보내면서 이를 요구한다면 당신은 어떻게 느끼시겠습니까?
> 당신은 어떻게 반응할 것입니까?
> 당신은 말을 중단시킬 적절한 근거들을 갖고 있습니까?

3.2. 화행이론

말과 행동을 별개의 문제로 간주하는 것이 통상적이다. "우리가 말
은 충분히 주고받은 것 같고, 이제는 행동을 좀 보도록 합시다." 와
같은 유명한 격언이 그것을 증명한다. 하지만 누가 말을 한다는 것
은 그것이 아주 복잡한 방법이기는 하지만 또한 행동하는 것이다.

Pit Meister	Anja Lindt
그렇지만 당신은 오늘 저녁에 거기에 오실 거라고	오늘 저녁에 다시 올겁니다
음 제가 당신에게 OHP에 대한 안내를 해드리려고 하는데 당신도 알고 계시죠	OHP요
예 그거요	아니요, 저는 그 건 그저 대략 알고 있는데요
Noll씨가 내용을 벽면에 쏘도록 부탁하셨는데요	그렇다면 그 괴물이 이미 위에 있다 는 말씀이시군요
이미 위에 있어요	제가 죄송하다는 말씀을 드려야겠습니다. 저는 이 회의에 참석하지 않겠습니다.

처음에 두 참여자들이 다음과 같이 몇 가지를 언급했다. 문장들, 어휘들, 말소리. 우리가 이것을 계속 분석하고 더 정확하게 기술할 수 있을 것이다.

하지만 더 많은 행위들이 있다. 처음에 피트가 질문을 제기하고 안야가 그에게 대답을 한다. 그녀는 질문에 긍정의 대답을 하고, 그녀가 다시 거기 오겠다는 확언 혹은 약속을 한다. 그녀는 자신의 그 다음 발화에서 (불안하게?) 피트의 확인에 대하여 이를 부정하기 위한 대답을 하기 위해 되묻는다. 무엇에 대하여? 피트는 더 이상의 다른 질문을 하는 것이 아니라 무엇인가를 확인한다. 하지만 이 확언으로 그는 명백하게 간접 질문을 했던 것이다.

어떤 일들이 일어나는가?

화자 · 청자 · 화자의 발화가 존재하는 전형적인 발화상황 안에는 화자의 발화와 연관되어있는 많은 종류의 특징적인 행위들이 있다. 화자는 특수한 방식으로 구강과 혀를 움직이면서 소리를 만들어 내고 [...] 화자는 또한 사람들이 주장하는 것에 해당된다던지, 질문을 한다던가, 명령을 내리던지, 보고를 하거나 인사나 경고를 표현하고 있다는 사실을 고려하게 되는 그런 행위들에 속하는 행동들을 하게 된다. (Searle 1996: 143)

목표들

발화의 복잡한 행위구조를 연구하는 것은 화행이론의 목표이며 과제이다. 화행이론의 핵심단위는 언어행위, 즉 화행이다. 화행이론의 기본명제는 썰Searle에 의해 만들어졌다.

일반적으로 받아들여지는 것처럼, 언어적 의사소통의 단위들을 형성하는 상징이나 어휘 또는 문장 혹은 기호조차도 상징이나 어휘 또는 문장에 대한 것이 아니라, 그보다 오히려 이것은 언어행위를 실행하는데 있어서의 기호들의 산출이다.

이러한 단초로써 언어적 행위에 초점이 맞추어 졌다. 문장 · 어휘 등과 같은 언어적 단위들은 그들의 기능면에서 언어행위로 관찰되고 궁극적으로 정의 내려진다.

화행이론은 그 근원을 언어분석 철학에서 찾을 수 있다. 언어분석 철학은 비트겐슈타인Wittgenstein과 오스틴Austin 그리고 썰Searle이라는 이름과 결부되어 있다.

John Rogers Searle 1932년 출생
현재 미국의 가장 저명한 철학자들 중 한 명.
그는 오스틴Austin의 언어행위 이론을 확대시키고 체계화했다. 최근에 그는 인식론의 토대에 관해 다뤘다.

썰 Searle은다음과 같은 것을 개진했다.
● 언어학에 큰 영향을 미쳤던 발화수반 행위 분류학
● 의도지향적 의미론의 토대로서 "네트워크-배경-가설"

화행이론의 중심에는 언어적 발화의 행위양상이 있다. 다음과 같 **화행이론의 대상**
은 문제들이 그 대상이 된다.

● 어떤 의미에서 언어적 발화로 행위가 수행된다고 말할 수 있
   는가?
● 어떤 발화로써 어떠한 행위가 수행된다는 것은 무엇에 달렸으
   며 또한 이것을 어떻게 확인할 수 있는가?
● 그러한 행위들의 구조는 무엇이고 어떻게 그 행위들이 체계화
   될 수 있는가?

화행이론은 무엇이 발화를 이용하는 것인가라는 의문의 해명에 기
여한 것만이 아니다. 화행이론은 또한 언어적 발화의 의미는 그것
을 사용하는데 있다고 보는 견해의 체계적 재구성의 일부분이다.
화행이론의 출발점은 바로 언어 행위가 전체 행위를 형성하게 되
는 스펙터클한 경우들이다.

(1) Ich taufe dieses Schiff auf den Namen „Queen Elizabeth".
   나는 이 배를 "퀸 엘리자벳"이라고 명명한다.
(2) Ich muss mich entschuldigen.
   나는 죄송하다는 말씀을 드려야겠습니다.
(3) Ich wette 50 Euro, dass du das nicht schaffst.
   네가 그 일을 해낼 수 없다는데 50유로 건다.

(1)-(3)의 형태들은 수행문, 즉 발화에 상응하는 수행적 행위로도 **수행문**
불린다.
일반적으로 수행문은 이런 모습이다:

(4) Ich X-e (dir) (hiermit), dass ...

(4) 나는 (이로서) (너에게) ... 하다는 것을 X-한다.

주장을 하는 발화의 경우에 진실 혹은 거짓의 문제가 우선시 되는 반면에, 수행발화와 관련해서 중요한 판단범위는 성공, 즉 잘 되었는지 혹은 잘 안되었는지에 대한 판단범위이다.

일반적인 조건들 언어적 행위가 성공하기 위해서는 상응하는 조건들이 충족되어야 한다.
언어적 행위의 성공적 수행을 위해 꼭 필요한 일반적 조건들은 다음과 같다.

1. 협약이 있어야만 하는데, 우리는 그 협약에 근거해서 특정 단어들을 발화함으로써 특정 행위를 실행할 수 있다.
2. 협약은 올바른 상황 속에서 추구되어야 한다. (명령을 내릴 수 있는 지위에 있는 사람만이 "내가 명령한다"라는 발화로 명령을 내릴 수 있다.)
3. 협약에 의해 요구된 행동양식은 올바로 실현되어야 한다. 절차는 완벽해야 한다. (내기를 하려면 적어도 두 사람이 있어야 한다.)

이로써 우리가 발화로 행위를 수행할 수 있지만, 이 발화들이 반드시 예문 (1)-(3)의 형태를 갖추어야만 하는 것은 아니다. 내일 오겠다는 약속은 (5)를 발화하는 것으로만 공표될 수 있는 것이 아니다. 우리는 그것을 단순히 (6)으로도 표현할 수 있다:

(5) Ich verspreche dir, dass ich morgen komme.
내가 너에게 내가 내일 온다고 약속한다.

(6) Morgen komme ich.

　내일 올게.

이처럼 수행적 발화는 의사소통에서 결코 흔한 것이 아니다. 그보다는 누군가 언어적으로 행했거나 행했어야 하는 화행에 대하여 이에 상응하는 동사로 훨씬 더 자주 보고되거나 인용된다.

(7) Du hast mir doch versprochen, pünktlich zu sein.

　정시에 오겠다고 네가 나에게 약속했잖아.

이와 같은 인용은 행위의 해석과 결합된다.

행위모범의 기술은 다음과 같은 것으로 구성된다.　　　　　**행위모범**

1. 조건들의 언급으로, 그 안에서 모범에 따라 행동할 수 있다.
2. 모범 안에 들어있는 행위 목적에 대한 언급과
3. 행동수단의 언급, 발화형태의 언급으로, 이것들은 관습적으로 모범의 구현에 이용된다.

다음을 예로 보자. A는 B로부터 어떤 정보를 얻고자 한다.

1. A는 B가 정보를 줄 수 있다는 것과 그가 필요한 것을 알고 있다는 것 그리고 그가 그렇게 할 용의가 있다는 것 등을 전제로 한다.
2. A는 X인지 아닌지를 알고자 하며, 이것을 B를 통해서 알고 싶어 한다 등.
3. A는 예를 들어 다음과 같이 발화할 수 있을 것이다: 제게 말씀해 주실 수 있습니까 혹은 어디서 제가 ...

내부구조 언어적 행위는 모든 행위들처럼 내적 구조를 갖고 있다. 이들은 만들어진다. "내가 갈게"라고 발화하는 가운데 나는 하나의 약속을 하는 것일 수 있다. 이와 같은 … 하는 가운데-관계는 언어행위의 내적 구조를 보여준다. 따라서 화행은 일반적인 행동모범처럼 묘사된다.

다양한 언어적 행위들은 종종 공통적 특징들을 보여준다. 다음과 같은 문장들의 발화를 관찰해보자.

(8) Wird John den Raum verlassen?

　존이 그 곳을 떠날까요?

(9) John wird den Raum verlassen.

　존이 그 곳을 떠날 것이다.

(10) John, verlass den Raum!

　존, 그곳에서 떠나라!

각각의 문장을 발화하는 것으로 화자는 특정 인물인 존과 관련되어 있고, 화자는 이 사람이 그 곳을 떠날 것으로 간주한다. 우리는 이것을 명제적 행위로 표시한다. 이 명제는 이러한 행위의 표현에 이용되고, "존이 그 곳을 떠난다는 것"이라는 '-한다는 것'(dass-)문장으로 표현된다. 동일한 명제적 행위가 위의 3개의 예문에서 각기 다른 행위 안에 삽입되어 있다. 이러한 행위는 가령 묻고, 주장하고, 요구하는 발화수반 행위로, 의문문, 진술문, 명령문과 같은 문장종류와 완전히 일치하고 있다. 썰Searle은 정확한 정의를 내리지 않은 채 이들을 열거하는데 그치고 있다.

덧붙이자면, 모든 발화수반 행위가 명제적 내용을 갖고 있는 것은 아니다. 예를 들어 야호!(*Hurra!*)나 아야!(*Au!*) 같은 외마디 감탄사들은 어떤 명제도 포함하지 않는다. 이러한 외마디 감탄사 안에서는 우리가 그 어떤 것과 관계되어 있는 것도 아니고, 그 무엇인가를 상술하는 것도 아니다. 이들은 순수한 표현행동에 속할 수 있다.

발화수반 행위와 결합된 독일어 동사와 동사구들 가운데 몇 가지는 다음과 같다. 확언하다feststellen, 주장하다behaupten, 기술하다beschreiben, 경고하다warnen, 표명하다bemerken, 논평하다kommentieren, 명령하다befehlen, 주문하다bestellen, 요구하다fordern, 비판하다kritisieren, 양해를 구하다sich entschuldigen, 평가하다bewerten, 긍정하다bejahen, 환영하다willkommen, --라고 부르다heißen, 약속하다versprechen, 동의를 표명하다Zustimmung, 유감을 나타내다Bedauern äußern.

화행이론에서는 화행을 보편적인 것으로 입증하는데 아주 많은 노력을 기울였다. 이것은 철학자들에게 있어서는 명료하다. 그러나 화행의 정확한 규정은 화행을 명명하고 분류하기 위해 이용되는 동사와 결합되어 있어야만 하는 것이 명백해 보인다. 그리고 이 동사들은 다시 언어와 결합되어 있고 이로써 문화와 연결되어 있다.

제안

다음과 같은 것을 한 번 시도해 보십시오. **확인하다***feststellen*와 등가의 동사들로 채워진 리스트를 다른 언어로 만들어 보십시오. 동사가 그때그때 모든 맥락에 들어맞는지 계속 검사해 보십시오.

일반적으로 발화행위는 다음과 같이 구성될 수 있다.

화행의 구성

1. 발화행위는 단어·형태소·문장의 발화를 포함한다.

2. 명제적 행위는 불완전하지만 발화수반 행위로만 완성될 수 있는 화행을 포함한다.

3. 지시관계와 예견

4. 발화수반 행위는 화자가 의사소통으로 도달하고자 하는 것을 통해 특징 지워진다.

하나의 발화수반 행위는 사람들이 무엇인가를 발화하는 가운데 관계하는 것과 술어동사의 부분 행위로써 하나의 명제적 행위를 완성하는 가운데 완성된다.

산출과정의 맨 왼쪽에는 종종 발어매개행위가 위치해 있다. 발어매개행위에 있어서는 언어행위가 파트너에게 불러일으키는 효과가 중요하다. 경고하는 발화수반행위를 통해서 화자는 청자를 놀라게 할 수 있고, 요구하는 행위를 통해서 청자가 무엇인가를 하도록 할 수 있으며, 논증 제시를 통해 청자를 설득할 수도 있는 것 등이다. 발어매개행위는 효과가 나타날 때에만 성공한다.

조건들 썰Searle은 계속해서 성공을 위한 조건들을 다음과 같이 세목별로 기술했다.

1. 일반적인 입력 · 출력 조건들

이 조건들은 의미를 담은 말하기와 이해를 위한 가장 일반적인 조건들이 충족될 것을 보장한다.

2. 명제적 내용의 조건들

여기서 명제는 각각의 발화수반 행위에 알맞게 특징 지워진다. 약속하기에서는 예를 들어 화자의 미래시점의 행위에 관하여 다뤄져야 한다.

3. 도입 조건들

행위는 의미를 지녀야 한다. 누군가가 이미 하고 있는 것을 하도록 요구하는 것은 의미가 없다. 요구를 할 때는 예를 들어 요구받은 사람이 행위를 할 상황에 있어야 하고, 적어도 화자가 이 점을 가정하고 있어야 한다.

4. 정직성의 조건

당사자들은 그것을 진지하게 생각해야만 한다. 무엇인가를 주장하려는 사람은 그것을 또한 믿어야한다. 무엇인가를 묻는 사람은 당연히 그것을 이미 알고 있지 않아야 한다. 약속을 할 때 A는 행위를 이행할 의도를 갖고 있어야만 하고, 그것이 그에게 가능하다고 믿어야만 한다.

5. 본질적인 조건

본질적인 조건은 어디에 발화수반 행위의 본질이 있는지 세목별로 기술한다. 예를 들어 약속을 함에 있어서의 본질적인 조건은 특정 행위의 이행에 대한 의무를 진다는 의도 안에 있다.

6. 의미론적인 조건

의미론적인 조건은 제시된 발화가 관습에 근거하여 각각의 발화수반 행위의 완성으로서 간주되는 것을 보장한다.

명백한 기준들 발화행위유형의 구분은 12개의 명백한 기준에 근거한다. 가장 중요한 것들은 다음과 같다.

- 발화수반행위의 목적 안에서의 차이점들. 이로서 우리는 청자가 무엇인가를 히도록 만들고자 시도히는 행위들의 유형을 얻게 된다.
- 말하기와 세상 사이에서 적응해 나가는 과정에서의 차이점들. 약속하기에서는 세상이 발화된 말과 일치되어야 한다. 주장하기에서는 반대로 말이 세상과 일치해야 한다.
- 표현된 정신적 상태 안에서의 차이점들.

분류 기준을 적용하는 가운데 다음과 같은 분류가 생겨난다.

주장하다_behaupten_, **단언하다**_feststellen_, **알려주다**_informieren_, **기술하다**_beschreiben_와 같은 표본발화Repräsentativa

> 표본적 발화행위 안에서 화자는 청자에게 무엇인가가 그가 어떤 명제를 참으로 간주하는 경우에 해당된다는 것을 알려준다. 표본적 발화행위의 전형은 진술이다.
> 이에 상응하여 말은 세상과 일치한다.

명령하다_befehlen_, **요구하다**_auffordern_, **금지하다**_verbieten_, **허락하다**_erlauben_, **충고하다**_raten_와 같은 명령적 유형Direktiva

> 명령적 발화행위에서 화자는 청자가 특정한 것을 하도록 시도한다. 명령발화의 전형은 질문과 요구이다.
> 세상은 발화로써 일치된다. 표현된 심리적 상태는 소망이다.

약속하다*versprechen*, 통지하다*ankündigen*, 맹세하다*schwören*,
위협하다*drohen*와 같은 책무적 유형Kommissiva

> 책무적 발화행위에서는 화자 자신이 미래 행위에 대한 의무를 진다. 책
> 무발화의 전형은 약속이다.
> 이로서 세상은 발화에 일치된다. 표현된 심리적 상태는 의도이다.

항복하다*kapitulieren*, 전쟁을 선포하다*den Krieg erklären*, 혼인하
다*heiraten*, 해고하다*kündigen*와 같은 선언적 유형Deklarativa

> 선언적 발화행위에서 화자는 자신의 말을 통해 새로운 실상을 창조한
> 다. 세례처럼 이 발화 행위는 대개 수행적이고, 예를 들어 법원, 교회,
> 정부와 같은 기관의 존재와 결부되어 있다.

감사하다*danken*, 축하하다*gratulieren*, 탄식하다*klagen*, 사과하
다*sich entschuldigen*와 같은 정표적 유형Expressiva

> 정표적 언어행위에서 화자는 사태와 관련해서 자신의 심리적 상태를
> 표현한다. 이에 해당하는 예들은 감사문과 축하인사이다.
> 말과 세상 사이에서 조응방향이 없다.

간접적 발화행위

발화행위의 해석과 동일화는 완전하게 언어적 기호에 고정될 수
없다. 그것은 맥락과 공통의 지식을 통해 함께 결정된다.
이에 해당되는 스펙타클한 예문들은 간접적인 발화행위이다. 간접
적인 발화행위에서는 보통 그 어떤 특정 유형에 속하는 발화 형태
가 다른 유형에 속하게 된다.

(11) Kannst du mir das Salz reichen?

　　내게 소금 좀 건네줄 수 있니?

이것은 표면상으로만 질문이다. 오히려 이 발화는 보통의 경우 부탁으로 이해된다.

따라서 다음과 같은 두 개의 발화수반 행위에 해당된다.

요청 → 질문 → 발화

우리의 의사소통은 간접적인 발화행위로 가득 차 있다. 무엇보다도 요구의 경우에는 아주 일반적이다.

(12) Ihr Fax ist da.

　　당신 팩스 여기 있습니다.

(13) Vielleicht können Sie nun etwas entspannen.

　　당신은 이제 긴장을 좀 풀 수 있으시겠군요.

(14) Wir brauchen mehr Wasser.

　　우리는 물이 더 필요합니다.

이처럼 (12)는 팩스를 읽거나 가져가라는 요구로 해석될 수 있다. (13)은 부드러운 제안으로 그리고 (14)는 기획의 근거로 해석할 수 있다.

하지만 어떻게 성공적으로 그러한 발화가 올바로 그러니까 간접적으로 이해되도록 할 수 있을까?

화자가 발화를 분명히 하는 것보다 간접적으로 발화하는 것이 어떻게 더 청자와 의사소통 하는 것처럼 보이는지는 그라이스(Grice)

의 추론이 설명해준다. 그라이스의 추론은 참여자들 공통의 지식과 합리성의 가정과 관련이 있다. 짧막하게 정리된 한 가지 추론은 예를 들어 "나한테 소금 좀 건네줄 수 있니? Kannst du mir das Salz reichen? "와 같은 문장의 간접적 의미를 재구성 하고 있다.

그라이스(Grice)의
추론

1. A hat mir eine Frage gestellt.

   A가 나에게 질문을 했다.

2. Ich erkenne nicht die Relevanz einer ja-nein-Antwort für A.

   나는 A에게 긍정이나 부정의 대답을 할 필요성을 인식하지 못한다.

3. Ich gehe davon aus, dass A weiß, dass ich das Salz reichen kann.

   나는 내가 소금을 건넬 수 있다는 사실을 A가 안다는 것을 전제로 한다.

4. Ich vermute deshalb, A bezweckt etwas Anderes.

   그 때문에 나는 A가 뭔가 다른 것을 의도하고 있다고 추측한다.

5. Was hat As Frage zu tun mit dem, was A eigentlich will?

   A의 질문은 A가 원래 의도한 것과 무슨 관계가 있는가?

6. Wir sind beim Essen. Was hat A hier mit dem Salz? Braucht A Salz?

   우리는 식사 중이다. A가 식사 중에 소금으로 무엇을 하려는 건가? A는 소금이 필요한가?

7. Ich vermute, A möchte Salz und, da A mich fragt, das Salz von mir.

   나는 A가 소금을 원하고 그러면서 내게 물었기 때문에 A가 내게서 소금을 원한다고 추측한다.

8. Warum sagt A das indirekt?

   A는 왜 그것을 간접적으로 말하는 것일까?

9. A möchte höflich bitten.

   A는 정중하게 부탁하고 싶어 한다.

이와 같은 재구성의 중점 사항은 다음과 같다.

● 전면에 부각된 발화수반 목적 외에 또 다른 발화 목적이 있다는 사실의 증명
● 이디에 또 다른 발화수반 목적이 있는지를 발견할 수 있는 전략이나 추론

간접성은 참여자들에게 커다란 가능성을 열어둔다.

● 원치 않은 의무는 무시될 수 있다.
● 발화수반 행위의 상황이나 정당성을 참고하는 가능성이 기피되거나 은폐될 수 있다.
● 구속력을 갖지 않는다는 인상을 줄 수 있다.
● 정중함이 비방당할 수 있다.

직 · 간접과 관련된 문화의 차이점은 통상적으로 확대되어 해석될 수 있다.

> 일본 수상 사토 에이사쿠(Sato Eisaku)와 닉슨(Nixon) 미국 대통령과의 만남에 관하여 다음과 같이 보고되었다.
> 일본의 섬유를 미국으로 수출하는 어려운 문제의 해결책을 찾는 것이 사안이었다. 이 수출은 수 많은 닉슨 유권자들을 당황하게 하였고, 닉슨은 사토 수상에게 이 문제점들을 지적했다. 사토는 다음과 같이 대답했다: zensho shimasu. 이 어휘들은 말 그대로 다음과 같은 정도의 의미를 갖는 것이었다. 저는 제가 할 수 있는 한 그 문제에 대하여 생각해보겠습니다. 그러나 그 말은 닉슨에게는 다음과 같은 것을 의미했다. 제가 그 문제를 처리하겠습니다. 그래서 그는 사토가 문제를 해결할 것이라고 생각했다. 사토에게는 그 말이 단지 이 주제를 끝내는 정중한 형태였을 뿐이었다.

발화행위는 거의 따로 독립적으로 수행 될 수 있는 것이 아니라, 항상 의사소통 진행의 일부를 이루며 그 안에 자리 잡고 있다. 의사소통은 대개 일련의 발화행위 안에서 지속된다.

화행이론의 발전 과정에서는 따라서 발화행위의 시퀀스 또한 특별한 고려대상이 되는데, 어떤 요소들이 규칙성을 띠고 서로 연속적으로 관련되는 시퀀스들이 발견된다. 여기에서 두 개의 큰 발화행위 범주가 구별된다.

- (질문과 같은) 하나의 시퀀스를 여는 주도적인 발화행위들
- (사과와 같은) 하나의 시퀀스를 끝내거나 한 시퀀스 안에서 나타나는 반응적 발화행위들

두 가지 요소로 구성된 시퀀스들로는 질문 - 대답, 주장 - 반박이 있고, 고소 - 사과 - 사과 수락과 같은 여러 구성요소로 된 시퀀스도 있다. 따라서 다음과 같은 가능한 의사소통과 진행과정에 대한 모형을 그려볼 수 있다.

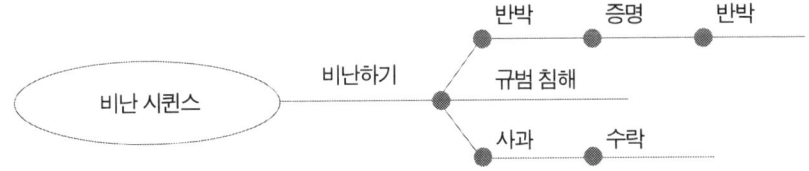

우리는 화행이론의 기본 가정을 다음과 같이 요약할 수 있다. **요약**

- 말하는 것은 행위로 분석되어야 한다. 언어이론은 일반적인 행위이론의 일부이다.
- 언어적 의사소통의 단위는 화행이다.
- 언어적 행위는 규칙성을 가지고 유도된다.

- 발화행위의 올바른 실행을 위하여 명시적인 조건들을 알려준다.
- 화자의 언어적 행위는 내적으로 구조화된다. 일반적으로 다음과 같이 구분할 수 있다. 언표적 행위, 발화수반 행위(언표내적 행위) 그리고 경우에 따라 언향적 행위.
- 발화의 발화수반 역할은 특정한 언어적 요소나 지표에 고착될 수 있다.

대화에 적용함에 있어서 다음과 같은 관점에 특히 주의해야 한다.

- A는 어떤 종류의 발화행위를 실행하고, B는 어떤 종류의 발화행위를 실행하는가?
- 어떤 종류의 발화행위가 A를, 어떤 종류의 발화행위가 B를 향하고 있는가?
- A에 의한 발화행위의 연속(혹은 언어형태의 수에서 보이는 대화순서차례)은 얼마나 길고, 이것은 B의 경우에는 어떠한가?

3.3. 논리와 대화

우리는 위대한 언어학적 발견 중 하나가 그라이스Grice의 격률들이라고 생각한다. 그리고 언어학 이론을 서술하는 다른 그 어떤 곳에서는 "발명"이라는 표현을 선택했었겠지만, 우리는 여기서 실제로 "발견"이라는 어법이 적절하다고 생각한다. 그라이스의 격률들은 인간의 의사소통이 작동되는 것을 우리가 더 잘 이해할 수 있게 해주었고, 의사소통 분석을 결정적으로 개선해 주었으며, 의사소통의 윤리 기반을 세웠다고도 볼 수 있다. 그라이스의 격률들이 발견되기까지 아주 오랜 시간이 걸렸다는 것이 놀라울 뿐이다. 그 이유는 격률들의 자명함일 것이다. 왜냐하면 우리들의 의사소통의 기반이 되는 바로 그 자명함이 우리에게는 특히 다루기 어렵기 때문이다. 그것은 소위 말하는 당위성이다.

그라이스는 논리적 의미론의 전통 안에서 논증을 펼쳤다. 그는 대화를 이해하는 데는 진실에 가치를 두는 기능적 고찰이 불충분하다는 점을 보여줬고, 무엇보다도 왜 그러한 고찰이 불충분한 것인지를 보여줬다. 동시에 그는 의미론적인 과잉을 파악하기 위한 방법을 고안하였다.

그라이스는 그 자신이 또 다른 의사소통 형태가 있을 수 있다는 것을 인정했음에도 불구하고, 인간의 의사소통이 이성적이고 협조적으로 행하는 것이라는 것을 전제로 한다(Grice 1967: II 11). 이것은 우리가 의사소통 격률들을 어길 수도 있지만, 그렇게 하지 않는다는 것에 대한 논증들이 있다는 것을 암시한다.

그라이스는 협동원리를 기본으로 간주한다.

협동원리와 격률들

> 수용된 목적이나 대화 방향이 네가 기여하는 곳에서 필요로 하는 만큼 대화에 기여하라. (Grice 1967: II 7)

이러한 기본 원칙에서 더 특수한 격률들이 파생될 수 있다.

> 1. 양
> 정보성을 가질 것!
> 필요한 만큼의 정보를 제공하도록 기여하라. 너무 많게도 너무 적게도 말하지 마라.

> ### 2. 질
> 진실성을 가질 것!
> 네가 거짓이라고 생각하는 것이나 어떤 올바른 정당성도 갖고 있지 않은 것
> 에 대하여는 말하지 마라.

> ### 3. 관련성
> 관련성을 가질 것!
> 대화 상대자와 관련되어서, 그에게 중요한 것이라고 가정할 수 있는 것에 대
> 해서만 그에게 말하라.

> ### 4. 방법과 태도
> 명확할 것!
> 명료하게 말하고, 모호함을 피하며 (장광설을 하지 말고) 간결하고, 조리있게
> 말하라.

그라이스 격률들의 효과는 무엇보다도 예를 통하여 가장 잘 알아
볼 수 있다. 예문들에 대한 판단은 물론 어느 정도 거리를 둔 새로
운 시각을 요구한다. 그 이유는 의사소통 격률들이 우리의 설명을
무의식적으로 그리고 일상적인 것으로 지지해주고 있기 때문이다.
첫 번째 예로 간단한 반복을 생각해보자.

반복

> **한국 방문**
> 어떤 사람이 내게 "제가 내일 10시에 오겠습니다"라고 말한다." 이것은 하나
> 의 간단한 주장이 되는 통지이다. 한 시간 뒤에 그가 같은 말을 또 한다. 이제
> 그것은 동일한 의미로는 더 이상 관련이 없기 때문에 하나의 다른 행위가 된
> 다. 내가 이와 동일한 것이 이미 한번 언급되었다는 것을 우리 두 사람이 알
> 고 있다는 사실을 전제로 한다면, 나는 그 행위를 어쩌면 하나의 기억으로 이

해할 것이다. 혹은 상대방이 내가 그것을 더 이상 알지 못한다고 생각하는 것을 내가 의아하게 생각할 것이다. 그가 나를 바보로 생각하는 것인가? 혹은 그가 내일 10시에 온다는 것을 내가 알고 있다는 것이 타자에게 특히 중요하다는 것을 내가 깨달을 것이다. 다음 날 9시에 상대방이 내게 전화를 걸어 내게 다시 한번 같은 말을 한다. 이제 나는 그 행위를 첫 번째 반복처럼 이해할 수 없을 것이다. 내가 이것이 나로 인하여 생겨난 일이라고 그가 생각한다고 전제로 할 때는, 그것은 거의 방해요소이거나 모욕에 해당된다. 혹은 내가 상대방이 다소 경솔하거나 그와 비슷한 어떤 경우라고 생각할 수 있다.

그라이스식의 숙고는 격률의 방법론적인 사용의 예를 보여준다.

수수께끼(Enigma)

주차장
남프랑스 마을들을 지나는 여행길에 휴가 중인 독일인 F.와 B.는 무엇인가를 먹어야겠다는 생각이 들었다. 때마침 길모퉁이에 있는 자그마한 제법 근사해 보이는 닭고기 그릴 가게가 눈에 띄었다. 게다가 두 사람은 은행지점 앞 건너편에 곧바로 주차할 공간도 발견했다. 그들이 막 차에서 내렸을 때, 한 젊은 이가 그들에게 다가오더니 완벽한 독일어로 "200미터 더 가면 주차장이 있습니다". 라고 일러주었다. 그리고 그는 계속 그의 길을 갔다.

운이 좋거나 능숙한 경우라면, 무엇인가가 어떤 이의 눈에 띄게 된다. 보통의 경우 그것이 우리에게 해석되고, 우리가 주의를 기울이거나, 심사숙고 또는 의식적이지 않아도 격률들을 따르고 있다. 이 수수께끼 예의 경우는 하나의 특별한 예로 의식적으로 필자에 의해 기술됐지만 우리의 목적을 위해 쓸모 있는 경우다.

어떤 해석? 이와 같은 어떤 얘기를 듣게 되면, 우리는 이것을 해석하기 시작한다. 우리는 이 수수께끼 같은 지적이 관련성을 가진다는 것과 우리의 의식 안에서 기억을 더듬거나 주변 환경 안에서 둘러본다는 것으로부터 출발한다. 여기서 관련성을 가진다는 것은 이 언급이 당사자들 중 한 사람에게 유익해야만 한다는 의미에서가 아니라, 오로지 그 무엇인가를 말해줄 것이 있었기 때문에, 이 언급이 의사소통에 있어서 정당했다는 의미로서 이해되어야 한다.

왜 두 사람이 은행지점 앞에 주차했다는 사실이 얘기되었나? 아마도 필자가 이것이 해석과 관련이 있다는 것을 의도했기 때문일 수 있다. 경고(그것이 도대체 경고였나?)를 해 준 사람이 은행직원이었고 그 때문에 그렇게 독일어를 잘 할 수 있었을까? 따라서 그 지적은 이것이 성가신 그릴 방문객을 위한 주차장이 아니라 고객 주차장이라는 것을 알려주려는 것인가? 아니면 완벽하게 독일어를 구사하는 사람은 은행직원들이 낯선 주차객을 못마땅하게 여기기 때문에 두 사람이 화를 면하게 해주려던 지나가던 사람이었나? 아니면 혹시 이미 자신이 이같은 경험을 한 적이 있는 여행객이었는가? 그리고 이것은 모퉁이를 언급하는 것과 무슨 관계가 있나? 혹시 화자에게는 이 주차장이 위험해 보였을까? 우리는 텍스트에서 간접증거들을 찾아내야 하거나, 해석 가능성들을 발견하기 위해 무작위로 우리의 경험에서 찾아내야만 한다. 당사자들은 그들이 그 상황에서 뭔가를 발견할 수 있다는 장점을 아직 갖고 있다. 그들은 그 전체를 체계적으로 샅샅이 찾아볼 수 도 있을 것이다. 하지만 그들은 항상 관련성을 지니는 가정의 틀 안에서 머물러야만 한다. 왜냐하면 그 언급이 관련성이 없다면 그것은 그저 허튼소리일 뿐이며, 이를 해석하고자 하는 시도는 별 가치가 없을 것이기 때문이다.

그리고 그 밖의 간접 증거들 또한 관련성을 지녀야 하는데, 무엇보다도 명백한 전반적 해석에 대한 관련성을 가지는 것이어야 한다.
우리가 언급한 두 사람이 그 젊은이에게 다시 물어볼 경우, 자신들
의 상황을 원칙적으로 개선하는 것이 아니다. 그들은 어쩌면 더 많
은 자료들을 얻게 되지만, 그것들은 또 해석될 것이다.

우리가 불충분한 텍스트에 만족해만 한다면, 이와 유사한 경우가
적용된다. 자료들은 많이 있다. 다만 우리에게 필요한 것은 관련성
있는 자료들이다. 그 자료들이 관련성을 가지는 것은 단지 그 어떤
해석을 위해서이다.

어떤 한 발화의 관련성은 말하자면 그 발화가 의미를 지닌다는 가
정의 또 다른 이면이다. 발화가 관련성을 지니지 않는다면 그 발화
는 아무런 의미도 없다. 그 때문에 우리는 해석에 있어서 발화가
관련성을 지닌다는 것으로부터 항상 출발한다. 그렇지 않으면 해
석될 것이 아무것도 없다.

협동원리는 상위 원리이고, 그로부터 격률들이 도출되는 시작이다. **격률의 위상**
협동원리의 지위는 격률들의 위상과 마찬가지로 논쟁의 여지가 있
다. 특히 논쟁이 되는 것은 다음 세 가지 견해들이다.

1. 격률들은 따르는 것이 합리적일뿐만 아니라 윤리적으로도 합당
   한 일종의 윤리적 요구조건이다. 이러한 의미에서 격률들은 우
   리가 성취해야 하고 또 부분적으로는 틀림없이 도달한 이상적
   인 의사소통을 규정해준다. 이러한 견해에 따르면 격률을 위반
   하는 것은 아무런 문제없이 가능하지만 윤리적으로는 인정되지
   않는다.

2. 격률들은 통상적으로 준수되는 일종의 언어적 규칙들이다. 언
   어습득과 함께 우리는 다른 언어규칙들에서와 마찬가지로 그러

한 규칙들 안에서 사회화된다. 우리는 격률들을 맹목적으로 따른다. 격률들은 무의식적이고 특정 가치관에 얽매이지 않지만 입증된 해석 절차이며, 그로부터 언어적 행동 방식도 유도된다. 이러한 견해에 따르면 격률을 위반하는 것이 가능하기는 하지만, 격률들을 우리가 의식하지 않고 있기 때문에 오히려 어렵다. 격률 위반은 일종의 오류로 간주된다.

3. 격률들은 우리가 해석에 이르기 위해 당연히 준수하는 인간 의사소통의 기본원칙을 규정한다. 격률들은 우리가 의사소통이라고 말하는 것이 무엇인지에 대한 경계를 정한다. 이들은 규정으로 확정된 것이거나 (비트겐슈타인의 의미에서) 문법적이다. 격률위반은 불가능하다. 상대방이 격률위반을 자신의 해석에 병합시키기 때문에 아무런 의미가 없게 된다.

하나의 공통된 목표?
어쩌면 상이한 격률들은 언급된 관점들 안에서 다른 위상을 가질 수 있을 것이다.

격률들이 도대체 어떻게 세부적으로 이해될 수 있는지가 더 중요한 것처럼 보인다. 그리고 또한 여기에는 지금까지 그 어떤 분명함이 존재하지 않는다. 이러한 결점은 이미 협동원리에 대한 논문(Sarangi / Slembrouck 1992)에 잘 나타나 있다. 여기에서는 협동원리가 비현실적이라고 하면서 협동원리의 타당성에 대한 반론을 펼치고 있다.

> 우선, 대화에서 무엇보다 중요한 추정에 바탕을 둔 특징으로서 "목표 공유로서의 협동" 이라는 개념을 버리기를 바란다. 현실에서는, 목표 "공유", 목표 "채택", 목표 "부과", 목표 "저항" 등이 이치에 더 맞다.
> (Sarangi / Slembrouck 1992: 138)

두 저자들은 협동원리를 그 적용에 있어서 이렇게 이해한다. A와 B가 두 의사소통 파트너라고 하자. A는 목표를 갖고 있고, B도 목표를 갖고 있는데, 이 목표들이 동일하다. 그 때문에 이 두 사람은 공통의 관심사를 공유한다. 하지만 어떻게 내 파트너가 내 목표를 갖고 있을 수 있었을까? 그것은 이미 논리적으로도 무엇인가 이상하지 않은가? 예를 들어, 나는 내 파트너가 내게 10유로를 빌려주길 원한다. 그렇다면 내게 10유로를 빌려주는 것이 내 파트너의 목표일 수 있나? 그것도 다소 기이하게 들린다. 무엇보다도 정말 그런 것이라면 우리는 의사소통할 필요가 전혀 없을 것이다.

그라이스가 협동원리를 그와 같은 것으로 의미한 것이라면, 그라이스는 이 세상이 아닌 다른 어딘가에서 살았어야 하지 않나? 그가 작성한 협동원리가 다른 무엇보다도 다음과 같은 함축을 포함하는 그런 단순한 것으로 이해될 수 있는 것인가.

어리석은 그라이스

● 의사소통 파트너들은 각기 하나의 목표만 갖고 있다.
● 그들 각각의 목표는 그들이 서로 알고 있는 것이다.
● 그들의 목표들은 동일하다.
● 그들의 목표들은 의사소통 중에도 고정되어 있다.
● 그들의 목표들은 양측에 의해 받아들여진다.

이 모든 것은 논리적으로는 거의 생각하기 어려울 것이다. 내가 어디서 너의 목표를 알 수 있겠는가? 그리고 어떻게 우리가 양측에 의해 수락된 공통의 목표를 우리의 의사소통에서 추구할 수 있단 말인가? 우리가 그것을 미리 밝혔어야만 했던 것이 아닌가? 그리고 도대체 그것이 의사소통을 통해서가 아니라면 도대체 어떻게? 우리는 다시 원점으로 돌아가 있는 것 같다.

공통의 목표 의사소통의 공통적인 목표가 파악되어야 하는데, 그 목표는 또 다른 층위에 있다. 가령 두 사람이 서로 논의를 하는 경우라면, 아마도 각자 모두 권리를 행사하려 할 것이다. 그것은 서로 상반되는 목표들이다. 누구나 누구든지 더 높은 층위에서 협력할 때에만 권리를 차지할 수 있다. 누구든지 이해하기 쉽게 말해야만 하고, 주제에서 벗어나지 말아야 하며, 다른 사람의 논증에 귀 기울여야 한다. 그렇지 않을 경우 그는 결코 이 게임에서 이길 수 없고, 결코 진정한 의미에서의 권리를 가질 수 없다. 따라서 그는 자기 자신의 목표를 결코 실현 할 수 없게 된다.

그렇지 않다면, 내가 거리에서 누군가에게 시간을 물어볼 때, 우리는 처음에는 그 어떤 공통의 목표도 갖지 않는다. 나는 몇 시인지 알려고 하고, 나의 상대방은 처음부터 그 어떤 목표도 끌어들이지 않을 것이다. 그는 내가 원하는 것을 파악하게 될 것이고, 그가 의사소통에 응한다면, 이 목표가 우리의 공통의 목표는 아닐 것이다. 그는 여전히 거부할 수도 있다. 공통의 목표는 여기에서도 역시 다른 층위에 있다. 우리는 시작된 의사소통을 합리적으로 끝마치길 원하고, 서로를 잘 이해하길 원하거나 혹은 더 나아가서 - 상대방이 협력할 경우 -내가 원하는 바가 이루어지길 바란다. 그것은 우리가 의사소통을 한다는 사실로부터 통상적으로 얻게 되는 결과이다.

공통되는 것은 의사소통이 일어나고 성공하는 것이다. 성공의 그 어떤 기준도 정해져 있지 않다. 의사소통에서는 누구나 다른 목표를 위해 노력할 수 있고, 질문을 받은 사람은 단지 친절하고자 하거나 혹은 도와주려는 것일 수 있다. 하지만 그가 몇 시인지 모른다고 말할지라도, 그는 협력하고 있는 것이다. 그는 그 이상은 할 수 없었다. 협력의 난점은 많은 사람들이 그 난점을 돕고자 하는 마음 등의 관련성 안에서 보는 것이다. 하지만 의사소통에서 사람들은 전적으로 자신의 목표들을 추구할 수 있고 협력적일 수 있다. 이타주의는 요구되지 않는다.

한 외국인과 한 사회복지 담당 공무원이 그 외국인이 사회복지 혜택을 받을 수 있을지 없을지를 논의한다면, 그 어떤 공통의 목표가 존재하지 않는다는 것에 대하여 주의를 환기시키는 것이 삐딱해 보일 수 있다. 왜냐하면, 예를 들어 그 외국인의 관심사가 사회복지 혜택을 받는 것이라면, 사회복지 담당 공무원의 관심사는 어쩌면 이를 거부하는 것일 수 있기 때문이다. 공통의 목표는 그 외국인이 권리 요구권을 갖고 있는지 없는지를 함께 밝히는 데 있을 수 있다. 어쩌면 이렇게 물어 볼 수도 있다. 나는 어떤 목표들을 갖고 있나? 내 파트너는 어떤 목표들을 갖고 있나? 그리고 어떤 목표가 우리의 공통의 목표인가? 공통의 목표들을 찾아야만 한다.

또 다른 격률들 또한 그들의 고유한 층위에 있다. 정보성의 격률은 **외적인 틀**
이렇게 설명될 수 있을 것이다. 너의 상대방이 네가 정보를 준다는 것을 전제로 하고, 너의 상대방이 네가 정보를 준다는 것을 전제로 한다는 것을 네가 전제로 하기 때문에 정보적이도록 하라.
많은 사람들에게 그 격률들이 현실적으로 생각되지 않음에도 불구하고, 격률들은 실제로 모든 공통적 행위에 적용되며 특히 의사소통에 대하여 적용된다. 이러한 협력은 진화적인 것임이 입증됐다. 왜냐하면 "말하자면 지구상에서 생장력 있는 존재로서의 인간은 타자와의 관계를 위해 개개인의 협력필요성을 추구하고, 공동체적으로 행할 수 있는 가능성을 위해 언어를 통한 이해를 요구한다" (훔볼트Humboldt).

말을 하는 것은 협동적으로 하는 종합시도이다. 왜냐하면 우선 말을 하는 것이 결코 혼자서 이루어지는 것이 아니기 때문이고, 화자가 원하는 것은 청자가 자신을 이해하는 것이기 때문이며, 청자가 실제로 화자를 이해하려고 하기 때문이다. 양자 협력의 본질은 그들이 이러한 목적을 위해 잘 맞추어진 행위들로부터 출발해야 한다는 것이다. 기저에 놓여있는 협동이 모든 의사소통의 가장 외적인 틀을 만든다. 이러한 틀 내에서만 비로소 의사소통의 경쟁이 가능하다. 나는 내 말을 이해하는 사람하고만 제대로 싸우거나 논쟁할 수 있다. 따라서 나는 이것을 근본적으로 그가 나를 이해하도록 하게 되고, 그렇다면 나는 협력원칙을 지킬 것이다.

심지어 거짓말쟁이조차 협력원칙을 지킬 것이다. 거짓말쟁이 또한 속는 사람이 이해할 수 있는 무엇인가를 말하고, 그 뿐 아니라 자신이 속이고 있는 희생양에게 그 거짓말이 그럴듯하게 보이도록 세심하게 신경을 써야할 것이다. 그렇게 해야만 그 희생양이 그 거짓말을 믿을 것이다.

따라서 의사소통은 협동적이며, 경쟁적인 목표설정의 혼합물이다. 그러나 그 외적 경계는 협동이고, 이 협동의 본질은 공통적인 관습과 공통적인 지식에 있다.

교훈 우리가 격률들을 보다 잘 이해하기 위해서는 다음 두 가지를 알고 있어야 한다.

1. 그리이스의 협력원칙이 비교적 자주 비판받는 이유는 그 협력원칙이 당시 의사소통에서 수락된 목적이 있었을 것을 전제로 하기 때문이다. 그것은 대화 파트너 각자가 그와 같은 목적이 있다는 것을 전제로 하고 있다는 것을 전제로 한다는 것으로

(Grice 1967: II 6), 고려해볼 사항이다.

무엇인가를 말하는 것과 관련된 것은 물론 은밀한 방식으로 미리 결정되어 있지 않다. 그보다 대화 상대자들이 우선 동일한 관련성기준들을 적용하고 있다는 것을 전제로 하는 것은 일종의 도입 조건이다. 말해진 무엇이 관련성을 가지는지 아닌지는 의사소통 안에서 비로소 명백해진다.

필자/화자는 관련성과의 관점에서 여러 가지로 역점을 둘 수 있다. 필자/화자가 무엇인가를 선언함에 있어서는, 무엇보다도 자기 자신과 관련된 그 무엇과 관련되어 있는 것으로부터 출발한다. 그것이 관련성을 지닐 수도 있을 것이라는 것은, 상대방이 그것을 알고 있기를 그가 원하기 때문이다. 우리는 그만큼 우리의 상대방에게 앞선 신뢰를 가져도 좋다. 그러나 필자/화자는 또한 말해진 것이 무엇보다도 우선 그의 상대방과 관련되어 있다는 것을 가정할 수도 있다.

그러므로 청자/독자는 말해진 것이 그와 관련되어 있다는 것을 바로 지적할 필요가 없다. 청자/독자는 "필자/화자가 말해지는 것이 전반적으로 관련성을 가진다는 것으로부터 출발한다는 것을 전적으로 용인하고 있고, 이를 화자에게 인정해준다. 청자/독자가 시간이 지나도 관련성을 보지 못하게 되면, 그는 어쩌면 의사소통을 갑자기 중단시키거나 점차적으로 약화시킬 수 있을 것이다. 청자/독자는 필자/화자에게 대한 특별한 인상을 얻게될 것이다. 그때 필자/화자는 일반적으로 이러한 것을 피하고자 하기 때문에, 당연히 단순히 자신의 관련성 판단으로부터 출발하지는 않을 것이다. 필자/화자는 오히려 자신의 상대방에게 무엇이 관련성을 지니는지 또는 상대방이 그에게 관련성을 지니는 것으로 간주한다고 인정할 것에 대한 하나의 가설을 만들 것이다. 이처럼 상대방이 그때그때에 관련성을 지닌다고 간주하는 것은 의사소통 진행 중에도 서서히 변할 수 있다.

그래서 나는 네가 관련성을 가진다고 생각한다고 내가 믿는 것을 관련성을 지니는 것으로 간주한다.

2. 그라이스의 격률들은 상이한 관점에서 확대될 수도 있다. 그라이스 자신은 격률들이 자신의 생각에는 일반적인 행위들에까지 영향력을 가진다는 것을 이미 암시했었다(Grice 1967: II 9). 협력의 진화적 위상이 그 사실을 설명하고 있다. 하지만 의사소통과 관련해서 그라이스가 이미 지적했었던 또 다른 확대가 필요할 것이다(Grice 1967: II 9; Harnish 1976: 342). 격률들이 처해있는 것처럼 격률들은 주장행위에서만 예증되었다. 그 때문에 격률들은 다른 언어적 활동과 표현태도로 전이될 수 있을 것이다.

언어적 보편성 격률은 예외 없이 적용된다. 격률은 선택적 대안 없는 전반적인 요구를 표현한다. 격률은 모든 언어적 행위에 적용되고, 아무리 어떤 제재가 규정되어 있지 않더라도 격률을 위반하는 것은 모두 나쁘다. 왜냐하면 모든 것에는 결과가 뒤따르기 때문이다. 뿐만 아니라 격률은 모든 화자에게 똑같이 적용된다. 너의 경우와 마찬가지로 나의 경우에도 똑같이. 격률은 대칭적이고 상호 인정되는 것이다. 격률은 보편적인 것인가?

특정한 통사론적 원칙들이나 언어학습 원칙들이 인간에게 마련되어 있는 장치에 속하듯이 우리는 격률을 위해 그것을 받아들일 수 있을 것이다. 그렇다면 그 원칙들은 문화의 견고한 암반일 뿐만 아니라, 인간의 의사소통이 유전적으로 맡겨져 있는 만큼 유전학적으로 미리 확정되어 있을 것이다.

하지만 격률이 실제로 이러한 의미에서 보편적인 것인가? 격률들이 언제나 그리고 어디서나 적용되는가?

우리의 이해방식으로 볼 때 격률은 의사소통의 관념을 규정하고, 이러한 게임의 핵심으로부터 유도된다. 격률이 기능적이라고 하더라도 우리는 격률을 종(種)특수적으로 간주할 수 있고, 격률은 소위 말하는 우리가 이해하는 것의 경계를 표시해 준다. 우리는 격률을 가설적 예견 안에서 상대방에게 종속시킨다. 원칙적으로 그 이상은 어렵고, 그 때문에 위반도 어렵다.

하지만 반대가 되는 예는 없는가? 예를 들어 공손함. 공손함은 대체로 실제 필요한 것보다 더 많이 말을 하는 데에 있다. 그렇다면 공손함은 관련성 격률을 위반한 것인가? 겉으로 잘 드러나는 공손 체계와 높은 예의규범을 가진 문화권에서는 지속적으로 관련성 격률들이 위반되는가? 아니다, 사소하고 비정보적인 공손함은 표면적인 것일 뿐이다. 본질적인 이해-공손함의 해석-는 관련성격률의 포장 위에서만 생겨난다. 나는 관련성 격률에 따르게 되면 실제로 이 격률이 별로 충족되지 못한다는 것을 안다. 바로 이것이 발화를 공손한 것으로 이해하는 하나의 근거다. 관련성 격률은 우선 공손함으로써 해석을 가능하게 한다.

물론 관련성 격률만으로 해석하기엔 충분치 않다. 또 결정적인 것은,

● 공손하다는 것이 무엇을 말하는지를 아는 것이고.
● 그러한 태도를 공손한 것으로 간주하는 규칙들을 아는 것이다.

바로 문화 특수적인 규칙과 실행규정들이 태도를 공손한 것으로 이해하는 것을 가능하게 해준다. 이러한 실행규정들은 여러 가지일 수 있지만, 관련성 격률 자체는 실행규정으로부터 전혀 영향을

반례들?

받지 않는다.

일반적인 실행규정들은 다음과 같은 경우에 나타날 수 있다. 예를 들어 무엇인가 관련성이 있는 것을 말하고자 하는 사람이, 대화 상대자가 알지 못하는 것을 그가 알고 있거나 혹은 더 잘 알고 있다는데서, 그가 그의 상대자보다 더 우위에 있다는 것을 전제로 하는 것이 어떤 문화에서 분명할 경우 일반적인 실행규정들이 나타날 수 있다. 그러나 이 문화에서 화자가 그의 우월함을 눈에 드러나지 않도록 이미지를 보호하는 규범이 있다면, 자연히 화자가 대화를 시작하려고 하지 않을 것이며, 심지어 화자는 정보를 가지고 이를 말하는 것을 주저할 것이다.

하지만 이것 또한 관련성 격률에 영향을 미치지 못한다.

실행규정들　다음의 또 다른 예가 더 결정적인 것처럼 보인다: 키넌Keenan은 마다가스카르 말라가시어-화자들이 그들의 대화에 기여하는 상황에서, 질문에 대하여 동떨어진 답을 한다거나, 어떤 행위를 묘사할 때 행위자를 누락시키는 가운데 비정보적으로 말하는 격률을 따른다는 점을 지적했다(Keenan 1976).

이 추론은 개연성이 없는 것처럼 들리므로 질문에 대한 답과 같은 정확한 분석이 요구된다. 이 게임은 대체 어떻게 진행되는가? 동떨어진 대답에 들어있는 선택적 대안이 이미 잘 알려진 진실 값을 가지고 있다는 사실을 생각해볼 수 있기 때문에, 청자는 결론을 끄집어낼 수 있다. 그리고 우리 또한 종종 행위자를 충분히 구체화시키지 않는다("폭탄이 떨어진다 Bomben fallen").

지속적인 격률 위반은 나의 상상력을 뛰어넘는다. 내가 기껏해야 상상해 볼 수 있는 것은 이것이다. 여기서는 정보적인 가치를 지닌다는 것에 대한 또 다른 척도가 적용된다.

한국-사례는 행위들을 상대방에 따른 특유의 행위로 그리고 특이한 것으로 보는 우리가 얼마나 성급한지를 보여준다. 한국에서의 약속은 다소 다른 양상으로 마주하게 될 가능성이 있다. 예를 들어 약속은 상대방에 의해 다시 한 번 승인되어야 하거나, 혹은 약속을 주도한 사람에 의해, 혹은 더 심한 경우로 약속을 주도하지 않은 사람에 의해 오히려 더 승인되어야 하는 관습이 있다면, 상대방의 태도는 다른 인상을 줄 것이다. 물론 단지 이로써 정보성 격률이 무용지물이 되지는 않는다. 정보성 격률은 문화적 실행규정을 통해 중첩되어 있다. 이 말을 하기 위해 나는 정보성 격률의 기반에서 많은 말을 늘어놓을 수밖에 없다.

당신이 당신 자신의 문화에서보다 손님의 부탁을 들어주는 것이 더 통상적인 문화에 수용된다고 가정해보라.

사유실험

그것은 그 문화에서 규범 N^1이 통용되고 있다는 것에 달려있을 수 있고, 그 규범 N^1이 의미하는 것은, 손님의 부탁은 **당연히**[1] 들어 주어야 한다(Man *soll*[1] Bitten eines Gastes erfüllen). 그에 반해 당신의 문화에서는 N^2가 통용될 수 있다. 손님의 부탁은 **당연히**[2] 들어 주어야 한다(Man *soll*[2] Bitten eines Gastes erfüllen). N^1이 N^2보다 강력하다면, 더 강력한 양태연산자에 상응하는 것은 당연한[1] *soll*[1]일 것이다. 무슨 일이 일어날까?

가장 단순한 경우 - 당신이 N^1이 적용된다는 사실을 모른다면 - 당신은 당신의 관련성 판단기준에 따라 당신의 부탁을 표현할 것이고 어쩌면 부탁들을 그렇게나 자주 들어준다는 것을 의아하게 생각할지도 모른다. 당신은 이러한 사람들을 특히 친절한 사람으로 생각할 것이다. 당신의 상대방들도 그들 자신의 관련성 판단기준을 근거로 하여, 당신이 요구가 많은 사람이라는 인상을 얻게 될 것이다. 즉 두 상대방들 모두는 관련성 격률과 그들에게 알려진 실행규정과 관련하여서 움직인다. 그들은 그들의 해석을 그에 알맞도록 맞출 것이다.

이제 당신은 이러한 사유실험의 변형을 쉽게 상상해 볼 수 있다. 어쩌면 당신은 N^1에 대한 것을 알고 있을 것이고 혹은 상대방이 N^2에 대한 것을 알고 있을 것이다. 당신들 중 한 사람은 상대방이 이미 잘 알고 있다는 등의 사실을 알고 있다. 모든 조합 가능성에 대하여 생각해볼 수 있고, 발생할 수 있다.

당신이 N^1이 적용된다는 사실을 인지한 경우를 생각해보자. 당신은 이제 당연히 - 당신의 의도가 변하지 않았기 때문에, 즉 당신이 당신 부탁의 중요성을 다르게 가치평가하지 않기 때문에 - 부탁의 말을 거의 하지 않을 것이다. 당신 쪽에서는 그것이 아주 올바른 행동이다. 하지만 그럼에도 불구하고 완벽한 이해는 생기지 않는다. 당신의 상대방은 자신의 규범을 기반으로 당신의 행동을 아주 평범한 것으로 그리고 별스럽지 않게 생각할 것이다. 그는 당신의 규범에 대해서는 아무것도 모르고, 그 때문에 따라서 당신이 그에게 반응하고 그의 규범을 고려한다고 하는, 협동적인 당신 행동에서의 결정적인 점을 파악하지 못한다. 그것이 오해는 아니지만, 그러한 오해로 발전할 수도 있다.

제안

> 다음의 경우를 생각해보시오:
> 당신은 상대방의 문화와 그 문화의 N^1을 알고 있다.
> 당신의 상대방은 N^2를 알고 있다.
> 당신은 N^1에 따라 행동한다.
> 당신의 상대방은 당신이 N^2에 따라 행동한다고 생각한다.
> 그럴 경우 상대방은 당신을 어떻게 평가할 것인가?

당신은 당신이 생각하기에 화자가 의사소통상에서 별로 주저함을 보이지 않는 나라에서 온 한 학자의 강연을 듣는데, 그는 종종 건방지고 공격적으로 토론하는 사람이다. 이 강연자는 당신이 종종 더 잘 이해하고 있는 것들에 대해서 얘기하고, 틀린 것을 말하기까지 한다. 당신이 토론 중에 그에게 공개적으로 이의를 제기해야 할까? 아니면 당신이 침묵해야 하나? 당신이 말을 하며 그의 체면을 손상시킨다면 어떻게 될 것인가? 당신이 그렇게 함으로써 혹시 당신 체면도 손상될까?

또 하나의 사유실험

하지만 그는 공공연히 격렬하게 토론하길 원하고, 그는 자신의 이미지를 - 당신의 이해방식 안에서 처분되도록 맡겨버린다. 당신 자신의 이해에만 관련된 것인가?

이처럼 수많은 이유들과 생각해야하는 바들이 있다. 하지만 당신은 관련성 격률과 적용되는 실행규정을 배경으로 하여 이에 상응하는 모든 행위들을 생각하고, 또한 상응하는 모든 행위들 또한 단지 그렇게 이해된다.

문화와 사람들 사이의 차이점은 때로는 크지만, 근본원칙의 관점에서 보면 표면적일 뿐이다. 그 차이점은 - 그렇게 우리의 명제이기도 한 - 격률에 해당되는 것이 아니라, 단지 실행규정에 해당되는 것이다. 우리 모두는 인간이고, 우리는 이해하고 협동하는 동일한 능력을 갖고 있다. 우리가 실제로 시간을 가지고 노력을 한다면 우리는 서로를 이해할 것이다. 우리는 단지 올바르게 듣고 보고 솔직해야 한다. 우리는 타인을 우리 자신보다 더 어리석은 사람으로 간주해서는 안 될 것이다. 그러면 우리는 혹시 아도르노가 최소 도덕(Minima Moralia)에서 "우리가 어떤 두려움 없이도 서로 다를 수 있다"고 명명한 그 상태에 도달할 수도 있을 것이다.

요약

4

● 비언어적 의사소통

몸은 영혼의 장갑이다.

새미 몰효

Interkulturelle Kommunikation

4 비언어적 의사소통

몸은 영혼의 장갑이다.

새미 몰효

비언어적 의사소통은 다양한 몇몇 분야들에서 연구된다. 이러한 연구들에서 많은 주장들은 경험과 상식에 기초하고 있다. 그렇다고 그 어떤 한 가지 유용한 방법론이 창출된 것도 아니면서 의사소통 중에 70퍼센트가 비언어적으로 이루어진다는 과도한 주장들이 난무하고 있다.

그리고 이것을 과연 어떻게 양적인 것으로 나타낼 수 있는지는 대단히 흥미로운 것일 수 있다. 게다가 번역이나 설명에 있어서 단지 비언어적인 것으로부터 언어적인 것으로 가는 방법뿐만이 아니라면 이것은 더욱 흥미롭다. 이렇게 이 마지막 두 문장을 바로 여기서 비언어적으로 한번 표현해 보도록 시도해 봐야 할 것이다. 이 실험이 제자리를 찾아줄 것이다.

제스처는 손과 손가락 그리고 팔(또한 신체)의 움직임에 관한 것이다. 종종 "(손가락으로 이마를 두드림으로써 상대방이) 제정신이 아니다"와 같은 전체적인 몸짓에 대해서 말해주는 설명적 묘사가 있다. 또한 개별 양상에 대해서 말해주는 설명적 묘사도 있다.

제스처

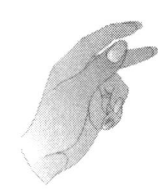

- 열린 대 닫힌
- 넓은 대 좁은
- 초대하는 대 거절하는

제스처의 속도와 횟수 또한 의미를 지닌다.

손짓은 감성과 앙가주망에 대하여 말한다.

우리는 횟수와 강도처럼 특별한 방법으로 표현되는 손짓에 대해서 이를 강력하게 문화에 종속된 것으로 간주한다. 따라서 이것은 이탈리아 사람들이 독일어권 사람들이나 북부 독일사람들 보다 말할 때 더 많이 손을 이용한다는 것을 말해준다. 일본사람들은 손가락 끝을 핥아서 눈썹 위를 쓰다듬는데, 이것으로 일본사람들이 누군가를 거짓말쟁이라고 여긴다는 것을 알려준다.

얼굴표정

얼굴표정에서는 안면근육을 어떻게 움직이느냐에 관한 것인데, 특히 입-코 주변의 움직임이라던가 눈썹이나 이마부분의 움직임에 관한 것이다. 표정은 우리가 몸짓에 대해 설명했던 것과 유사한 방법으로 묘사된다.

- 열린 대 닫힌
- 친절한 대 악의적인
- 긴장된 대 느슨한

얼굴표정은 우리가 기분이나 대화 상대자에 대한 입장의 표시로 가정한다. 상호 문화적으로는 서로 다른 표정들이 이상형으로 간주된다. 일본사람들은 공적으로는 포커페이스를 선호하지만, 사적으로는 무미건조한 미소를 선호한다.

시선

눈은 얼굴에서 가장 중요한 것이다. 눈은 흔히 영혼의 거울이라고 한다. 한 순간의 시선이 다음을 말해줄 수 있다.

- 개방적이고 친절하다
- 집중하고 있다
- 흥미를 보이거나 흥미를 잃었다는 것
- 아이러니

시선은 상대방과의 관계에서 중요한 역할을 한다.

시선으로 사람들은 호감과 비호감을 나타낼 수 있고, 이끌림, 못미
더움 또는 동의를 표현할 수 있다.

시선교환의 빈도와 지속시간, 그리고 강도 등이 의사소통과 관련
되어 있다. 시선교환은 대화교대의 순서를 정하는데 있어서 매우
중요하다.

서로 다른 문화들 사이에서는 큰 차이가 존재하는데, 다른 문화에
서는 눈을 자주 들여다보는 것보다는 오히려 목을 쳐다보기도 한
다. 상급자와는 단지 아주 짧게 시선을 마주친다. 낯선 사람과의
시선교환은 되도록 피하고자 한다.

태도는 전체적인 모습과 관련되는데, 특히 머리와 몸통의 자세와
팔과 다리의 자세에 관련되어 있다.

다음과 같은 묘사들이 해석될 수 있다.

태도

- 널부러져 있는 대 긴장한
- 퍼질러 있는 대 몸을 비비꼬는

태도는 어떻게 느끼는지, 어떤 분위기인지의 표현으로 평가된다.

때로는 태도가 어떤 성격인지를 말해주는 표시로 받아들여지기도
한다.

중요한 것은 대화상대자 쪽을 향한 태도인지 대화 상대자에게서

등을 돌리는 태도인지가 중요하다. 이러한 방법으로 거기에 참여하고 있는지 아니면 소외되어 있는지에 대한 정의를 내려줄 수 있고, 또는 그 자리에 함께 하고 있는지 (예를 들면 온갖 군데 다 참견하면서 자리히고 있는지) 또는 주도적인 역할을 하지 못하고 때문에 별로 눈에 띠지 못한 채, 있으나 마나 한 것처럼 있는지에 대한 신호를 보낸다.

공간기호학

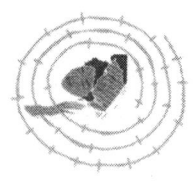

소위 말하는 공간기호학에서는 무엇보다도 대화 상대자들의 거리와 배치에 대해서 다루는데, 특히 대화에서의 참여도에 관해서 다룬다. 중요한 기준으로는 다음과 같은 것들이 있다.

● 거리상 가깝게 대 멀게
● 빙 둘러 앉는 배치 대 쌍으로 앉는 배치
● 펼쳐진 조직 대 구심점을 갖는 배치
● 좁게 대 넓게

대화 상대자들 사이에서 신체상의 가깝거나 멀다는 것은 (아이콘상으로) 관계가 가깝거나 멀다는 것을 보여준다. 여기에도 역시 문화적으로 큰 차이가 존재한다. 아랍사람들이나 남아메리카 사람들은 유럽사람들보다 더 가깝게 자리한다. 그럼에도 불구하고 상대방과 떨어져 있는 거리의 차이가 제각기이지만 가까운 것은 가까운 것이다.

4.1. 제스처

몸짓은 의도적으로 만드는 팔과 손 그리고 손가락의 움직임이며 의사소통의 역할을 하는 것이다. 몇몇 몸짓은 관습화 되어있다.

복도쪽에서 한 일본 학생이 방안에 앉아있는 한 미국 여자선생님을 향해 손짓을 하였다. 미국 선생님도 손짓으로 화답하면서 친절한 목소리로 "잘가요"라고 말하였다. 이 학생은 약간 당황한 표정으로 둘러보면서 손짓을 계속하였다. 나는 이 여선생님에게 이 학생이 너무 수줍어서 선생님이 계신 방 안으로 들어오지 못하고, 선생님을 복도로 나오시도록 손짓 한 것이라고 설명해 줄 수 있었을 것이다.

일본사람들이 손바닥을 아래로 하고 손을 위아래로 흔드는 것은 마치 "이리 와"라고 말하는 것과 같다. 이러한 손짓은 중유럽 사람들의 손짓과 비교되는데, 이것은 그들에게는 "안녕히 가세요"라고 말하는 것과 같다. 물론 이러한 의미를 지니는 손짓은 스페인어에서도 있다.

손짓들은 손을 이용해서 만든다. 손짓들은 움직임이다.
그러나 또한 정지된 상태의 모양에서도, 그것이 어느 정도 관습화 되어있음을 알 수 있다.

여기의 이러한 손짓들은 무엇보다도 셈이나 숫자를 보이기 위해서 한다.

그리고 다음의 것들이 무엇을 의미하는지 아마도 당신 스스로 찾아낼 수 있을 것이다. 대부분의 것들은 그리 명백하지 않다.
이러한 손짓들은 무언가 좋거나 나쁘거나 혹은 작은 것에 관한 것이다. 그렇지만 사람들은 언제 그리고 누구를 향해서 이런 손짓을 하는가?

진행과정 숫자들은 언어적 표현과 병행되거나 독립적으로 보여질 수 있다. 숫자들은 전반적으로 구상적(아이콘)이다. 그러나 여기에는 이미 아이콘화와 관습화의 혼용이 존재한다.

그러한 혼용으로부터 흥미로운 문화적 차이들이 존재한다. 엄지손가락으로 시작하는가 아니면 검지손가락으로 시작하는가? 아니면 새끼손가락으로부터 시작하는가? 주먹은 무엇을 의미하는가?

독일어에서는 다음과 같은 것들이 관습화되어있다.

> 시작은 (대부분) 오른 손으로, 주먹을 가볍게 쥐고, 상대방에게 손등을 향하게 하고, 엄지를 펼쳐 세운다 = 1, 손가락들을 차례로 펴는데, 손바닥이 자신을 향하게 하고 검지를 펴면 =2, 중지 = 3, 약지 = 4, 새끼손가락 =5, 계속해서 왼손으로 유사하게 10까지 진행하고, 이때 오른손은 관여하지 않는다.

영어 미국은 이에 다른 방식이다.

> 시작은 (대부분) 왼손으로, 가볍게 주먹을 쥐고, 손바닥이 상대방을 향하게 하고, 검지를 위를 향해 펼친다 =1, 손가락들을 차례로 펴는데, 중지 =2, 약지=3 새끼손가락 =4 마지막으로 엄지 =5, 계속해서 오른손으로 유사하게 10까지 과정이 진행되는데, 왼손을 계속 보이고 있다.

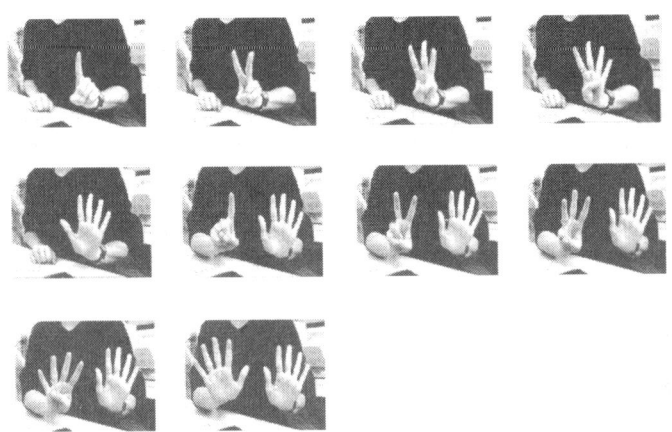

그리고 또 다른 것으로 중국의 경우. 여기서는 다른 아이콘 원리들
이 기저에 놓여있다. 종종 한 손으로 숫자모양에 따라 비슷하게 만
든다. 마지막 두 그림이 두 가지 선택 가능성을 보여준다.

중국어

일본어는 모든 숫자를 한 손으로 보여줄 수 있다. 여기에서는 또
다른 기본 원리를 따르고 있다는 것을 쉽게 알아볼 수 있다. 일본
사람들은 숫자를 세면서 손가락을 안으로 접는다.

일본어

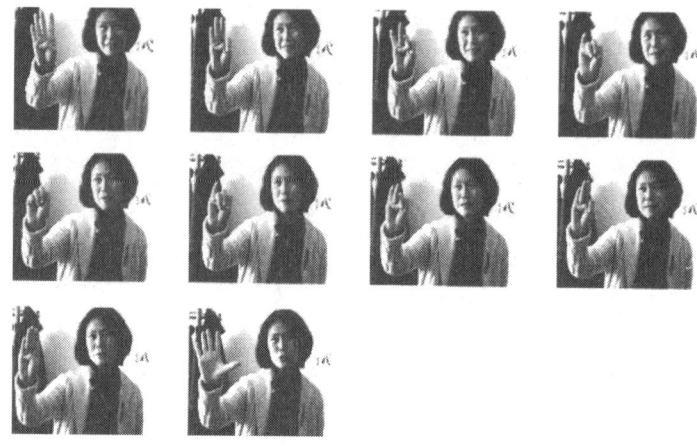

제안

> 서로 다른 문화권 사람들에게 숫자를 세어보도록 하면서 다양한 진행과정을
> 기술해 보라.
> ● 원칙적인 차이들
> ● 상세한 부분 (어떤 손가락들이 어떻게 어떤 순서로)

위상 우리가 이 장에서 다루고 있는 의사소통 현상들은 대개 아날로그
방식으로 간주되며, 이들은 또한 그러한 의미에서 광범위하게 적
용된다. 그럼에도 불구하고 우리들은 관습화된 제스처들을 비연속
적인 것으로, 즉 모음 발화처럼 디지털 방식으로 생각해 볼 수 있
다. 그러나 관습화된 제스처들은 언어적 표현처럼 내적으로 구조
화 되어있지 않다.

상호문화적 연구에서는 비언어적 또는 아날로그식 의사소통이 큰
비중을 차지한다. 특히 그 중요성이 강조되는 것은 여기에서 종종
오해의 여지가 생기기 때문이다. 이에 대한 근거들로는 무엇보다
도 다음과 같은 것들이 있다.

- 제한된 언어적 의사소통에서는 제스처를 통한 의사소통이 높은 위상을 차지하게 된다.
- 제스처나 얼굴표정에 의한 의사소통은 광범위하게 자연스럽고 보편적으로 여겨지지만, 실제로는 그렇지 않다.

물론 우리는 비언어적 의사소통으로 치부되는 역할의 무게를 과장되게 생각한다. 그것은 오히려 많은 심리학자와 인류학자 그리고 인종학자들이 문화간 의사소통을 다뤘었고 언어학자는 극소수였다는 사실에 기인하는 것으로 보인다. 비언어적 의사소통이 의사소통의 70%를 형성한다는 것과 같은 주장들은 그러나 완전히 근거 없는 것이다. 이점에 있어서는 우리가 어떻게 의사소통을 측정하고 이것을 숫자로 파악할 수 있을지가 우선 설명되어야 할 것이다. 비언어적 의사소통의 중요성을 증명하기 위해서 우리는 이처럼 말도 안 되는 방법을 필요로 하지는 않는다.

그래도 신중을 기하기 위해 분명히 해둘 것이 있다. 비연속적인, 언어적 의사소통은 어디까지나 인간 의사소통의 가장 효과적이고, 가장 세분화되고 가장 명확한 의사소통 양식이다.

대부분의 경우에 제스처들은 언어에 동반되며 대개는 도상(아이콘)적이다.

한 여행객이 밤새워 차를 타고 이스탄불의 한 버스 정류장에 도착했다. 그는 공항으로 가는 버스를 찾고 있다. 그가 물어본 첫 번째 버스기사가 신중하게 머리를 위아래로 끄덕인다. 그는 만족해서 승차한다. 하지만 다른 탑승자를 통해서 그 버스가 공항으로 가지 않는다는 사실이 그에게 알려진다. 기사에게 화를 내기엔 너무 피곤했던 그는 하차해서 몇 차례에 걸쳐 다른 버스에 자신의 행운을 걸어보지만 결과는 항상 같다. 결국 그는 택시를 탄다.

이 예는 터키에서 머리를 위아래로 끄덕이는 것이 긍정이 아닌 부정하는 것으로 간주된다는 사실을 증명해 주는 것이다. 물론 두 사람이 너무 우둔했던 것은 아니었는지 어떤지 우리는 당연히 의심해봐야 한다. 이제서 힘께 여행하는 사람들은 모든 것을 그토록 빨리 알아챘는가? 그리고 누가 이 모든 것을 알고 있는 전지全知적 화자인가?

덧붙여 말하자면, 터키어에서 고개를 끄덕이는 것이 부정의 의미를 갖는다는 것은 상호 문화적으로 통용되는 하나의 소문이다.

아날로그 대 디지털　아날로그 방식의 의사소통과 디지털 방식의 의사소통을 구분하는 것은 널리 확산되어 있다. 이러한 생각의 이면에는 첫 번째 경우의 매체가 아날로그이고, 두 번째 경우의 매체는 디지털이라는 생각이 있다.

우리는 이와 같은 구분의 한 예를 레코드판에서 볼 수 있다. 훌륭한 옛 셸락(Schelllack) 음반은 아날로그식이다. 사운드트랙은 물리적 음향-시그널을 축소한 모사이고, 그 모사는 다시 검색될 수 있고 동시에 1 대 1 물리적 음향으로 변환될 수 있는 것이다. 특히 감소 정도(소멸)에 의해 그리고 모사와 재현기구의 손상에 의해 손실이 나타난다.

디지털 레코드판은 물리적 현상을 숫자로, 결과적으로는 2진법에 따라 0과 1의 순서로 기록한다. 물리적 시그널이 구조화되는 일종의 변형이 선행되고, 이어서 그 구조가 수로 확정되며, 그 수가 음향으로 재 번역된다.

그 때문에 연속과 비연속의 구분도 아날로그와 디지털 구분과 연관되어 있다. 아날로그식 모사는 소위 연속적인 것을 모사할 수 있고, 디지털적인 모사는 비연속적인 구조를 전제로 한다.

조금 더 생각해보면 의사소통 영역에서 아날로그적인 것과 디지털 적인 것을 구분함에 있어서 그것이 의사소통적 사건이라고 보여질 수 있는 현상이 아니라는 것을 알 수 있다. 일반적으로 디지털적인 의사소통에 해당되는 어떤 한 문장의 발화는 비연속적이지 않다. 우리가 그 발화를 기록하거나 시각적 방법으로 표현해보면, 우리가 인식하는 것은 절개선, 즉 경계선이 아니라, 자연스럽게 소멸하는 아날로그식 연속체이다. 침묵도 연속적으로 삽입된다.

아날로지탈(analogital)!

우리는 인지모형이나 정신모형을 통상적인 의사소통에 적용하면서 일상적인 의사소통 안에서 발화의 비연속성을 산출해 낸다. 이 때 우리가 적용하는 모형들은 어느 정도 분명하고 명확하며 뚜렷하게 나타날 수 있다. 그 모형들은 습득되며 관습과 전통에 근거한다.

이 때 외적 요인들도 관여할 수 있는데, 정서법을 통해 말소리의 흐름을 비연속체로 분리해낸다. 어떤 알파벳(요컨대 그로소 모도(grosso modo), 어떤 음소)이 하나의 분절에 편입될 수 있는지를 아이들은 첫 번째 읽기 수업과 첫 번째 쓰기 수업에서 배운다. 그렇게 함으로써 비로소 말소리의 흐름을 분리된 비연속적인 것으로 간주하는 일이 우리에게 자명하게 보인다.

분리되어 있는 것이 토큰은 아니다.

우리가 확인해야 하는 것은 의사소통적 현상이 아날로그적이거나 디지털적이지 않다는 것이다. 우리는 의사소통적 현상을 아날로그적이거나 비연속적인 것으로 인지한다.

한 개인이 인지를 위한 모형과 경우에 따라서 이 현상의 구조화를

관습이 중요하다.

위한 모형을 소유하고 있다면, 이것 또한 관습을 통해서 안전하게
보호되어 있다는 것을 의미하는 것은 물론 아니다. 물론 언어에 있
어서 관습적으로 해석되는 상징들을 다루고, 동시에 상징들이 관습
과 관련해서 해석되어져야 하며, 이로써 관습의 틀 안에서 보다 확
실하게 자리 잡게 된다. 다른 기호들의 경우에는 또 다를 수 있다.
예를 들어 상징적인 기반으로부터 동일한 현상은 처음엔 개인적으
로 상이하게 해석될 수 있지만, 두 번째에는 상이한 관습의 토대
위에서 해석될 수 있다는 결론을 이끌어 낼 수 있다. 이것은 다른
것에 대해서와 마찬가지로 말소리현상에 대해서도 적용된다. 따라
서 독일어 /a/는 영어의 /a/가 아니다. 그 이유는 바로 음성 연속
체가 언어적으로 그리고 그럼으로써 동시에 관습적으로 다르게 구
조화되기 때문이다. 제스처 동작도 어떤 문화권에서는 관습적일
수 있고 그 어떤 특정한 것을 의미할 수 있지만, 다른 문화권에서
는 그렇지 않을 수 있다. 그렇다, 표면적으로 동일한 제스처 동작
은 상이한 문화권에서 다른 것을 의미할 수 있다. 바로 *Ei*와 *I*와
*ahi*처럼. (역주: 모두 '아이'로 소리 나는 것이지만, 각각 독일어의 '달걀'
(Ei), 영어의 '나'(I), 그리고 또 다른 감탄사 '아이'를 의미한다.)

제스처를 다루는데 있어서, 기호라 할 수 있는 제스처에 정역학적
기호모델과 완전히 상응하는 고정된 의미가 부여되어 있다고 보는
생각이 확산되어 있다. 제스처의 사용과 사용상황은 다루지 않는
다. 때문에 불가리아에서 머리를 가로젓는 것은 터키에서와 꼭 같
이 "긍정ja"를 의미하는 것이다. 좀 더 세밀하게 살펴보면, 머리를
위아래로 끄덕이는 것 또한 마찬가지로 긍정(예ja)으로 사용된다
는 것을, 그리고 특히 고개를 끄덕이는 것 또한 불가리아식으로 번
역해보면 수긍(예라고 말하는 것Jasagen)을 의미한다는 사실을
밝혀준다. 한 언어에서 무엇이 어휘화되는지는 항상 확인해 볼 가

치가 있다.

그러면 무엇이 중요하고 올바른지가 인식된다.

사용의 정확한 기술(記述)만이 우리에게 진전을 가져다준다.

- 수긍(예라고 말하는) 강도(强度)에 있어서 이 두 가지 버전이 구분되는가?
- 두 버전이 상이한 자리, 즉 상이한 상대방과의 관계설정에서 사용되나?
- 사람들이 얼마나 자주, 얼마나 **빨리**, 얼마나 강하게 머리를 흔드는지가 어떤 역할을 하는가?
- 사람들은 어떤 쪽에서 제스처를 시작하나? 그것이 어떤 역할을 하는가?

여기에서도 사용이론이 우월한 것으로 입증될 것이다. 제스처들은 그것이 적용되는 연관성 안에서 세분화되어 기술되어야 한다. 정역학적 견해가 본질적인 측면을 놓칠 수 있다.

정역학적 견해의 또 다른 예는 이탈리아에서는 어떤 사람을 부정한 아내에게 배신당한 남편(cornuto)이라고 비방하기 위해 아래 사진에서처럼 이목을 집중시키는 제스처가 사용된다는 주장이다. 그리고 이것이 극도로 모욕적이라고 한다.

하지만 사실 그것은 어쨌든 오늘날 하나의 익살스런 제스처이다. 사진을 찍을 때 한 남자 뒤에 서서 이러한 제스처로 그가 뿔이 달렸다는 것을 보여주는 것과 같은 것이다. 장난삼아서.

무임 승차자　소위 아날로그식 의사소통에는 종종 진정한 의미의 의사소통이 없다. 화자는 비언어적 발화를 반드시 의식적으로 혹은 의사소통적 의도에서 행하는 것은 아니다. 그보다는 무엇이 어떻게 해석되는 그 수용관점이 훨씬 더 중요하다. 종종 화자는 이렇게 저렇게 해석된 것을 전혀 만들지 않았다. 그것은 해석하는 사람에게 단지 징후일 뿐이다.

많은 경우들에서 이러한 종류의 기호는 관습적인 것도 아니다. 대부분의 신호는 발화를 동반하고 반드시 독자적으로 의사소통적이지도 않다. 그것은 리듬을 타게 하는데 도움이 될 수 있고, 자그마하게 동반되는 판토마임 같은 표현일 수도 있다. 그 때문에 그것은 또 서로 모순되는 이해나 통보가 될 수 있다 (이중 구속 double bind). 대개

- 거부하는 손짓으로 초대하는 것
- 언짢은 얼굴 표정으로 "나는 잘 지내"
- 퉁명스러운 목소리로 찬성하는 것과 같은 것들이다.

제안

몸짓 언어가 예를 들어 모음의 진화에 선행했다고 가정하는 경우들이 종종 있다. 이에 상응하는 이론들은 오히려 어드벤쳐 사이언스adventure science 잡지의 한 면을 장식할 수 있다.

정확히 무엇이 제스처를 통한 의사소통에서 도태되지 않는 장점이 될 수 있는가? 어떻게 이 장점들이 생겨날 수 있었을까?

4.2. 얼굴표정

얼굴표정은 확실히 부분적으로 만들어지지만, 얼굴표정을 만드는 사람은 이렇게 표정을 만드는데 있어서 어려움을 갖는다. 그는 자기가 무엇을 하는지 보지 못한다. 즉 그는 의사소통 효과를 상대방의 반응을 통해서만 알게 되는데, 물론 그는 그 반응들을 오히려 별반 깊은 생각 없이 받아들인다.

여기서 또한 우리는 광범위하게 일방적인 것에 관계된다.

제스처와 같은 얼굴표정은 시간 속에서 나타나는 현상들이다. 의사소통으로 여겨지는 매우 빠르고, 짧고 눈에 띄지 않는 얼굴 움직임이 있다. 우리는 그 얼굴 움직임들을 사진으로 동결시켰을 뿐이다. 하지만 또한 우리는 여기에 있는 사진들 이면에 의사소통적 의도와 특징들까지도 있다고 생각한다.

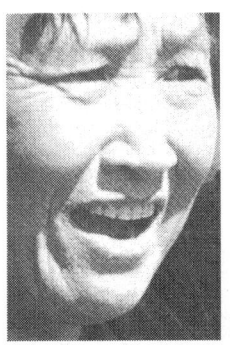 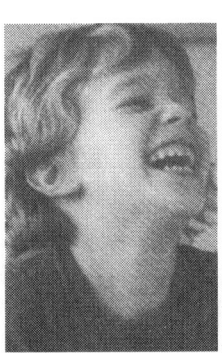 

인물사진들

제안

각각의 개별 사진들에 대하여 하나씩 차례로 연상되는 것을 연결시켜보시오. 떠오른 생각들을 기록하시오.

자세

우리의 자세는 우리에게 어쩌면 얼굴표정보다 덜 의식될 수도 있다. 하지만 자세도 해석된다. 우리는 의도됐든 아니든 상관없이 모든 것을 그냥 받아들인다. 단순히 생각하면, 신체적 표현은 유전적인 것이고 그래서 자연스러운 것이다. 그로부터 다음과 같은 특성이 추론된다.

● 보편적이고
● 신뢰할 수 있다.

즉 "신체는 거짓말을 하지 않는다".
하지만 신체는 말도 하지 않는다!
연극연습과 가슴확대는 무시된다.

제안

- 여러분은 어떻게 이 자세들을 특징시을 수 있는가?
- 각각의 그림에 맞는 말풍선을 생각해내 보시오.

앉기

제안

맞는 표현은?
긴장한 - 똑바른 - 도발적인 - 다리를 넓게 벌린 - 이완된 - 호의적인 - 긴장된
- 포즈를 취한 - 꾸밈없는 - 느슨한 - 생각에 잠겨 있는 - 솔직한 - 축 늘어진 -
섹시한 - 예의바른 - 정숙한

**촉각에 의한
의사소통**

우리가 의사소통을 아주 폭넓게 파악한다면, 신체적 접촉과 신체의 역할도 포함해서 생각할 수 있다. 어쨌든 여기에 상호 문화간에 큰 소동을 불러 일으키는 차이점들이 있다.

대화 중에 만져 볼 수 있는가 이니면 그것은 금지된 것인가? 인사할 때 얼마나 가깝게 접근하는가? 어떤 신체적 접촉을 하는가? 남성들이 서로 키스를 하고 포옹을 하는가?

우리는 보통 누구에 의해 어떤 신체 부분이 만져지고, 혹은 실험대상자들이 어떤 신체 부분을 일상적으로 문제없이 만진다고 생각하는지와 관련해서 미국과 일본의 차이점을 보여주고자 한다.

물론 우리는 여기서 성(性)은 언급하지 않을 것이다.

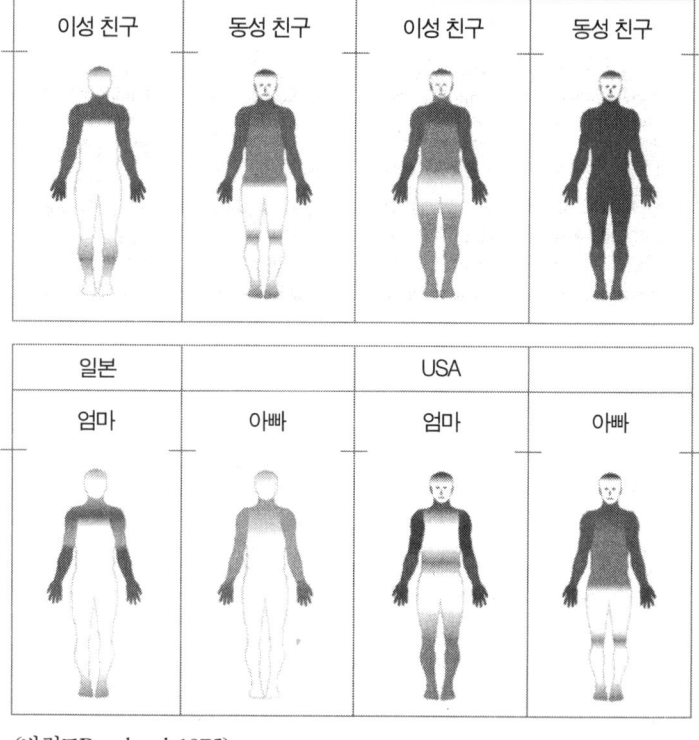

(반런드Barnlund 1975)

도대체 어째서 우리는 비언어적으로 의사소통을 하는가? 어째서 우리는 비언어적인 것을 해석하는가?

차별성이나 의사소통에 의한 효과는 그 질문에 답하지 않는다. 비언어적 표현 수단은 언어적 표현 수단에 비해 전적으로 빈약하거나 결코 정확하게 파악할 수 없는 것이다.

어쩌면 우리는 다음과 같은 이유 때문에 비언어적인 표현 수단을 사용할지 모른다.

비언어적
- 무엇 때문에?

- 비언어적인 의사소통이 수반된다. 비언어적인 의사소통은 언어적인 의사소통과 함께 진행된다. 따라서 그것은 지속적으로 피드백을 줄 수 있고, 대화를 체계화하는데 활용된다. 이때 비언어적인 의사소통은 다른 매체로 진행되기 때문에, 이에 병행되어 알려지는 것들, 서로 모순되는 것들도 전달될 수 있다.

- 비언어적인 것은 토픽이 아니다. 그것은 부차적인 것이다. 비언어적인 것도 평가가 되지만, 일반적으로 주제화되지는 않는다. 비언어적인 것에 대한 본질적인 해석을 언급하는 것은 의사소통을 망가뜨릴 수 있다. (구췌!)

- 비언어적인 것은 불분명한 채로 있다. 우리는 입장을 분명히 하지 못하고 있고 분명한 입장을 가질 수도 없다. 해석을 하는 사람들은 여러 해석의 여지를 갖고 있다.

- 비언어적인 것은 도상적인 것으로 평가되고 이로써 이해하기 더 쉬운 것으로 간주된다.

- 우리는 비언어적인 것을 더 순수한 것으로 간주한다. 그 이유는 비언어적인 것이 덜 자의적인 것으로 여겨지기 때문이다. 비언어적인 것이 오히려 자연스럽게 보이기 때문에 그것이 더 진실한 것으로 생각된다.

- 비언어적인 것은 광범위하게 도상적인 것으로 간주되기 때문에,

그것이 더 직접적인 것으로 여겨진다. 이것은 면 대 면-의사소통에서만 비언어적인 것이 그 역할을 한다는 것을 통해 지지된다.

비언어적인 의사소통은 보다 특수한 것으로 간주된다. 비언어적인 의사소통은 특히 감정, 즉 비언어적 방법 말고는 종종 표현할 수 없는 것으로 선언되는 그 어떤 것을 위해서 있다.

4.3. 준(準)/유사 언어적인 것

하강하는 악센트

최근에 나는 덴마크의 한 가구점에서 어떤 것을 사고, 계산대에서 수표로 계산을 하려고 했다. 지갑을 열었을 때 나는 "오 맙소사, 지금 내가 수표를 갖고 있지 않아!" 라는 것을 확인했다. 그러자 지금까지 친절하게 나를 고객서비스 했던 덴마크 점원이 "네네Jaja"라고만 말했다. 하지만 그는 그 말을 하강하는 악센트로 아주 이상하게 했다. 마치 그가 이렇게 말하고 싶어하는 것 같았다. "그래그래, 일단 비싼 물건을 고르기는 했는데, 막상 돈을 내려고 하니 그런다는 걸 나는 이미 알고 있어..." 내가 다소 당황하게 된 것은 놀랄 일이 아니다. "정말 유감입니다. 어제는 제 지갑에 수표가 있었는데 말입니다. 하지만 제가 금방 집에 가서 수표를 갖고 곧 다시 오겠습니다" 라고 내 상황을 해명하려고 했다. 다시금 똑같은 "네네Jaja"라고 했다. 마치 어차피 내가 다시 오지 않을 거라는 것처럼.
나는 이제 심기가 불편해졌다. 내가 못 믿을 고객으로 보이고 싶겠는가? 그 점원은 그렇게 불손한 행동을 함으로써 무엇을 얻고자 하는 것인가?

무엇이 하강하는 악센트이고 그 악센트는 무엇을 의미하려는 것인가?

전형적인 파키스탄식

런던 히드로 공항 고위 당직자들을 위한 셀프 서비스 음식점에서 일하는 파키스탄 여 종업원은 어떤 요리들에서는 손님들이 음식에 소스를 더 원하는지 어떤지 물어보아야 한다. 이를 위해서 그녀는 아주 간단히 "소스"라고만 말한다. 고객들 중 몇몇은 잠시 후에 -아시아 이주자들의 전형인 - 그녀에 대해 아주 불친절하다고 불평한다. 그녀에게 불평은 계속 전달된다. 그녀는 세상을 이해하지 못한다. 그녀는 다른 모든 사람들과 마찬가지로 자신의 의무를 행한다. 그녀는 자신의 행동의 어떤 점이 불친절하다는 것인지 알지 못한다. 그녀는 자신의 행동을 바꾸지 않는다. 또 그녀는 여느 때와 같은 방법으로 손님들이 음식에 소스를 더 원하는지 어떤지를 묻는다. 다시 불평이 나온다. 노조가 개입한다. 그 결과는 긴장감이 감도는 노동환경이다.

익숙한 방식의 본질은 무엇인가? 아센트인가?

많은 동남아시아 이주민들의 영어는 영국인들에게 있어 그들이 기대하는 바와 정반대되는 것을 전달하는 관습을 갖고 있다. 그래서 질문을 할 때 악센트가 끝에서 아래로 내려간다. 하지만 영국-영어에서 기대되는 억양은 위로 향하는 것이다. 이것은 정중하게 다시 묻고자 할 때에 상응하는 것이다. 하지만 그 파키스탄 여종업원도 마찬가지로 그녀의 관습에 따라 문장을 정중하게 말한 것이다. 영국 근무원들에게 그 말은 소스를 가져가라는 단호한 요구로 들린다. "자 이제 소스를 가져가시오!"

언어적 발화들은 준 언어적인 현상들을 통해 조정된다. 우리는 준 언어적인 특징들을 운율, 억양, 음역, 음색, 템포, 리듬, 악센트, 강도, 음성의 높이, 음량 등으로 파악한다. 준 언어적인 것은 결코 독립적인 것이 아니라, 탑재(piggyback)-현상인데, 이 현상은 모음 발화와 접목되어 이를 조정한다.

준(準) 언어적인 것

이와 같은 기호들은 모든 모음 발화에 있고, 우리는 이 기호들을 무시할 수 없다. 그 때문에 대부분 진정한 의사소통적 기호가 아니지만, 그것은 해석될 수 있고 우리가 그것을 해석한다. 그러므로 우리가 어떻게 그것을 하고 어떤 결과가 나오는지에 대한 확신을 얻는 것이 중요하다.

이를 위한 기본은 다음의 것을 인지하는 것이다.

● 우리는 대부분의 경우에 준 언어적인 것에 있어서 아날로그적인, 분리되지 않은 기호들을 다룬다. 이 기호들은 징후로 해석된다. 물론 독일어에서의 의문문의 억양이나 소위 소리의 높낮이를 통해 뜻이 구별되는 언어에서의 억양은 관습화되어 있다.

● 수많은 준 언어적인 것은 발생사적인 것에 기인한다. 그것은 그렇게 주어진 것이고 우리의 통제를 받지 않는다. 여성들은 보통 남성들보다 더 높은 음성으로 말한다. 우리는 이러한 사실이 원래는 의사소통적이지 않다는 것을 알고 있다. 그리고 그럼에도 불구하고 그것은 해석된다. 그것은 더 확산될 수 있다. 여성 정치인들이 주절거리지 않거나 혹은 항상 그렇듯이 영향을 미치기 위해 비교적 낮은 음성으로 말하는 법을 배운다는 것은 잘 알려져 있는 사실이다.

● 수많은 준 언어적인 것은 개인적이고 사적인 것이다. 많은 사람들은 습관적으로 다른 사람들보다 더 크게 말한다. 그것은 체격이나 친숙한 관습 또는 그 어떤 것이 되었던 그런 것들에 기인하는 것일 수 있다. 그것 또한 해석되고 예를 들자면 때로는 비교적 자주 성격상의 특징으로 간주되기도 한다. 목소리가 큰 사람.

● 준 언어적인 것은 여러 문화권에서 상이하게 자리잡을 수 있고, 문화적으로 상이하게 해석될 수 있다.

● 준 언어적인 것은 결국 의사소통상 의도될 수 있고 상징적으로 사용될 수 있다. 이를 위해 준 언어적인 것이 완전히 관습적일 필요는 없다. 영리한 생산자는 해석하는 것의 징후를 나타내며 의도적으로 생산해 낼 수도 있다.

우리는 통상적으로 준 언어적인 것의 집합체를 강세로 표현한다. 우리는 특히 강세로 다른 변종이나 다른 언어의 잔존 어휘들이 갖고 있는 어법을 파악한다.

강세

언어학에서 단어강세와 문장 악센트는 전문용어로 구분된다. 확고하게 자리매김을 하고 있는 악센트는 일상적인 것에 지나지 않으며, 의사소통에서 더 이용할 가치는 없다. 이처럼 독일어는 단어 첫머리에 확고하게 강세가 자리잡고 있다. 단어강세는 기껏해야 단어를 구별하는데 이용될 수 있다. 차로 치어 넘어뜨리다*úmfahren*와 우회하다*umfáhren*. 이것은 의사소통과 관련되어 있지만, 확정되어 있고 관습화 되어 있다.

의사소통상의 자유와 의도는 문장 악센트와 관련하여 시작된다. 강세를 정확하게 발음하는 것에 대한 일반적인 기술이 이미 해석되어 진다는 사실이 특징적이다. A가 단어 X를 강조함으로써 청각적인 것뿐만 아니라 그 단어가 수반하는 것도 의미한다고 한다. 청각적으로는 좀 더 큰 강도(스트레스)로, 즉 경미하게 더 높거나 더 긴 발음으로 강조된다. 그 운반자가 일반적으로 하나의 형태소이거나 하나의 음절임에도 불구하고 악센트는 단어 위에 있다고 보통 얘기된다.

여기서 중요한 질문은 A가 X 위에 강세를 두었다는 것이 의미하는 바가 무엇인가라는 것이다. 강세는 의사소통상 대단히 빈약한 기호이다. 강세는 상대방을 위한 하나의 암시에 불과할 뿐이며, 상대방은 자신의 지식으로 그 암시를 해석해야만 한다. 강세를 주는 것은 강조된 부분에 어떤 특별한 것이 있다는 것이다. 화자가 암시를 주어서 파트너가 특별한 해석 작업을 해야 하는 것이다. 어쩌면 여기에 아주 중요한 정보가 숨어있을 수 있고, 혹은 여기서 뭔가가 수정되거나 강조되거나 (예를 들어 반복하는 가운데) 혹은 반대되는 것이 삽입될 수 있을 것이다. 해석의 여지가 많다.

"Es heißt nicht dér Bar"에서 강조된 der는 다른 관사가 관련되어 있다는 것으로 해석할 수 있다. 어쩌면 die나 das가 알맞을 것이다. 이리한 사실을 덩연히 알고 있어야 한나. "Es war nicht dér haarige Mann"에서 강조된 der는 der를 강조함으로서 털이 수부룩한 그 남자가 아니라 털이 많이 난 또 다른 남자였다는 것으로 해석할 수 있다. 이와 달리 "Es war nicht der háarige Mann"은 harrig를 강조함으로서 털 난 남자가 아니라 털이 없는 다른 남자였다는 것으로 해석할 수 있다. 여기서 해석되는 것의 필요한 추론들은 어느 정도 통상적이고, 다른 경우들에서는 더 많은 해석 작업을 해야 할 수도 있다.

리듬 말의 리듬은 특히 템포와 휴지부를 통해 정해진다.

그런데 휴지부란 무엇인가? 침묵과의 차이는 무엇인가? 그리고 휴지부는 무엇을 표현하는가?

물론 말소리의 흐름 안에서 휴지부에서는 어떤 말소리도 생성되지 않는다는 것은 확실히 중요한 판단기준이다. 단, 단어들 사이에서 발생하는 단순한 중단은 휴지부가 아니다. 휴지부는 그 중단이 특정한 길이(1000분의 1초?)를 가지고 이것이 특별하게 인지될 때 비로소 생긴다. 따라서 이를 구별해 주기 위해 다음과 같은 방법 또한 적용된다. 단어들 사이를 분할하는 아주 작은 휴지부, 일반적으로 간주되는 숨을 돌리기 위한 짧은 휴지부, 낱말들의 정체로 인한 휴지부, 성문 폐쇄음과 ("äh"와 "öh"로) 채워진 휴지부.

침묵은 휴지부로 해석된다. 휴지부는 대화 순서를 바꾸는데 중요하다. 그리고 그 때 휴지부가 무엇이고 휴지부에 얼마나 긴 침묵이 필요한지에 대한 참여자들 사이의 의견이 일치하지 않는다는 사실이 비교적 자주 나타난다. 성급한 사람은 서둘러 대화 속으로 끼어들어가기 위해 짧은 순간의 침묵을 이용한다.

중단 -
하지만 어떻게?

> K.는 종종 자신의 사업상 동료인 러시아인 T.와 통화를 해야 한다. T.는 독일어를 매우 잘 하지만 그럼에도 불구하고 K.에게 T.와의 모든 전화통화는 고통이다. 그는 T.가 단조롭게 끊임없이 말하고 끝이 없다고 말한다. K.가 대화를 하려고 시작하는 것은 매번 좌절된다. 그리고 그가 마침내 끼어들어 말하려고 할 때면 그가 자신의 동료인 T.의 감정을 상하게 한건 아닌지 자신이 없다. 이렇게 지속된다면 결국 K.는 사업상 좋은 관계가 이루어질 수 없다고 생각한다.

휴지부

휴지부는 의사소통에서 소위 짧은 순간의 침묵이다. 하지만 침묵의 짧은 순간들이 지속적으로 늘 있다. 이러한 침묵은 전혀 인식되지 않는다. 그런 짧은 순간은 어느 정도의 시간인가? 그리고 그 순간은 언제 휴지부가 되기 시작하는가? 그 경우에 또 다음과 같은 의문이 생길 수 있다. 우리가 그 휴지부라는 것을 어떻게 이해하게 되는가? 상대방이 생각할 시간을 필요로하는가 그리고 나는 상대방에게 이 생각할 시간을 주어야하는가? 아니면 쌍방이 모두 생각할 시간을 가져야 하는가? 아니면 화자가 턴(말할 차례)을 넘기려고 할까? 아주 짧은 마이크로 휴지부Mikropause는 얼마나 오랫동안 지속되고, 언제 그것이 휴지부Pause가 되며, 어떻게 휴지부가 이해되는지, 이 모든 것은 문화적으로 상이하게 규정되고, 그래서 오해의 소지를 갖게 된다.

다음의 민감한 사건Critical Incident은 휴지부와 휴지지속시간과 관련한 상이한 관습의 배경 위에서 해석할 수 있다.

> Walther씨가 자신의 회사 일로 헬싱키로 여행을 갔을 때, 그는 철저히 준비되어 있었다. 그는 핀란드 역사와 문화를 연구했고, 몇몇 핀란드어 미사여구를

말할 수 있었으며, 사우나를 할 생각에 들떠 있었다. 뿐만 아니라 대화 파트너는 독일어를 탁월하게 구사하는 사람이었다. 물론 Walther씨는 핀란드 동료들이 자기를 이해하는지 어떤지 항상 확실한 것은 아니었다. 그는 모든 것을 두 번 씩 말해야만 했다. 매번 그가 아주 분명하고 명확하게 표현했다고 생각할 때마다 아무런 반응도 따르지 않았다. 핀란드 동료들의 코멘트는 전적으로 전문기술에 관한 것이었다.

Walther씨는 그것을 이해할 수 없었다. 대부분의 시간동안 자신이 혼자 말하는 것처럼 보이고, 그의 핀란드 동료들은 단지 그의 말을 경청할 뿐이었다.

어떻게 그렇게 계약이 성사될 수 있을까? 집에서는 결코 말을 많이 하는 사람으로 알려지지 않은 Walther씨는 그가 무엇을 잘못 했는지 모르고 있다.

미국의 학자들은 피드백-신호가 미국 흑인과 미국 백인 사이에서 부분적으로 차이가 있다는 사실을 발견해 냈다. 이것이 오해를 불러온다. 백인 공무원은 흑인 고객이 이해했다고 보내는 신호를 오해하고 모든 것을 두 번 씩 말한다 - Walther씨처럼. 고객들은 어린애 취급을 받았다고 느끼기 때문에 거절로 반응하게 된다.

당신이 상대방에게 시간의 여유를 주지 않는다면, 독일인으로서 당신은 쉽게 공격적인 인상을 줄 수 있다. 이것이 독일인에 대한 일반적인 선입견이다.

...한 목소리로

나는 비교적 자주 이탈리아에 간다. 처음 이탈리아에 갔을 때 나는 시칠리아인 가정에 머물렀다. 그 집에서 나는 왜 그들이 끊임없이 고함을 지르는지 의아했었다. 그리고 한참 후에 나는 내 친구와 같이 있게 되었다. 그 때 우리는 다시 그들이 고함을 지르는 걸 경험하게 되었다. 그들은 너무도 시끌벅적 했다. 우리는 항상 싸우는 소리를 들었다. 그러다가 우리가 그들이 얘기하는 것을 귀 기울여 듣고서야 비로소 그들이 아주 정상적으로 얘기를 나누고 있다는 것을 알 수 있었다. 하지만 목소리 크기와과 억양에 있어서 우리에게는 마치 그들이 한 목소리로 싸우는 것 같이 들렸다.

우리는 어떻게 억양과 목소리를 파악하나?

우리는 비교적 자주 억양과 목소리의 특색을 나타내는 형용사들을
사용한다. 목소리를 표현하는 형용사들이 눈에 띄게 많다.

어휘

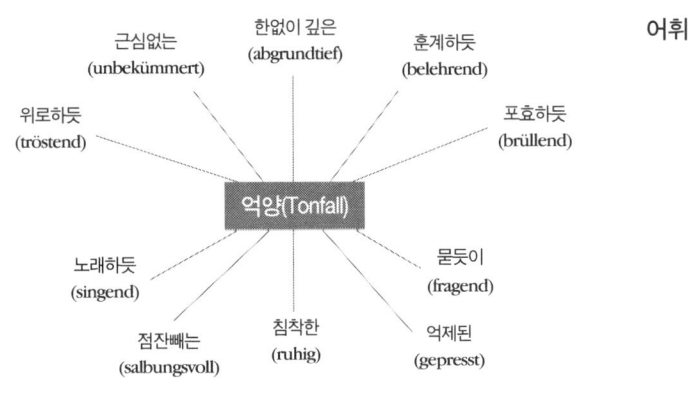

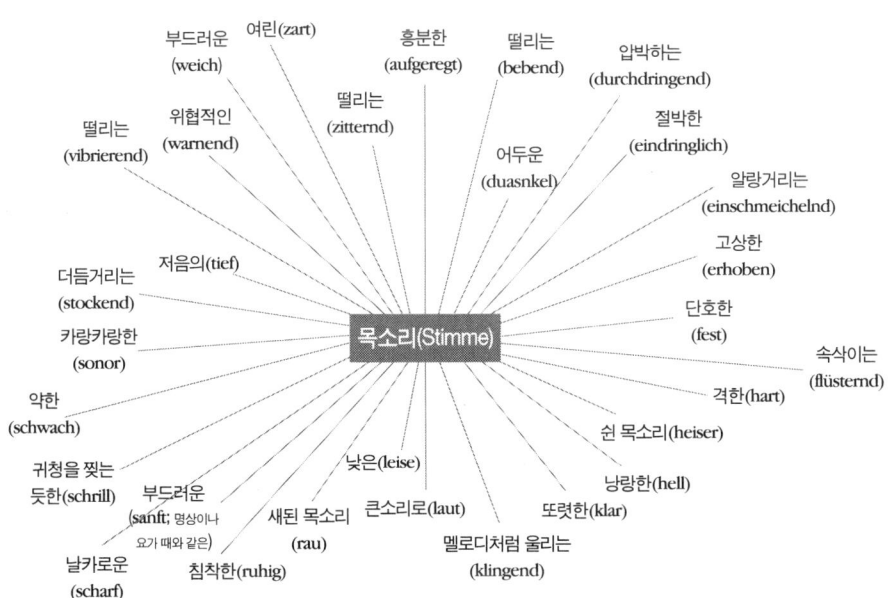

**준 언어적인 것
해석하기**

모음 언어를 분석하고 해석하려는 사람은 운율적 특징을 듣고 해석할 수 있어야 하고, 또 부주의한 해석에 대해서는 어느 정도 이골이 나 있어야 한다. 여기에는 발음기호로 전사하여 기록하기 위해 이를 나타내줄 기호들이 요구되고, 애매모호하게 유사한 것들은 비연속적인 디지털방식으로 파악되어 뚜렷이 논의할 수 있게 된다.

우리에게는 특히 기술記述에 필요한 어휘들과 야기될 수 있는 오해들이 관건이 된다. 다음과 같은 단순 명료한 의미 해석들이 널리 알려져 있다.

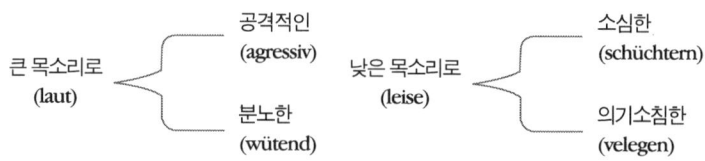

여기서 우리가 중요하게 인식해야 하는 것은 우리의 해석과 기술이 매번 어떤 하나의 판단기준에 의지하는 것이 아니라, 우리가 상이한 청각적 현상들로 함께 짜여져 있는 해석을 만들어내는 것이다. 그리고 이 해석은 본질적으로 징후적 추론으로 이어진다.

우리는 준 언어적인 것을 자주 정서, 즉 기분의 징후로 해석한다.

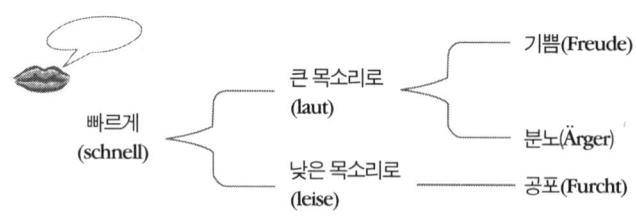

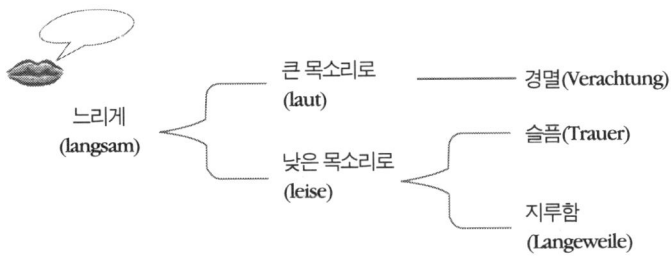

이 모든 것들은 위험하다.

발음기호로 전사된 모사에서 적절한 듣기와 해석의 문제가 명백해   차이
진다. 여기서 보면 동일한 녹음이 다른 전사자들에 의해 다르게 모
사된 사례들이 있다.

R: äh, äh + Dieser, dieser + Satz(t) + + + ist äh,

　애, 애 + 이, 이 + 문장 + + + 은 애,

äh, äh + + komplexer oder

애, 애 + + 복잡하거나 혹은

D: Ja klar ((fallend))

　예 그렇죠 (하강하는)

부호설명: + = 휴지부, 굵은 활자 = 강조

R: eh + diesa diesa + satzt ++ ist eh ((zögernd))

　에 + 이 이 + 문장 + + 은 에 (망설이면서)

　komplexa oder

　복잡하거나 혹은

D: Ja, klar

　예, 그래요

부호설명: +, ++ = 휴지부

> R: Ääh, dieser & dieser Satzt ++ ist ähh ((gedrückt))
>
> dodo, 이 & 이 문장 + + 은 애애 (무거운 마음으로)
>
> + komplexer, oder?
>
> + 더 복잡하지요, 안그래요?
>
> D: Na klar!
>
> 물론이죠!
>
> R: komplexa
>
> 더 복잡

부호설명: + = 휴지부; & = 연결된

질문에 대한 질문 이 간단한 발음 기호 표기에 대한 많은 질문들이 제기된다.

● 구두점을 얼마나 정확하게 재현하고 있나?

● 휴지부는 무엇인가? 휴지부가 얼마나 지속되나? 휴지부를 어떻게 해석해야 하나?

● "망설이는zögernd"이라는 말과 "무거운 마음으로gedrückt"라는 말 사이의 차이점은 무엇인가?

● 표준 정서법에서 음성학적인 것이 얼마나 폭넓게 파악될 수 있는가? 어떤 사람이 "äh" 혹은 "eh" 혹은 "ääh" 혹은 "ää" 또는 뭐라고 말하는가?

● 강조란 무엇을 의미하는가?

● 연결되어 있다는 것이 무엇을 의미하는가?

기타 등등.

관점: 억양 억양은 은유적으로 상승 억양steigend 대 하강 억양fallend으로 특징 지워진다. 여기에는 동작그림이 기저에 놓여 있는데, 우리는 이것을 억양 곡선으로 표현한다.

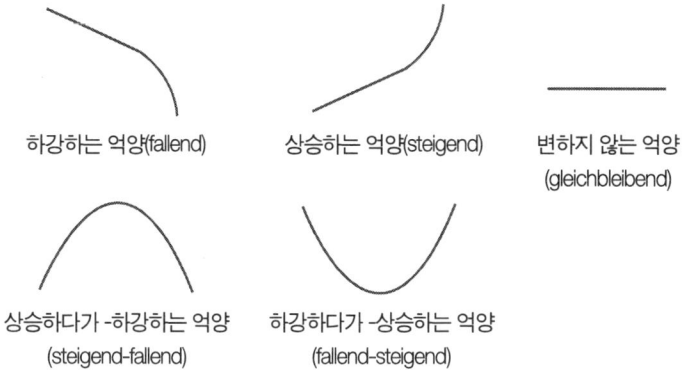

하강하는 억양(fallend)   상승하는 억양(steigend)   변하지 않는 억양
(gleichbleibend)

상승하다가 -하강하는 억양   하강하다가 -상승하는 억양
(steigend-fallend)   (fallend-steigend)

상승하는 억양은 개방성, 즉 비폐쇄성을 알리는 것이다. 하지만 그것은 어느 모로 보나 모호하다. 어쩌면 화자 자신이 계속하길 원한다거나 아니면 상대방이 보완해주기를 원하는 것일지 모른다.
독일어에서 억양의 형태들은 관습적으로 이용된다. 여러 가지 억양곡선에 의해 상이한 문장 종류들이 수반되고 그렇게 해서 문장 종류들이 구분된다.

질문   진술   명령

질문의 억양은 두드러져서 질문의 억양을 가진 평서문도 우리가 질문으로 해석하게 만든다.

큰 목소리*laut*와 **낮은 목소리***leise*와 같은 형용사들은 상대적인 형용사들이고, 상대적인 특성을 보인다. 제트 전투기의 소음에 비해 인간의 목소리는 결코 크지 않을 수 있다.

그 때문에 여기서는 관련영역을 인간의 목소리로만 제한한다. 하지만 이 영역에서도 큰 목소리는 여전히 상대적이다.

- 우리가 큰 목소리에 속한다고 여기는 것이 문화적으로 상이한 표준의 지배를 받을 수 있다.
- 우리가 큰 목소리에 속한다고 여기는 것이 개인적·개별적 표준의 지배를 받을 수 있다.
- 우리가 큰 목소리에 속한다고 여기는 것이 상대적으로 어떤 한 발화에서 소리흐름의 다른 분절음에 속한 것일 수 있다.

빠른 목소리/*schnell* 대 느린 목소리/*langsam*와의 관계도 이와 유사하다.

구조화된 어휘 해석에서 중요한 것은 이러한 해석을 기술해주는 어휘와 어느 정도 보장된 이 기술어휘들의 사용이다. 거기서 우리는 무엇이 중요한 것으로 간주되고 그것이 어떻게 해석되는지 알게 된다. 우리는 대개 이러한 기술을 위해 형용사들을 사용한다. 드물게 동사도 사용한다.

이윽고 그녀가 목소리를 높였다.

그의 목소리는 상당히 멋지게 들렸다.

그의 목소리가 고음의 쇳소리로 갑자기 변했다.

동사의 분사형도 자주 쓰인다.

고양된 목소리로...

그 때 그녀가 더듬거리며 얘기했다...

(그와 반대로 기침하다husten, 잔기침을 하다hüsteln, 웃다lachen, 킁킁대며 숨쉬다schniefen, 한숨을 쉬다seufzen와 같은 행위들은 준 언어적인 것이 아니다.)

방법론적으로 군더더기가 없는 것이 다음의 판단기준에 따라 어휘를 정리하는 데 도움이 될 수 있을지 모른다.

● 기술방법이 오히려 객관적으로 청각적인 것에 맞춰져 있는가 아니면 해석에 더 강한 의미를 부여하고 있는가?
● 해석은 무엇을 목표로 하고 있는가? 행위 쪽에 더 목표를 두는가? 아니면 사람, 즉 그들의 특성이나 감정 상태를 목표로 하는가?

청각적으로

> 점점 강하게(crescendo) - 점점 약하게(decrescendo) - 어두운(dunkel) - 하강하는(fallend) - 낭랑한(hell) - 높은(hoch) - 느린(langsam) - 큰(laut) - 낮은 (leise) - 새된(rau) - 빠른(schnell) - 상승하는(steigend) - 고요한(still) - 저음의(tief)

청각적으로 세목화된

> 한없이 깊은(abgrundtief) - 매우 큰 소리로(aus vollem Mund) - 떨면서(bebend) - 크고 떨리는(dröhnend) - 낮고 흐릿한(dumpf) - 관철시키는(durchdringend) - 고상한(erhoben) - 단호한(fest) - 속삭이는(flüsternd) - 질문하는(fragend) - 약해진(gedämpft) - 날카롭게 울리는(gellend) - 억눌린(gepresst) - 격렬한(hart) - 목 쉰(heiser) - 또렷한(klar) - 울리는(klingend) - 큰 목소리로(lauthals) - 부드러운(sanft) - 날카로운(scharf) - 씩씩거리는(schnaubend) - 헐떡이는(schnafend) - 날카로운(schrill) - 약한(schwach) - 노래하는(singend) - 카랑카랑한(sonor) - 더듬거리는(stockend) - 신음하는(stöhnend) - 고음의 쇳소리로 갑자기 변하는(überschlagend) - 연결된(verbunden) - 힘있게 말해서 떨리는(vibrierend) - 크고 힘있고 강력한(voll) -부드러운(weich) - 울먹이는(weinerlich) - 아름다운(wohlklingend) - 여린(zart) - 떠는(zitternd) - 떨리는(zittrig) - 우물쭈물하는(zögernd)

행위를 수식하는

거절하는(abweisend) - 공격적인(aggressiv) - 빈정거리는(anzüglich) - 훈계하는(belehrend) - 부탁하는(bittend) - 절박한(eindringlich) - 알랑거리는(einschmeichelnd) - 묻는(fragend) - 도전적인(herausfordernd) - 정중한(höflich) - 비웃는(höhnisch) - 반어적(ironisch) - 점잔빼는(salbungsvoll) - 톡톡 쏘아부치는(schnippisch) - 비꼬는(spitz) - 위로하는(tröstend) - 친절한(verbindlich) - 경고하는(warnend) - 애정이 넘치는(zärtlich) - 의심하는(zweifelnd) - 냉소적인(zynisch)

사람에 대하여

공격적인(aggressiv) - 걱정스러운(ängstlich) - 불신하는(argwöhnisch) - 격분하는(aufgebracht) - 흥분한(aufgeregt) - 불안한(bang) - 사려 깊은(bedächtig) - 자제된(beherrscht) - 명랑한(belustig) - 신중한(besonnen) - 배려하는(besorgt) - 거리를 두는(distanziert) - 격분한(empört) - 놀란(erstaunt) - 냉혹한(frostig) - 냉정한(gefasst) - 마음 상한(gekränkt) - 태연한(gelassen) - 성급한(hektisch) - 관심있는(interessiert) - 차가운(kalt) - 냉담한(kühl) - 불신하는(misstrauisch) - 침착한(ruhig) - 소심한(schüchtern) - 근심 없는(unbekümmert) - 자신이 없는(unsicher) - 몹시 마음 상한(verbittert) - 신중한(vorsichtig) - 품위있는(würdevoll)

제안

이러한 특징들을 하나하나 개별적으로 면밀하게 검토해보시오.
● 어떤 은유법이 사용되는가?
● 어떻게 행위를 수식하는 특징들에서 판단기준들이 인지될 수 있으며, 이 모든 것들이 인지될 수 있는가?

요약 대화에서는 언어적인 것과 비언어적인 것, 그리고 준 언어적인 것이 함께 작용한다. 그것들이 차지하는 몫에 대해서 논쟁을 벌일 일은 아니다. 이 세 가지가 모두 다르다는 차별성의 측면에서 보면 언어적인 것이 전적으로 우위를 차지한다.

다양한 양상들이 서로 지지해줄 수도 있고, 강화시켜 줄 수도 있으며, 평행해서 진행되거나 서로 상치될 수 있다.

- 비언어적인 특징과 유사/준 언어적인 특징들은 지속적으로 그리고 광범위하게 관습화되지 않는다. 그 때문에 이들을 기술하는 것은 숫자로서 그 강도와 형태를 나타내는 척도로서 가능하게 된다.
- 몇몇 특징적 지표들을 구분하는 것은 종종 어려운 일이다. 제스처는 신체 움직임과 연관되어 있고, 시선은 머리의 움직임과 연관되어 있다. 음성의 크기는 얼굴표정과 입의 움직임과 호흡활동 등과 연관되어 있다.
- 속도, 휴지부, 음성의 크기 그리고 제스처는 화자교대turn-taking와 관련되어 있다.
- 시선, 머리 움직임, 신체 움직임은 화자교대turn-Wechsel에 그다지 관련되어 있지 않다. 이들은 종종 다의적이다. 예를 들어 시선을 돌리는 것은 주의 깊게 귀를 기울이는 것을 의미할 수도 있고, 발언할 기회를 원한다는 것을 의미할 수도 있다.

척도 상으로 화자보다 두드러지게 더 높은 곳에 있을 때라야만 발언할 기회를 얻게 된다. 그리고 화자는 일반적으로 더 높은 값에 위치하게 된다.

언어와 문화

문화는 언어 안에 있고 언어는 문화를 싣고 있다.

마이클 애거

Interkulturelle Kommunikation

5 언어와 문화

문화는 언어 안에 있고
언어는 문화를 싣고 있다.

마이클 애거

만화경으로 보는 정의들

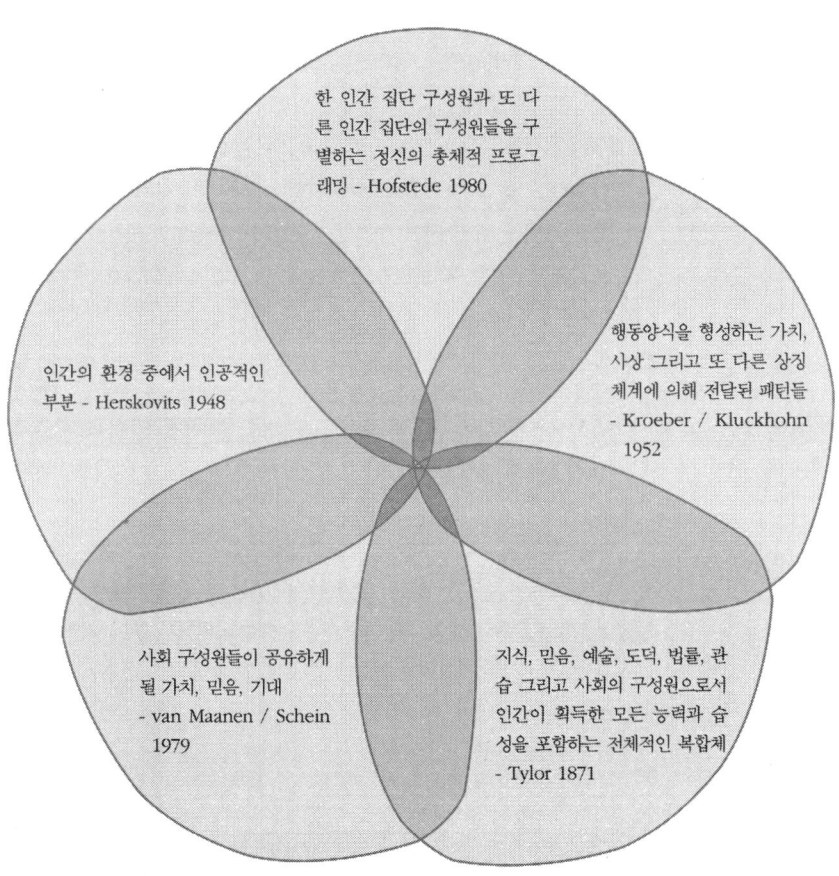

한 인간 집단 구성원과 또 다른 인간 집단의 구성원들을 구별하는 정신의 총체적 프로그래밍 - Hofstede 1980

인간의 환경 중에서 인공적인 부분 - Herskovits 1948

행동양식을 형성하는 가치, 사상 그리고 또 다른 상징 체계에 의해 전달된 패턴들 - Kroeber / Kluckhohn 1952

사회 구성원들이 공유하게 될 가치, 믿음, 기대 - van Maanen / Schein 1979

지식, 믿음, 예술, 도덕, 법률, 관습 그리고 사회의 구성원으로서 인간이 획득한 모든 능력과 습성을 포함하는 전체적인 복합체 - Tylor 1871

5.1. 문화란 무엇인가?

문화에 대한 많은 정의들이 있고, 그 가운데는 유용한 것들도 많다.

정의

> 인간이 배워야만 하거나 그들의 생물학적 유산과 구분되는 문화는, 학습의 최종 결과로 이루어져야 한다. 가장 일반적으로 지식, 만일 그것이 관계가 있다면, 이 용어에서 느껴지는 것이다. 이 정의에 의하면, 우리는 문화가 유형(有形)의 현상이 아니라는 것에 주목해야 한다. 문화는 물체, 인간, 행동, 혹은 감정으로 이루어져 있지 않다. 그것은 오히려 이런 것들의 조직이다. 이것은 인간의 마음속에 있는 것, 그들의 인식 모형, 관련성, 그것들을 다른 방법으로 해석하는 것들의 형식이다. 따라서 인간이 하는 말이나 행동, 그들의 사회적 협의나 사건들은 그들 문화의 결과물이거나 부산물이다. 왜냐하면 사람들이 인식하는 노력이나 환경에 대처하는데 그것을 적용하기 때문이다. 자신의 문화를 아는 사람에게는 이러한 사물들이나 사건들이 문화적 형식과 이들이 물질적 표상이 되는 형식을 표시해주는 신호가 된다.(Goodenough 1964: 36)

굿인어프Goodenough는 이것이 단 한 번에 정의 내려질 수 있는 것이 아니라는 것을 분명히 알고 있다.

또 하나의 정의

> 한 사회의 문화는 그들 구성원이 받아들일 수 있는 방식으로 행동하기 위해 무엇이 되었든 그들이 알거나 믿어야 하는 것으로 이루어져 있고, 또한 그들 자신 누가 되었건 그들이 수용하는 그 어떤 역할에서도 그렇게 한다.
> (Goodenough 1964: 36)

Ward H. Goodenough
1919년 출생. 인류학 교수. "제 2차 세계대전 직후의 인류학 대가들 중 한명"
으로 평가된다. 문화와 언어와 사회의 연관관계가 그의 연구의 중심을 이룬
다. 혈연관계에 대한 그의 논문들이 잘 알려져 있다. 다양한 태평양 군도들에
역점을 두고 있다.
트룩(Truk) 섬의 특성과 혈족관계와 공동체(Property, Kin, and Community on Truk) (1951)

자연적인 사실과 문화적 사실을 구분하는 것이 우선 중요하다. 자
연적인 것은 모든 인간에게 공통되는 것으로, 진화과정에서 만들
어지고, 유전적인 영향을 받는다. 문화적인 것은 습득된 것이고,
공통의 행위 안에서 문화적인 진화과정에서 만들어진다. 이것이
사람들이 "본성nature 혹은 양육nurture" 이라는 슬로건으로 파악
하는 차이점인데, 그 슬로건은 인간이 타고난 변하지 않는 것과 습
득되어서 변할 수 있는 것에 대한 영원한 논쟁으로 불린다.
또 다른 관점은 대상에 관한 것이 아니라 지식에 관한 것이다. 문
화적인 의미는 생산물 안에서 명백히 드러나기 때문에 어느 정도
전반적이라 할 수 있다. 우리는 머릿속을 그렇게 쉽게 들여다 볼
수 없다. 우리는 그 생산물들과 행위들을 이해해야 하며 또한 그렇
게 그 의미를 밝혀내야 한다.

그리고 또 하나의 정의

문화는 상징적 행위에 의해 드러나는 지식전반에 의한 하나의 앙상블을 보
여주는데, 지식전반은 상이한 사회역사적 범위와 한 사회의 발전단계에서
구별되거나 이러한 영역에 대해 특징적인 것이지만, 동일한 사회와의 관계
를 통해 어느 정도 세계관·가치관·사고방식·규범·관습에 있어서 공통
적인 핵심을 나타내주며, 그 때문에 - 특히 외부로부터의 동질화 관점에서 -
어떤 한 특정 문화의 지식상태 전반으로 기술된다.

우리의 제안

한 문화는 하나의 생활양식이다.

문화는 특별한 종류의 대상물이다. 언어처럼 문화는 공통적인 지식을 기반으로 하는 인간의 제도이다.

문화는 생겨났고, 인간의 공동 행위 안에서 문화가 되었다. 문화는 의도된 바가 아니다. 문화는 오히려 보이지 않는 손의 산물이다. 문화는 공통의 의미를 지니는 행위에 대한 잠재성이다. 하지만 그 잠재성은 행위, 즉 실행 속에서만 드러난다. 그리고 잠재성은 실행을 거쳐서 생겨난다.

잠재적	실행	표명/산물
지식	실현	인공물
자세	행위	문학
언어		음악
예절과 관습		예술품
가치		건축물

약간 멋진 산문

나의 문화는 논리이고, 나는 논리의 도움으로 세상을 정리한다. 나는 이 논리를 내가 태어난 순간부터 조금씩 익혀왔고, 실로 제스처와 말과 나를 둘러싸고 있는 사람들의 사랑과 보호를 통해 익혀왔다. 그들과 시선을 맞춤으로써, 그들의 목소리 톤을 통해서, 소음·색깔·냄새·신체접촉을 통해서, 내가 교육 받고, 보답 받고, 벌 받고, 요구되고, 어루만져지고, 씻겨지고, 양육된 방법과 방식을 통해서, 사람들이 내게 들려준 이야기를 통해서, 내가 읽었던 책들을 통해서, 내가 불렀던 노래들을 통해서, 길거리에서, 학교에서, 놀면서, 내가 관찰했던 사람들과의 상호 관계를 통해서, 내가 들었던 판단들을 통해서, 내가 도처에서 체화했던 미학을 통해, 모든 사물들 속에서 심지어 내가 잠자는 중에까지 그리고 내가 꿈꾸는 그 꿈속에서도 그리고 그 꿈 이야기를 하는 방법도 배웠다. 나는 이 논리를 호흡하는 것을 배웠고 내가 이 논리를 배웠다는 사실을 잊는 방법도 배웠다. 나는 이 논리를 자연스럽게 생각한다.

(Carrol 1987)

다음 호가 계속 된다

문화 분석은 나의 문화가 세상에서 유일한 문화가 아니기 때문에 필요하다. 다른 문화와 접촉하는 즉시(그런 상황은 항상 있었다), 갈등의 잠재성도 존재한다. 그 때문에 내가 내 자신의 문화와는 다른 문화권에서 온 누군가를 만날때면, 나는 내게 자연스러운 방식으로 행동한다. 반면 다른 남자 혹은 다른여성은 마찬가지로 그 혹은 그녀에게 자연스러운 방식으로 행동한다.

유일한 문제는 이제 우리의 "자연스러운" 방식이 일치하지 않다는 사실에 있다. 그럼에도 불구하고 우리의 "진실"이 동일한 진실이 아니라는 사실이 반드시 갈등으로 이어지는 것은 아니기 때문에 대부분의 시간은 잘 지낸다. 문제는 실제로 갈등의 경우에만 나타난다. 하지만 진실이 자명하고 분석될 필요가 없다는 사실이 진실의 본질을 이루는 한, 나는 내가 갈등 상황에서 느끼게 되는 그 불쾌함이나 상한 감정을 내 쪽에서 잘못된 해석의 결과로 돌리지 않을 것이다.

(Carrol 1987)

제안

이러한 정의를 내리는 판단기준들이 당신에게는 얼마나 중요한가?
모든 각각의 특징들에 1에서 10까지의 점수를 주면서 순위를 매겨보시오.

문화의 판단 기준들

자연에 대해 반대되는 것

집단 지식

물질적이지 않은 것

습득된 것 혹은 학습된 것

유동적이고 변화 할 수 있는 것

동질적이지 않은 것

역사적으로 생겨난 것

한 그룹에 공통적인 것

의미, 상징, 기호

관습

5.2. 언어란 무엇인가?

이러한 제목의 질문은 오히려 이례적인 것처럼 보인다. 궁극적으로 우리 모두는 무엇이 언어인지 알고 있다. 우리 모두는 하나 또는 여러 언어를 말할 수 있고 알고 있다.

그 때문에 다음의 정의들은 오히려 연구의 구상과 연구결과들을 요약해 놓은 것이라고 할 수 있다. 이러한 요약은 우리가 인간 언어의 특징적 양상에 대한 통찰을 얻는 데 도움이 될 수도 있고, 또 당신이 계속해서 이어지는 질문을 하도록 고무시켜줄 수 있다.

중요한 정의들

> 언어는 자발적으로 산출된 상징체계의 평균에 의한 생각과 감정과 욕망을 전달하는 순전히 인간적이고 비-본능적인 방법이다.
> (Sapir 1921: 8)

> [언어는] 제도다. 그 제도로 사람들이 서로 의사소통하고, 습관적으로 이용해 온 구강-청각을 통한 자의적 상징을 사용하면서 상호작용한다.
> (Hall 1968)

> 언어는 거의 완전히 순수한 혹은 임의적 관습에 근거한 상징체계이다.
> (Robins 1979)

> 언어-공통체 안에서 만들어질 수 있는 총체적 발언이 그 언어-공동체의 언어이다. (Bloomfield 1933: 153)

> 문장들의 총체가 언어이다. (Wittgenstein)

마지막 두 정의는 본질적인 점에서 다르다. 불룸필드가 잠재성("can be made")을 겨냥한 반면, 비트겐슈타인은 이 점에 있어서는 중립적이다.

비트겐슈타인의 정의와 다음의 촘스키의 정의는 동일하게 보인다.

> 지금부터 나는 언어를 모두 그 길이에 있어서 유한하고 원소들의 유한 집합
> 으로 구성된 문장들의 (유한 또는 무한) 집합으로 여길 것이다.
> (Comsky 1957: 13)

물론 이 모든 것은 문장 개념이 계속해서 어떻게 설명되는지에 달
려 있다. 이에 대한 라이온스Lyons의 비판이 있는데, 그 비판은
어쨌든 비트겐슈타인에게는 해당되지 않는 것이다.

> [이 정의는 그것이 자연어나 비-자연어의 의사소통적 기능에 대하여 말해주
> 고 있는 바는 아무것도 없다. 즉 그들 요소들의 상징적 특성이나 순서 등에
> 대하여 아무것도 말해주고 있지 않다. 이 정의의 목적은 순전히 언어의 구조
> 적 특성에 초점을 맞추고 있으며 이러한 특성들이 수학적으로 정밀한 관점
> 에서 연구될 수 있다는 것을 시사하는 것이다. 이것은 촘스키가 자연언어 안
> 에서 문장들이 구조화되는 과정의 의존관계와 이러한 특성의 특수한 정의를
> 토대로 일반문법 이론을 형식화한 언어학에 대한 주요한 공헌이다.(Lyons
> 1981: 7)

언어는 인간 의사소통의 토대이다. 언어는 타고난 것, 즉 인간의   **인간과 인간의 언어**
기본 장비에 속한다. 그리고 언어는 인간을 규정해주는 것이다. 옛
날부터 인간은 언어적 인간homo loquens, 즉 말하는 동물로 규
정되어 왔다. 우리는 점점 더 동물의 능력에 대해 인식하고 있고,
동물(가령 벌이나 그와 같은 것)의 언어에 대해서도 비교적 자주
이야기하고 있지만, 동물은 인간의 언어와 비교될 수 있는 것을 갖
고 있지 않다. 그 때문에 진화에 있어서 언어를 가지게 되는 단계
는 결정적인 것이라 할 수 있다.
언어를 매체라고 표현하는 것은 좀 어긋난 것인데, 왜냐하면 이를

동일한 의미로 표현해 줄 수 있는 가능성이 없기 때문이다. 물속에서 물고기가 헤엄치듯이 인간은 언어 안에서 유영한다. 물고기가 물 밖으로 내던져져서야 알 수 있는 것처럼, 인간이 언어 밖으로 내던져질 때야 비로소 인간은 언어를 올바로 인지하게 될 것이다. 하지만 그건 불가능하다.

언어비판 언어와 말하기가 우리를 미궁으로 빠져들게 하고, 우리에게 세상을 규명해주는 것이 아니라 오히려 은폐한다는 두려움은 오래된 것이다. 이러한 두려움은 이미 언어비판의 초창기부터 알려진 것이다. 그것은 모든 각각의 단어들이 표현하는 대상들을 제한하고 위조한다는 헤라클레이토스의 탄식으로 시작된다. 언어는 인간을 놀림감으로 만들어 버리는데, 아무것도 아니거나 다른 어떤 것이라고 하는 가운데 인간을 기만한다. 그리고 이것은 그리스의 소피스트들의 투쟁에서부터 경험론자들과 계몽주의자들에 이르러 그 정점에 이르기까지 전 역사에 걸쳐 진부한 표현으로서 나타나 있다. 베이컨Bacon은 자신의 우상론에서 단어가 이성을 몹시 괴롭힐 수 있음을 우리에게 경고하고 있다. 원래 단어는 이성에 도움이 되어야 하는데 오히려 너무도 자주 지배를 하고 있다는 것이다. 버클리Berkeley는 우리의 지식이 단어 때문에 너무 볼품없어졌다는 것을 깨닫고, 언어가 정신을 고무하기보다는 오히려 방해하는 데 기여하는 것은 아닌지 자문하지 않을 수 없었다. 그 때문에 가능한 한 언어는 적게 사용되어야 하고, 생각은 있는 그대로 적나라하게 얘기되도록 해야 한다. 말하자면 우리가 언어의 장막을 거두어낼 때, 인식의 열매를 손에 쥘 수 있다.

언어와 현실

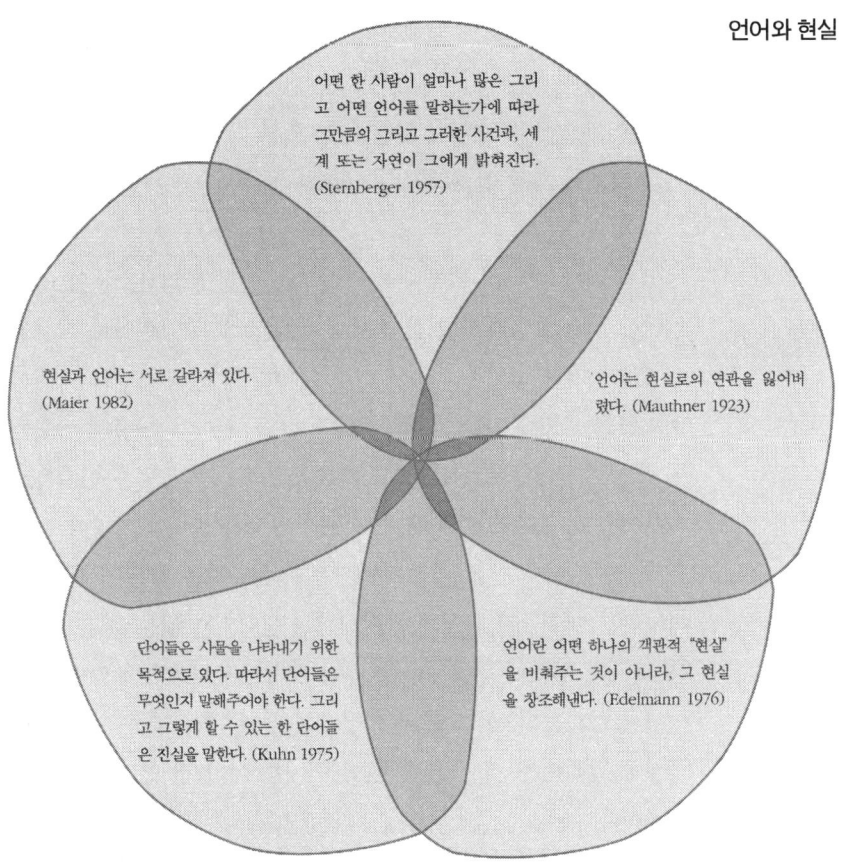

어떤 한 사람이 얼마나 많은 그리고 어떤 언어를 말하는가에 따라 그만큼의 그리고 그러한 사건과, 세계 또는 자연이 그에게 밝혀진다. (Sternberger 1957)

현실과 언어는 서로 갈라져 있다. (Maier 1982)

언어는 현실로의 연관을 잃어버렸다. (Mauthner 1923)

단어들은 사물을 나타내기 위한 목적으로 있다. 따라서 단어들은 무엇인지 말해주어야 한다. 그리고 그렇게 할 수 있는 한 단어들은 진실을 말한다. (Kuhn 1975)

언어란 어떤 하나의 객관적 "현실"을 비춰주는 것이 아니라, 그 현실을 창조해낸다. (Edelmann 1976)

언어가 대략적인 의미에서 현실을 규정하는 것도 아니고(최소한 우리는 그 사실을 진지하게 고려할 수 없다), 언어와 현실이 서로 아무런 관련이 없는 것도 아니다. 상황이 얽히고설켜 있다는 것은, 무엇이 돌인지 알아야 하고, 어떤 사람이 그 돌을 걷어찼을 때 아픈지 어떤지를 알고자 한다는 것을 생각한다면, 그 때 바로 알 수 있게 된다. 그리고 무엇이 돌인지를 아는 것은 돌Stein이라는 단어가 무엇을 의미하는지에 대한 질문과 어떤 관련이 있다는 것은 분명하다. 그것은 이 단어를 모르는 사람이라면, 그가 어떻게 이 질문을 해결하겠는가?라는 이유 때문이다.

사회적 제도인 언어 언어를 사회적 제도로 이해하려는 사람은 언어를 말을 하는 것과 어떤 한 전통 안에서 생겨난 것으로 이해할 수밖에 없다. 그 때문에 언어의 본질과 언어와 말을 하는 것과의 연관관계는 발생학적인 고찰에서 가장 잘 밝혀질 수 있다.

언어에 대한 하나의 발생학적인 설명은 어떻게 의사소통의 가장 간단한 형식을 통해서 시간의 흐름 속에서 하나의 언어가 생성될 수 있었는가와 동일한 원리에 따라 어떻게 이 언어가 변화 속에서 지속될 수 있었는가를 보여주어야만 한다. 언어가 어떻게 어휘들이 모여서 문장들로 만들어지는가를 규정해주는 문법과 어휘들로 이루어진 하나의 고정된 체계로 보는 입장에서는 이 설명이 설자리가 없다. 이와 같은 입장에서는 우리가 말하는 것은 우리가 못 박아놓은 어휘들과 규칙들에 의해서 만들어지는 것으로 되어있다는 것이다. 언어에 대한 이러한 우선적 입장은 발생학적 설명을 넘어서지 못하는데, 이 입장이 언어의 생성에 대해 그 어떤 분명한 사실을 말해주는 것도 없고, 항상 언어를 이미 전제로 하고 있기 때문이다.

...언어를 발생학적으로 이해하고 우리는 아이의 언어습득(개체발생론)과 언어의 생성에 대하여 다시 한 번 발생학적 입장을 살펴볼 수 있다. 아이는 말하면서 언어를 배운다. 아이에게 있어서 몇몇 언어 능력, 특히 어떤 언어나 할 것 없이 배우는 능력은 분명히 타고난 것이다. 다른 생물 종들은 이것을 할 수 없다. 하지만 언어와의 접촉이 없이 아이는 어떤 언어도 배우지 못한다. 말하는 것은 우선 언어 습득을 위한 데이터들을 공급해준다.
아이는 이 데이터에서 자신에게 허락된 인지적 스키마를 형성하기 위해 필요한 것을 끄집어내야 한다.

- 스스로 언어적 발화를 생성해 내는 것
- 새로운 언어 자료들을 해석하는 것
- 새로운 언어적 형성체를 의도적으로 사용하는 것.

학습하는 아이는 모든 언어 데이터를 사회적 접촉에서 그리고 사회적 행동과 연관해서 얻는다. 그렇다. 아이는 그렇게 언어 데이터를 얻기 때문에, 아이의 첫 번째 언어 행동은 주로 다른 사람의 행동을 조정하거나 야기하는데 쓰인다. 행동 의사의 본질이 바로 그 안에 있다. 어린 아이가 그저 울어대고, 입맛을 다시고 혹은 "냠냠 nam, nam"이라고 말할 때, 우리는 항상 그것을 아이가 우리에게 뭔가를 원한다고 해석한다. 그리고 아이도 또한 우리가 그것을 그렇게 해석한다는 것을 빨리 배운다. 사회적 접촉에서 아이는 발화를 함으로써 무엇이 야기되고 의미될 수 있는지를 배운다.

일반적으로 받아들여지는 것처럼 아이가 어떤 의도를 가지고, 그리고 이 의도가 어떻게 말로 표현될 수 있는지 배운다는 것은 논리적으로 봤을 때 그렇게 일어날 수 없는 일이다. 오로지 한 가지 의도 - 만약 그런 것이 있다면 - 로는 의사소통할 수 없을 것이기 때문에 그것은 생각할 수 없는 것이다. 언어 습득에서는 이해하는 것이 일차적인 역할을 한다.

아이는 자신의 - 최초의 임의적이고 우연한 - 발화가 사회적으로 무엇을 야기하고, 그 발화가 이미 자리 잡고 있는 표준에 따라 어떻게 수용되고 이해될 수 있는지를 배운다. 즉 아이는 발화를 함으로써 어른들이 그 발화에 반응하는 것을 토대로 무엇이 의도될 수 있는지를 배운다.

그리고 또 더욱 근본적인 것은, 구조화되지 않은 거대한 양의 발화음으로부터 우선 우리가 말을 하는데 있어서 일단 적용될 수 있는 것, 즉 소위 언어적으로 형성된 것이 걸러내져야 한다. 그런 다음 이 발화음에 대해서 이에 상응하는 인지적 스키마가 형성되어야 하는데, 이 인지적 스키마가 새로운 상황들 속에서 아이의 이해를 돕고 개별적으로 적용하는 것을 가능하게 한다.

미결인 채로 남아 있는 모든 것

물론 언어적 스키마의 생성에서 확신은 적고, 최소한 확실한 검증 척도도 없다. 한편으로는 아이는 자신의 가설이 옳은지 어떤지 분명히 토론할 수 없다는 것이다. 아이는 자신의 언어를 이를테면 항상 내적인 것으로부터 경험한다. 아이의 마음대로 할 수 있는 것은 더 이상 없다. 예를 들어 어떤 대안도 없고, 어떤 선택도 없으며, 외부로부터의 판단도 없다. 다른 한편으로는 자기 자신의 발화에 대한 반응들이 성인-발화에 대한 자신의 반응들에서와 마찬가지로 정의 되는 것이 아니라, 어느 정도 정해진 의미에서 규정된다는 것이다. 그때그때 발화가 발화 목적을 달성하는 한, 그리고 그때그때 상호이해가 이루어지는 한 이 가설로 충분하다. 학습해가고 있는 아이는 그 이상의 것을 경험하지는 못한다.

덧붙여 우리 모두도 그 이상의 것을 경험하지는 못한다.

그 때문에 우리가 특히 좀처럼 흔하지 않은 단어들의 경우에 그 의미를 조금 벗어나거나 관용적 가설에 의해서 얻는 것도 가능하고, 이것을 우리가 뒤늦게야 비로소 인식하게 될 수도 있고, 어쩌면 결코 인식하지 못할 수도 있다. 당신은 *sintemal*이라는 단어를 알고 있는가? 당신은 어떻게 이 단어를 사용할 생각인가? 부사로 아니면 접속사로?

일종의 조련

아이는 성인의 발화를 처음에 무조건적인 본보기로 받아들인다. 아이는 그 발화의 의미를 발화의 정확성, 정직성, 진실성에 의심을 갖지 않을 때에만 파악할 수 있다. 발화된 문장들은 오히려 아이에게 진실성이 전제된 정의들과 같다. 오로지 그렇게만 아이는 의미를 인식할 수 있게 된다. 아이가 생산적으로 말을 하고 있을 때 실수할 경우, 따로 논쟁을 벌이지 않고도 그것이 어떻게 올바로 말을 해야 하는 것인지에 대해 지적받는다. 그러니까 아이는 언어를 강제적으로 경험하는 것이다. 왜냐하면 아이가 규칙 준수의 의무를 지고 있고, 이 규칙 준수는 어떤 다른 대안에 대하여 토론의 여지도 없는 것이기 때문이다.

아이는 자신의 호기심어린 질문에 결국 다음과 같은 답만 얻는다. "그건 그냥 그런 거야!"

그 때문에 언어로의 입문은 어느 정도 조련에 관련된 부분도 있다. 언어적 관습은 절대적인 강제이기 때문에, 말해진 것처럼 우리 모두에게 당연한 것처럼 여겨질 수밖에 없을 정도로 무조건적이다. 언어는 두 번째 본성이다. 언어는 "정당함과 부당함 저편에 있는" (Wittgenstein 1970: 359) 어떤 것이다.

아이는 언어습득 과정에서 일종의 언어 생성을 실감나게 체험하지만, 여기에는 물론 중요한 차이점을 갖고 있다. 언어 습득에 있어서는 개별적으로 언어를 형성해 가는 것이 중요한데, 그 언어는 사회적으로 이미 존재하는 것이다. 따라서 어떻게 발화들이 이미 존재하는 스키마에 따라 작용하는지를 알아가는 것이 중요하다. 그러나 언어생성에는 물론이고, 계통발생사에 이러한 스키마는 아직 존재하지 않는다. 그 스키마는 먼저 사회적으로 형성되어야만 한다. 언어생성과 언어발달은 이러한 의미에서 본질적으로 언어습득보다 훨씬 더 창조적이다. 그것은 특히 또 한정된 목표와 지성으로 기여하는 아주 많은 사람들이 언어발달에 관여하고 있기 때문에 해당되는 것이기도 하다.

개체발생사 = 계통발생사

언어의 생성

우리가 언어의 개체발생사와 관련해서 신뢰할 수 있는 경험적 자료들을 접하는 동안, 우리는 언어의 근원과 언어의 생성에 대해서 추측해 볼 수 있을 뿐이다.

우리는 최초의 발단을 언어의 일반적인 특성에 대한 개념적 고찰 안에서 재구성해볼 수 있는데, 요컨대 우리가 언어변화에 대한 지식으로 확실히 해둔 여러 가지 생각을 시험해보는 가운데서 재구성할 수 있다. 개체발생사에서처럼 우리는 언어의 시작을 말하기에서 본다. 과거 언젠가 이 모든 언어가 도입됐다는 가정은 어쩌면 일종의 사회계약을 넘어서 말하자면 콰인Quine이 풍자했던 것처럼 논리적 모순에 빠지게 된다(Lewis 1975: IX).

어린 아이의 입장에서 그는 이와 같은 협정을, 렘브란트에 의해 그려져서 책상 앞에 줄지어 놓은 것처럼, 언젠가 의원들로 구성된 위원회가 구성됐을 것이며, 우리가 말할 수 있게 된 것처럼 그와 같은 어떤 것으로 언젠가 확정되고 규정됐을 것이라고 생각해보았을 것이다. 하지만 문제는 그 때 이 현명한 위원들이 어떤 언어로 말을 하고, 어떻게 그들이 언어가 없는 우리들에게 그들의 현명한 결정을 알려 주었는가 이다.

방법론으로서의 추측

인간 언어의 시작은 여러 가지 생각들을 시험해보는 상태로 머물러 있거나 개념적 추측 안에서 우리가 그 어떤 기호의 발달단계를 재구성하는 상태를 유지하면서 머물러 있다. (공포의 외침과 욕망의 표현 같이) 인과적으로 특정한 내적인 상태의 결과로 해석되는 단순한 징조나 징후로부터, (유혹하는 소리와 모방의 제스처같이) 의도적으로 만들어내는 신호를 넘어, 고유한 언어적 기호, 상징에 이르기까지, 이들이 여전히 자연적인 것에 근거를 두고 있을 수도 있지만, 그 효과는 본질적으로 그러한 것들이 이해될 목적으로 산출됐고, 그로써 상대방이 그들의 의도적인 산출을 파악했다는데 근거하고 있다. 이것은 기호의 한 변형 방법이기도 하다. 그러므로 기호의 사용은 상대방의 공동 지식 위에서 담보된 것이고, 그로써 단순한 사회적 관습에 근거하게 되는 것이다.

토대로서의 관습

화자들이 그러한 관습을 약속을 통해서 들여올 수 없다는 것은 분명한데, 이는 화자들이 여기에서 요구되는 필요한 언어를 갖고 있지 않다는 것과 화자들에게는 이 관습이 오히려 무의식적으로 남아있을 수 있기 때문이다. 그렇기 때문에 우리는 이 전체를 다음처럼 생각한다.

처음에는 발화의 의미가 언어와 관습에 의해 보장되지 않았다. 화자는 임시방편에 의한 이해에 의지하고, 자신의 발화를 상대방과 상황에 관련지어서 만들어내야만 한다. 이를 위해 화자는 물론 상대방이 그가 의미한 바대로 이해할 수 있을 것으로 생각하는 그런 발화를 선택할 것이다. 이것이 그 어떤 한 발화로 한 번 성공하게 되면, 그것은 유사한 상황에서 다시 이러한 형태의 발화를 선택하는 것이 가장 좋은 이유가 된다.

하나의 선례가 만들어졌고, 양쪽 두 사람 모두가 이것을 알고, 서로를 알고 있다는 점에서 그것은 하나의 사회적 습관, 이 두 사람의 관습이다.

뿐만 아니라 이 두 사람이 알게 된 것은 널리 확산되어야만 하는데, 그로써 그것이 일종의 개인적인 관습으로만 남아있지 않게 된다. 여기서 중요한 것은 이 발화가 어떻게 말소리로 만들어지는가와 어떤 의미로 사용될 지는 원칙적으로 별로 상관이 없다. 오직 중요한 것은 상대방이 적절한 상황에서 그렇게 행동할 것이고 그 때문에 화자가 그렇게 행동했다고 가정하는 것이다. 그 때 어떤 선례들이 화자를 지지해주고 성공을 더욱 확실하게 만들어 줄 수 있을 것이다.

보이지 않는 손　　관습은 사회적인 조정문제의 해결책이다. 관습은 오랜 시간에 걸쳐 형성된 수많은 개개인의 공통적 행동의 산물이다. 관습은 이 개개인들에 의해 의도적으로 형성된 것이 아니라, 개개인들이 서로에게 행한 상호자용의 산물로써 생거난 것이다.

따라서 말하는 것과 언어의 연관관계에 대한 우리의 단순한 설명은 보이지 않는 손에 의한 설명의 전형적 형태를 갖고 있다(Nozick 1974; Ullmann-Margalit 1978).

이러한 설명의 스키마는 발전단계를 기술하는 세 가지 구성요소로 되어 있다.

- 개개인의 개별 행위, 행위의 동기, 목표, 목표의 달성에 대한 기술로, 여기에는 의사소통행위, 말하기가 있다.
- 개인적 행위가 의도되지 않은 결과물로 엮인, 누적되거나 선별적인 진행과정에 대한 기술로, 여기에는 선례 형성, 조정이 있다.
- 결과물과 결과물의 구조에 대한 기술로, 여기에는 관습, 언어가 있다.

의도에 의한 것도 아니고,　　이와 같은 설명은 복잡한 구조들을 개개인의 행위의 의도되지 않
본성에 의한 것도 아니다　　고 계획되지 않은 결과로써, 즉 "인간 행위의 산물이지만 그 어떤 인간의 계획을 실행한 것은 아닌 것"으로써 설명한다(Ferguson 1923). 개개인들은 그들의 행위로 그때그때 단시간에 영향을 미치는 의도를 추구할 수 있을지 모르지만(예를 들어 이해되기), 그들은 산출물(관습)을 만들어낼 의도를 갖고 있지 않으며, 이러한 의미에서 산출물을 만들어내지도 않는다. 보이지 않는 손설명은 창조적인 업적들을 특히 잘 설명할 수 있다. 어떤 한 창조적인 업적의 그 어떤 것이던 의도적인 설명은 이를테면 의도를 파악하는 가

운데 이미 결과를 전제로 하고 있을 것이다. X를 만들어내는 창조
적인 활동가는 반드시 X를 만들 의도를 갖고 있어야만 할 것이다.
따라서 X는 절대적으로 새로운 것이 아니다.
그와 반대로 보이지 않는 손은 그것이 만들어진 후에야 비로소 우
리가 이해하는 어떤 것을 만들어 낼 수 있다.

보이지 않는 손에 의한 설명은 수많은 사회적 제도에, 요컨대 예를   **가치 있는 단어들**
들어 가치의 생성, 특히 돈의 생성에 유용하다(Menger 1883: 172).

물물교환의 토대는 우리가 X라고 말하는 것을 개인 A가 소유하고 있고, 그는
X가 필요 없다는 것이다. 그는 X를 자신이 필요한 Y로 교환한다. 이와 반대
로 그의 상대방 B는 Y를 갖고 있고 X가 필요하다. 이렇게 두 사람은 교환에
만족하게 된다.

물물교환 사회를 생각해 볼 때, 수요가 없는 X들을 소유하고 있고, 그 대신에
수요가 있는 Y를 갖고자 하는 사람은 비교적 자주 나쁜 상황에 처하게 된다.
그가 Y가 아닌 Z를 교환하게 된다면, 그는 Z를 실제로 필요로 하지 않지만, Z
가 그가 갖고 있는 X보다 더 쉽게 Y와 교환할 수 있는 한, Z는 그를 Y에 보다
근접하게 해주게 되고, 이제 그것은 그에게 매우 흥미로운 사실이 된다.

그렇게 행동하는 사람은 장기적인 안목으로 볼 때 경제적으로 더 성공할 것
이다.

다른 사람들도 그것을 알아채고 그를 따라할 것이다.

Z들은 이 때 더 이상 순수한 교환대상이 아니라는 것이 명백하며, 교환놀이
에서 그것들의 역할을 통해 규정되는 가치이다.

이제 이 놀이를 실행함에 있어서 이 경험은 우리에게 곧, Z들이 가능한 한 오
래 보관할 수 있고, 잘 나누어 질 수 있으며, 운반에 용이하고, 잘 팔릴 수 있
는 것이어야 한다는 교훈을 준다. 이러한 점에서 우리는 그것이 화폐가 되는
것을 보게 된다.

돈은 고안되거나 의도적으로 만들어지지 않은 채 생겨났고, 원래부터 있었
던 것도 아니었다.

여기에 관련된 개개인들은 돈을 발명해 내고자 하는 생각을 갖고 있지 않았다. 그들은 단지 물물 교환을 했을 뿐이고, 그 때 더 나은 전략들이 생겨났다. 그들은 그렇게 행동하는 가운데, 특정 상품들이 화폐가 되고, 거래의 전반적인 특성이 비뀌는 결과가 나다났다.

**생산자 중 어느 누구도
정체(停滯)를 원하지
않을 것이다**

거래를 하는 개개인들은 보이지 않는 손에 의한 산출물을 의도하지 않았기 때문에, 이 산출물은 Mandeville의 유명한 패러독스로 표현되는 방식에서처럼 그들의 단기적 의도와는 기이한 모순관계에 있을 수 있는데, 이 패러독스는 국가의 행복과 안녕을 국민의 이기적인 노력과 악습의 산물로 설명하고 있다. 국민들은 자신들이 결코 그런 산물을 의도한 것이 아니라 단지 그들 자신의 이익을 추구했음에도 불구하고 공공의 복지를 창조한다.

나쁜 것 중에서 가장 나쁜 것이
공공의 복지에 유익했다.

언어의 생성과 변화는 문화적 진화의 일례이다. 끊임없이 개별적인 노력들에서 화자들에 대하여 입증된 생각과 방법들이 선택되었는데, 이 생각과 방법들이 이해되었고, 성공을 가져왔기 때문에, 화자는 이것을 반복하고 상대방은 이를 받아들였다. 이와 달리 입증되지 않은 생각과 방식들은 계승되지 않는다. 그것들은 선례로 받아들여지지 않는다. 그 때 언어적인 해결책의 우수함은 개인적으로 결정되는 것이 아니라 사회적으로 결정된다. 그 우수함은 적어도 해당 상대방에게 성공적이어야만 하고, 궁극적으로 이 해결책을 받아들이는 모든 화자들에게 있어서도 마찬가지다.

언어는 특수하고 개인적인 노력, 즉 선택과 상관없이 강요된 사회 **인간의 능력을 넘어서**
적 행동의 끊임없는 산물(le résultat incessant de l'action
sociale, imposé hors de tout choix)(de Saussure 1974: 35b)
의 무성찰적 결과로서, 즉 차례차례 조직되고 누적된 수백만의 아
주 작은 해결책으로부터 발생했다. 그 모든 것은 예를 들어 많은
사람들이 신과 같은 창조자를 요구하도록 유혹하는 그 무엇으로,
이성적 성찰 안에서 미리 계획되거나 판단하는 것은 제쳐두고라
도, 그 어떤 사람도 조망하거나 예측할 수 없는 복잡성을 갖고 있
다. 그러므로 언어를 일종의 마술적인 것으로 만드는 것은, 언어가
우리를 이끌어가기는 하지만 우리의 영향력과 우리의 의지를 벗어
난 것이기 때문에 별로 놀라운 것이 아니다.

언어는 인간에게 있어서 물고기에게 물과 같은 것이다. 우리는 아
주 당연하게 언어 속에서 움직인다. 우리는 언어의 관습을 오히려
자동적으로 준수한다. 우리는 우리가 모범으로 삼아 행동하는 관
습을 명확히 표현하지 않고도 말할 수 있고 언어적으로 행동할 수
있다. 우리는 내용, 즉 세상에 맞추어 행동한다. 우리에게 더욱 중
요한 것은 우리가 무엇을 통해서라는 것 때문에 그것을 말하는지
보다 우리가 무엇을 말하고자 하는가이다. 그리고 우리는 아직 개
별적인 표현을 위한 대안을 가지고는 있지만, 전체 언어를 위한 대
안은 가지고 있지 않다. 우리는 잠시 동안만 침묵할 수 있다. 물고
기는 물 밖에 있을 때 물을 인지한다. 하지만 우리는 언어에 대해
이야기 할 수는 있지만, 그로써 우리는 - 우리가 말을 하기 때문에
- 여전히 언어 안에 머물고 있다. "모든 것은 언어로 전달된다"
(Wittgenstein).

우리는 여기서 "무엇이 문제인가"를 남김없이 철저히 학술적으로 **유한한 수단의**
다룰 수 없다. 우리는 언어의 두드러지고 효과적인 특성에 초점을 **무한한 사용**

맞출 것인데, 그 특성은 말하자면 언어가 창조적이거나 생산적이라는 것이다. 우리는 언어 안에서 유한한 수단으로 무한한 사용을 만들어낸다. 이것은 이러한 기술을 통해서 주도적 모티브로 보여진다.

모든 언어는 두 가지 양상을 갖고 있다.

● 한 가지 양상은 한 언어 공동체의 구성원들에 의해 언어가 개인적으로 사용된다는 것이다.
● 또 다른 양상은 언어가 하나의 제도로 간주될 수 있다는 것인데, 이 제도는 전통과 의사소통 안에서 만들어지며, 개인의 영향력을 벗어난다. 나는 독일어에서 그 어떤 것도 바꿀 수 없고 - 당신 또한 그럴 수 없다.

언어는 자연적으로 주어진 것도 아니고 인공물도 아니다. 언어는 다른 사회적 제도들처럼 보이지 않는 손의 산물이다. 언어는 우리가 의사소통 하는 가운데 끊임없이 변한다. 하지만 의사소통을 하는 어느 누구도 언어를 변화시키고 싶어 하지 않는다. 언어가 변화하는 것은 자신이 이해될 수 있는 기회를 더욱 악화시킬 것이다. 진화의 또 다른 산물들처럼 언어는 매우 복잡하고 또 상당히 구조화되어 있다. 이러한 속성은 진화적으로 생성되고 또 거기에 필요한 적응의 결과이다.

인간 언어의 구조적 복잡성

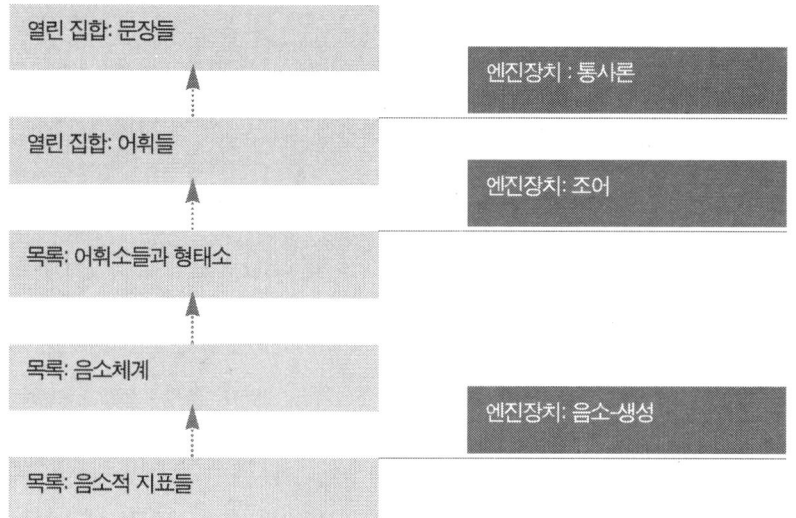

언어는 습득되고 습득될 수밖에 없다. 그것이 언어의 관습적 특징   **언어습득**
의 결과이다. "습득"이라는 말로써 우리는 다음과 같은 것을 의미
한다.

- 언어는 가르쳐지지 않는다.
- 습득은 유전적 자질(인간의 언어능력)과 의사소통에서의 언어
  적 입력으로 육성된다.

이 두 가지 토대 위에서 한 개인은 이 세상의 그 어떤 언어도 배울
수 있다.

언어습득은 창조적 과정이다. 많은 사람들은 어떤 한 개인이 자신
이 받게 되는 언어적 입력을 분석하는 법을 배우고 그로부터 규칙
을 추론해내며, 그 규칙들을 이용하는 일이 일어난다고 생각했다.

하지만 그것이 전부는 아니다.

1. 언어적 입력은 규칙을 추론해내기에는 논리적으로 너무나 적다.
2. 언어적 입력은 매우 빈약하고 긍정적인 것이 대부분이다. 언어
   적 입력은 언어에서 어떤 것이 안 되는 것인지 보여주지 않는
   다. 학습자는 너무나 적은 부정적 증거를 갖고 있다.
3. 언어적 입력은 표준에서 벗어나는 형태들로 가득 차 있다. 학습
   자는 어떻게 언어적 입력들 안에서 그 결점들을 알아차릴 수 있
   겠는가?

이것은 유전적 장치가 인간 언어 구조에 대한 원칙들이나 근본적
인 선취 또한 포함하고 있다는 것을 말해 주는 논증의 근거가 된
다. 학습자는 그 구간에 걸쳐서 주어진 변수들을 이렇게 저렇게 조
절하기만 하면 되는데, 소위 말하는 긍정 혹은 부정의 스위치를 조
절해야 한다.
물론 대부분의 것, 이를테면 모든 관습적인 것은 이제 의사소통 안
에서 습득되어야만 한다. 학습을 위한 선천적인 장비도 있다. 따라
서 역동적인 학습원칙은 지속적인 업데이트를 전제로 하는 것으로
보인다.

● 언제나 한 번이다.

어떤 한 개인이 어떤 한 사용을 지각했다면, 그것은 어떤 한 단어
가 사용가설을 변화시킬 수 있는 반대의 예에 부딪칠 때까지 항상
그렇게 사용된다는 것을 전제로 한다.
또 다른 원칙은 규칙들이 증류되고 일반화된다는 것이다. 이 일반
화 원칙에 따라 아이는 이미 *lag*(역주: 독일어 liegen동사의 불규칙 과

거형태)이라는 올바른 형태를 익혔음에도 불구하고 학습단계에서 *liegte*처럼(역주: 마치 영어에서 went 대신 goed를 만드는 것과 같은 현상) 동사 형태를 만든다. 아이는 약변화 동사 형성규칙을 일반화하였다. 그것은 전적으로 학습의 진전이고 창조적이다.

인간의 언어는 본질적으로 구어적이고 말소리이다. 인간 언어는 우선 음성적으로 실현된다. 이 언어실현은 음성모형에 상응하는데, 우리는 이 음성모형에 따라 음성을 산출하고 확인한다. 그 모형은 언어의 음소들이다.

음소목록

음소는 비연속적이고 구별되는 단위이다. 음소자체는 어떤 의미도 갖고 있지 않음에도 불구하고 음소가 의미를 구별한다는 의미에서 작용하는 단위이다.

Panne 대 **W**anne 대 **K**anne

rei**s**en 대 rei**ß**en

Kohl 대 **w**ohl 대 **h**ohl

(역주: 볼드체로 표시된 음소들을 각각 그 자체로는 어떤 의미도 지니지 않지만, 이 음소들을 통해서 위의 어휘들의 의미가 구별된다.)

음소는 이러한 의미에서 그 자체로 기호가 아니다. 음소는 그저 구별해주기만 할 뿐이다. 그리고 음소가 모든 의미에서 최소 단위는 아니다. 그 이유는 어떤 음소는 음소적 특질들이 결합한 것으로 보여지기 때문이다. 우리는 이 세상의 모든 언어에 대해서 음소적 특질의 보편적 집합이 있다고 가정하는데, 대략 24개의 특질이 중요하다. 어떤 한 언어는 그 중 부분 집합만으로 구현된다. 독일어는 아마도 그 중 절반정도를 구현할 것이다. 하지만 그것만으로도 독일어는 이미 하나의 완벽한 음소체계를 만들어낸다.

하나의 음소는 특질들의 결합으로써 기술될 수 있다. 몇몇 독일어 자음 음소들을 예로 들 수 있는데, 물론 그 음소들 모두는 <자음의> 특질을 갖고 있다. 그 특질들은 "d=지속적인, a=전방적, k=중간적, n=비음의, l=설측음, s=유성음" 이라는 것이다. 전체는 이원적으로 구성되어 있고, 자질이 있는지 없는지가 중요할 뿐이다.

특질	d	a	k	n	l	s
음소 /d/	-	+	+	-	-	+

특질	d	a	k	n	l	s
음소 /t/	-	+	+	-	-	-

특질	d	a	k	n	l	s
음소 /b/	-	+	-	-	-	+

특질	d	a	k	n	l	s
음소 /p/	-	+	-	-	-	-

이와 같은 방식으로 한 언어의 전체 음소목록이 내부적으로 구조화된다. 음소목록은 대략 30개의 음소를 포함하고 있다.

이것은 아주 효과적인 시스템과 관계되어 있는데, 여기서 모든 언어의 모든 음소들이 작은 수의 특질의 집합으로 산출된다.

이 원리는 적은 음소목록 + 엔진장치가 또 다른 단위들을 만들어내는 것이다.

음소들은 어휘소들과 연결된다. 한 어휘소의 길이는 규칙적으로   **사전목록**
한정된 것이 아니라 결정되지 않은 채로 열려있다.

어휘소는 의미를 지니는 가장 작은 독립적 언어 단위이다.

어휘소는 하나의 목록을 형성하는데, 한 언어의 사전이다. 사전은
아마도 104에서 105사이의 어휘소 고리들을 포함하고 있을 것이
다. 모든 어휘소들은 적은 음소목록으로 산출된다.

어휘사전은 내부적으로 구조화 되어 있다. 예를 들어 하나의 낱말
밭에는 어휘소들이 구별되어 편집되어 있거나 어휘소들에 의한 분
류체계를 가지고 있다.

또 다른 구조화는 연상적 구조화이다.

가족*Familie*이라는 낱말밭의 대략적 표현

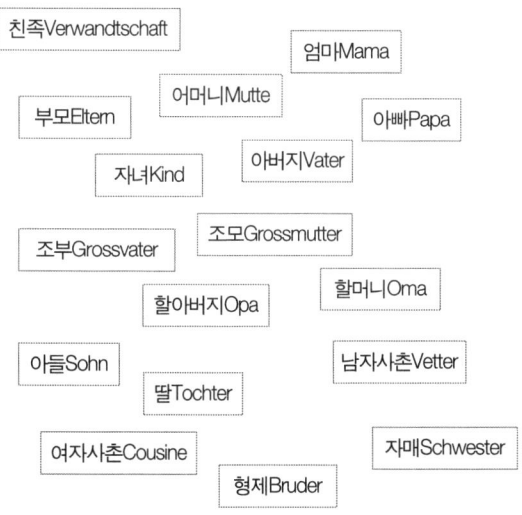

엄마*Mutter*로 연상되는 낱말들

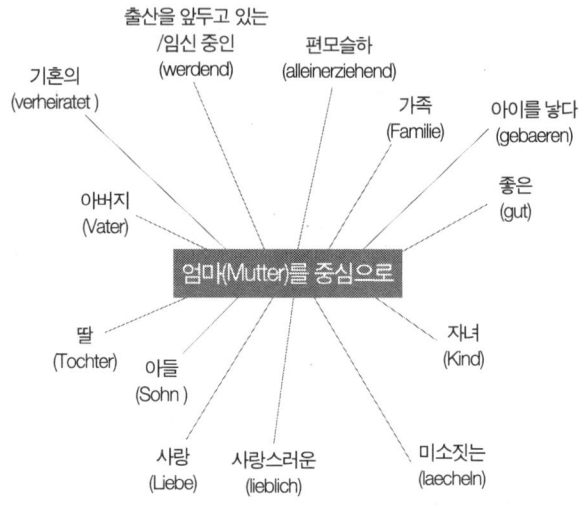

사전규칙   사전도 생산적이다. 우리는 일찍이 사전이 각각의 어휘소들과 이
에 해당하는 의미로 고정되어 있다는 것을 가정하는 동안, 점점 더
사전의 규칙적인 부분을 인식하게 되었다. 어휘소들은 종종 이를
테면 그 어휘소가 가진 원래의 뜻으로 사용되지 않고, 사전규칙을
넘어 변화된다.
그에 대한 몇몇 추론과정이 있다.

(1) Hast du **Goethe** gelesen?
넌 괴테를 읽어봤니? (산출물에 대한 사람 (역주: 괴테를 말하는 것이 아
니라 그의 작품:))

(2) **Die Handschriften** sind verbrannt.
필사본들이 소각됐다. (능력에 대한 산출물 (역주: 손으로 쓴 글씨를 의
미하는 것이 아니라 필사본))

(3) Ich lasse mir nicht **den Mund verbieten**.

나는 침묵하지 못한다. (전체의 부분 (역주: 입을 금지했다는 뜻이 아니라 입을 다물도록, 즉 침묵하도록의 뜻))

(4) Wer kennt sie nicht, **die Sprache der Liebe?**

누가 사랑의 언어를 알지 못하는가? (은유)

(5) **Diese Zeichen** bezeichnet ein Verbot.

이 표시는 금지를 나타낸다. (주어확장)

그 밖의 언어의 창조적 속성은 표현을 전달하는 가능성인데, 말하자면 글자 그대로 사용하지 않는 것이다. 아버지*Vater*가 (6)에서는 글자 그대로의 의미로 쓰이고, (7)에서는 글자 그대로의 의미로 쓰이지 않은 것이 된다.

전이된 사용

(6) War dein Vater auch da?

네 아버지도 거기 계셨었니?

(7) Der Krieg ist der Vater aller Dinge.

전쟁은 모든 것의 아버지이다.

이 차이는 어떤 사용방식이 일차적이거나 훨씬 더 확실하거나 훨씬 더 일반적이거나 훨씬 더 명백하다는 생각에 기인한다. 그리고 이와 유사하게 글자 그대로 사용하는 것이 훨씬 더 이해하기 쉬울 것이라는 것이다.

이러한 차이들에 대한 근거를 대고, 개별적인 경우마다 확실하게 사용하는 것이 물론 불가능하지는 않다하더라도 그건 어렵다. 어쩌면 글자 그대로 사용은 그 사용법을 인식하고, 더 쉽게 또 다른 사용법도 알게 되지만 그 역은 성립하지 않는다는 것을 아는 사람을 통해 두드러지게 되는 구성일 뿐이다. 그 차이는 어쨌든 이해를 넘어서 정당화될 수 없다. 특히 수많은 관용구의 경우에는 그런 글자 그대로의 의미가 아닌 것으로 이해하는 것이 일차적인데(etwas auf der hohen Kante haben "어느 정도의 돈을 저축하고 있다"), 예를 들어 어떤 언어유희들을 이해하기 위해서는 우선 먼저 글자그대로의 의미를 알아야만 한다.

그러나 - 많은 글자 그대로의 의미로 사용되지 않는 방식들이 확고히 자리 잡고 있는 경우라 하더라도 - 화자인 우리가 통상적인, 즉 글자 그대로의 사용에 근거하여 새로운 전의적인 사용을 임시로 만들어 낼 수 있고, 이로써 이해도 할 수 있다는 생각이 우리에게는 더 중요한 것처럼 보인다. 그것이 창조적인 수행능력이다.

조합론: 단어　한 언어 사전은 어휘소들을 축적해두고 있다. 우리는 이러한 어휘소들에서 자주 (-en과 -er처럼 순전히 문법적 기능을 가진 (어미)) 형태소와 (geh-(가다)와 Kind(아이) 처럼) 완전한 의미를 가진 본래의 어휘소들을 구별한다.

의사소통 안에서 어휘소들은 순차적으로 훨씬 더 큰 단위로 결합된다.

한 어휘소의 가능한 결합으로부터 통사적 범주가 만들어진다. 전체 사전은 그렇게 동일한 통사적 범주(혹은 품사)의 부분집합으로 나뉜다.

첫 번째 조합은 우선 일단 다양한 어휘소로 구성될 수 있는 단어가 된다. 이러한 산출방식이 조어론를 이룬다.

(8) 언어 - 언어습득 - 제2언어습득 - 제2언어습득가설

이러한 작동장치로 사전은 이미 최소한 10^6 단위들을 갖고 있다.

어휘소 혹은 단어들이 의사소통의 진정한 단위를 이루는 문장으로 결합되는 방식은 한층 더 극적이다. 이러한 산출방식이 통사론을 이룬다.

조합론: 통사론

(9) 제2언어를 습득하는 것으로 또 다른 두 번째 문화에 빠져 들어가는 것에 연관되어 있다.

통사론은 유한 집합의 어휘소들로부터 무한 집합의 문장들을 산출하는 수단이다.

이것은 무엇보다도 통사론적 규칙들이 순환적이기 때문에 가능하다. 통사론적 규칙들이 모든 산출 문장에 다시 적용될 수 있다. 그것은 우리가 통사론적으로 간단한 문장들을 만들고 그런 다음 연속적으로 그리고 *and(und*(독일어))로 연결하는 것에서 명확해질 수 있다. 여기에는 우리가 언제 중단해야만 하는지에 대한 그 어떤 원칙적인 제한도 제시되어 있지 않다.

통사론은 언어의 생산성에 대한 최고의 예이다. 통사론은 "목록 + 생성장치" 원리를 가장 인상 깊게 표현한다.

텍스트는 의사소통의 기본단위이다. 텍스트는 단순하고 복잡한 문장의 연속으로 구성되고 고유한 구조를 갖고 있다. 텍스트는 본질적으로 응집성을 통해 규정된다. 응집성은 물론 텍스트에 있어서 객관적으로 수반되어 있는 그런 것이 아니다. 응집성은 이해 속에서 비로소 만들어진다. 화자는 자신의 이해 능력으로 응집성을 이끌어 내기 위해 문법적인 지식, 어휘적 지식 그리고 세상지식의 가능한 모든 구성요소를 이용한다.

이러한 토대 위에 우리는 응집성 있는 텍스트에 관한 가설들을 세우게 되는데, 이 가설들은 우리에게 비어있는 텍스트를 보충하도

텍스트

록 허락해주고, 이로써 이 텍스트는 응집성 있게 결합된다.

> Was aber macht ein Zeichen zum Zeichen? Oder wie gelingt es,
> mit dem Zeichen Sinn zu vermitteln?
> Nach de_ Prinzip de_ Autopoiese wi_ der Verste _____
> irgendwie de_ Sinn erze___ und de_ Sprechende mu__ davon
> ausg_____, dass de_ Verstehenden das gelingt.
> Der _____ deutet, er erschließt den Sinn. Dazu muss er aus dem
> geäußerten Zei___, aus der Manife_____, seine Schlüsse ziehen,
> um zu verstehen.

의의와 의미   또 다른 종류의 인간 언어의 창조성은 의미와 의의, 즉 잠재력과 언어실현의 구별에 기인한다. 언어적 기호는 타입(유형), 즉 언어 실현을 위한 모형이고, 토큰으로서 언어가 실현된다.

타입과 토큰(유형과 토큰)의 차이는 언어가 항상 동일한 스키마에 따른 언어실현을 의도한다는데 근거한다. 언어실현은 물리적으로 모두 다르기는 하지만, 스키마의 관점에서는 동일하다. 이와 달리 텍스트에 일정한 언어 단위가 출현하는 것은(Okkurenzen) 언어의 실현이 아니다. 일정한 언어 단위 출현은 다양한 곳에서 실현될 수 있는 스키마의 속성에 근거한다. 일정한 언어 단위 출현은 이를 테면 하나의 스키마가 실현될 수 있는 스키마적인 위치들인데, 예컨대 스키마의 반복들이다. (이와 달리 토큰들은 언어실현의 반복들이다.)

기호와 어휘소는 사람들이 이들을 이용한 의사소통을 통해 성취할 수 있는 것이 무엇인가에 대한 가설이다. 하지만 구체적인 언어 실현에서는 과거에 오직 한번 일어났던 역사적 상황의 모든 구성요소들이, 이 상황에 참여했던 사람들이 이것들을 인식하는 것처럼 여기에 덧붙여진다. 이와 같은 방법으로 각각 거기에 해당하는 의의가 의미를 극복할 수 있다.

이러한 의미에서 언어는 개방되어 있고, 오직 이러한 개방성만이 언어의 생성과 변화를 가능하게 한다.

다음의 도표에서 언어가 크게 음소, 어휘소, 문장론의 세 개의 구성 영역으로 분리되는 차원을 분명히 보여주고자 한다. 1차, 2차, 3차 자료들로 등급화 하는 것으로 발현성, 즉 현존성의 등급이 표시된다. 세 단계를 구성하는 단위들은 데이터 자료들로써 다양하게 제시된다. 우선 토큰으로써의 실질적인 실현과, 그 다음 타입(유형)이 연속 고리 안에서 다양하게 나타나는 것(예를 들어 이 괄호 앞에 있는 단어에서 분자소 e라는 일정한 언어단위 2개가 출현하는 것(역주: 원문에서 이 괄호 바로 앞에 쓰여 있는 단어는 Kette 이고, 이 단어에는 e 가 두 번 나타나고 있다.)), 그리고 끝으로 (고전적 의미에서 랑그로 표현하는) 타입들이 나타나는데, 마치 Mutter라는 단어는 독일어에만 있다는 것과 같은 의미의 타입들이 나타난다.

아래의 도표들은 주어진 자료들을 근간으로 했을 언어학자의 시각으로 언어를 보여주고 있다. 표들은 각각에 해당하는 언어 단위의 범위들을 분명하게 해준다.

우리는 세 번째 단계 자료의 수에 대해 가장 확실히 잘 알고 있다. 그렇다 해도 이것이 출발점은 아닌데, 우리가 이들을 볼 수 없기 때문이다. 우리는 2번째 단계, 즉 단어들로 시작하게 되는데, 이것은 우리가 이 단계를 가장 잘 알고 있기 때문이며, 전체에 걸쳐서 한 개인이 매일 대략 2000개의 단어-토큰을 발화한다는 가정을 기반으로 한다. 이것은 일억 명의 화자를 놓고 볼 때, 30년 동안 $30*365*10^8 = 10^{12}$ 어형-토큰이 된다는 것을 의미한다.

이제 우리는 첫 번째 추상화를 위해 윗 단계로 간다. 이를 위해 우

범위

리는 얼마나 자주 어휘소들이 나타나는지를 알아야한다. 혹은 반대로 말하자면, 얼마나 많은 어형-토큰들이 각각 동일한 타입유형에서 나온 것인가? 여기에 덧붙여 어떤 한 대규모의 텍스트 코퍼스 자료가 어형-빈도리스트에서 15분의 1에서 20분의 1로 줄어들었다는 실험계수가 있다. 달리 표현하자면, 죽 이어지는 텍스트에서 대략 매 15번째마다 일정 언어단위가 한번 씩은 들어 있었다는 것을 말한다.

그러므로 일정한 언어단위 출현의 범위는 한 단계 더 깊이 잠재되어 있는 것 같다.타입들을 살펴보게 되면, 우리는 독일어가 얼마나 많은 어휘소들을 갖고 있는지 확실히 알지 못한다. 그래도 백만 개를 훨씬 넘어서지는 않을 것이다.

두 번째 단계 (2. Stufe)

	사건	범위
3차 자료	어휘소	10^6
2차 자료	어형 출현	10^{11}
1차 자료	어형-토큰	10^{12}

이제 우리는 어형-토큰의 평균 길이로 대략 6개 음성발성을 가정한다. 그런 다음 우리는 가장 기저에 자리 잡고 있는 음소론 영역 위에서 어휘소에서와 같은 유사한 범위 안에서는 어쩌면 10승 이상씩 높다는 것을 알게 될 것이다.
타입을 살펴보면 우리는 비로소 얼마나 많은 음소들이 자연어를 갖고 있는지 아주 확실히 알게 된다.

첫 번째 단계 (1. Stufe)

	수단	범위
3차 자료	음소	30-50
2차 자료	음의 출현	10^{12}
1차 자료	음토큰	10^{13}

이제 통사론을 살펴보자. 가장 기저에서 우리는 어형-토큰이 연속해서 나타나는 것을 다루게 된다. 여기에는 물론 다음의 문제가 있다. 가능한 통사론 연속 고리들은 얼마나 긴가? 전체적으로 최대 10의 자리수가 생길 것이다. 어쨌든 우리는 10^{13} 범위에서 움직인다.

세 번째 단계 (3. Stufe)

	수단	범위
3차 자료	규칙	10^{4}
2차 자료	구도	10^{12}
1차 자료	결과	10^{13}

통사론적 구조와 규칙에 관해서는 그 어떤 평가도 알려져 있지 않다. 우리는 프랙탈의-문제에 부딪친다. 영국의 해안은 얼마나 긴가? 우리의 척도가 정교하면 정교할수록 해안의 길이가 더욱 길어진다.

아래에서 위로 우리는 언어학자라는 어려운 길을 가고, 위에서 아래로 언어의 생산적 길을 간다.

요약 우리들이 깊이 성찰해 온 바로부터 언어적 삶에 대한 몇 가지 결론들이 나온다.

- 언어는 화자 없이는 존재하지 않으며, 화자의 외부에 존재하지도 않는다. 언어는 화자의 온총에 의한 것일 뿐이다.

- 언어 안의 모든 것은 역사적이고, 전통 위에 구축되며 지속적으로 변화한다. 문화적인 진화의 한 산물이다.

- 언어는 동질적인 구성물이 아니다. 언어는 화자에게 있어서 하나의 척도이지만 결코 고정되거나 확실한 척도는 아니다.

- 개인은 언어를 변화시킬 능력(과 관심)이 없다. 개인은 언어의 지배하에 있다. 그렇다, 전체 언어공동체는 의도적으로 아무것도 변화시킬 수 없다 (왜냐하면 예를 들어 언어공동체가 조정할 수 없기 때문이다).

- 언어는 자연으로부터 떨어져 나와서 "une machine qui marcherait toujours" 독자적 삶을 영위한다 (de Saussure 1974: 192e).

- 언어 행동을 이해하기 위해서 우리는 세상에 대한 지식이 필요하다. 우리는 우리가 알고 있는 것을 서로가 알고 있다는 의미에서 지식을 공유하는 만큼 우리 서로를 이해한다.

모음성 인간 언어의 속성들

인간 언어는 일차적으로 음성언어이다.

화자는 입으로 음성을 산출해내며, 그 음성은 청각적인 방식으로 화자에게 도달하며 화자의 귀에 수용된다.

청각장애인들의 수화법 같은 관습적인 기호언어는 아주 유용한 언어이지만 예외이다.

발화를 문자로 고정하는 것은, 아무리 문자에 의한 의사소통이 수

많은 문화권에서 높은 위상을 갖고 있다 할지라도 2차적이다.

음성발화는 음파로 모든 방향으로 퍼진다.

그리하여 음성발화는 전체 음향공간에서 들릴 수 있다.

화자는 어떤 방향에서 음향이 나오는지 규정할 수 있기 때문에, 그는 입체음향으로 소리를 듣고 그 소리의 원천을 확인할 수 있다.

입체음향

음성발화는 일시적이다. 이들은 금방 사라진다.

그 때문에 음성발화 다음에는 곧 연이어 다른 음성발화가 뒤따라 나올 수 있다.

금방 사라져 버리는 특성을 다루기 위해 문자화나, 전자 보관 같은 보조수단이 필요하다.

일시성

인간은 언어를 산출하기 위해 특성화된 기관을 갖고 있는데, 후두, 입술, 혀가 이러한 목적에 적합하도록 되어있다.

뇌도 또한 진화 과정 속에서 특수한 언어중추가 생성되도록 발달되었다.

언어 그 자체로서나 언어기호도 마찬가지로 특정한 기능과 상황에 맞추어 특성화 되었다.

특성화

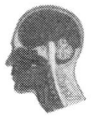

언어 기호의 생산은 인간 의지의 지배하에 있다.

언어 기호는 징후처럼 그 어떤 것의 인과적 결과가 아니다. 언어 기호는 자발적으로 그리고 의도적으로 산출될 수 있다.

오직 그렇게 화자는 자신이 전달하고자 하는 것을 전달할 수 있다.

유용성

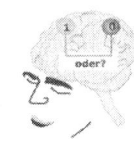

음성 발화의 연속체는 언어참여자들에 의해 예를 들어 음소로 분할된다. 언어참여자들은 그들이 습득한 정신 모형에 따라 의미와 관련된 분절음들을 인식한다. 이것이 바로 언어를 구성하는 모형

비연속성

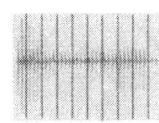

들이다.
이러한 모형들은 깔끔하게 구분되고 연속적이지 않다.

복잡성

하나의 언어는 음운론적·형태소적·통사적인 여러 층위로 구조화 되어있다.
모든 영역에서 한정된 수의 구성요소들과 더 크고 복잡한 단위의 산출이라는 원칙이 지배한다. 유한한 수단의 무한한 사용이라는 이 원칙이 언어를 특히 효과적으로 만든다.

상징성

인간 언어는 기호와 기호의 사용에 토대를 둔다.
의사소통 기능들은 고유한 의미를 갖고 있는 기호들을 사용함으로써 충족된다. 화자는 상징적인 추론을 통해 의미를 파악한다.

임의성

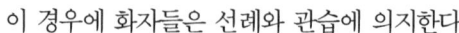

고양이를 표현하는 서로 다른 언어
언어 기호의 상징적 의미는 언어 기호가 자연으로부터 주어진 것이 아니거나 보편적이라는 것을 함의한다.
그 때문에 하나의 대상이 다양한 언어에서 서로 다르게 파악되고 명명될 수 있다. 도상적인 기호조차 그 유사성 관계가 문화와 결부되어 있기 때문에 자의적이다. 기호들을 기호로 표시되는 것들로부터 분리해내는 것이 언어의 다양성을 가능하게 한다. 모든 것이 모든 것에 대해 사용될 수 있다.

관습성

언어적 상징들은 단지 상징적인 추론을 통해서 이해될 수 있다.
이 경우에 화자들은 선례와 관습에 의지한다.
그 때문에 언어적 기호의 의미는 관습으로 파악될 수 있다.
언어는 문화적 진화에서 생긴 하나의 산물이다.

언어는 인간이 타고난 것이 아니다. 그것은 인간의 관습적 특성에도 모순될 것이다.
타고난 것은 모든 임의적 언어를 습득하고 학습하는 능력뿐이다.
언어는 문화적 전통 안에서 한 세대에서 다른 세대로 전수된다.

습득

화자는 항상 자신이 말하는 것도 듣게 된다.
그렇게 함으로써 화자는 자신이 말한 것을 지속적으로 통제하고 경우에 따라서는 교정도 할 수 있는 기회를 갖는다.

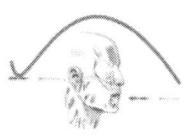

모니터링

언어는 재귀적이다.
즉 언어로 언어에 대해 얘기할 수 있다.
따라서 언어가 그 자체로 주제화 되고 토론될 수 있다. 단지 그로 인하여 언어학이 가능하다.

재귀성

Dieser Satz
ist falsch.

화자는 그 상황에 없는 것, 말하자면 어쩌면 다른 곳이나 다른 시간대에 존재하는 것일 수 있는 사건에 대해 얘기할 수 있다.
그리고 화자는 과거와 미래의 시간에 대해서 얘기할 수 있다. 우리는 동물들은 이와 반대로 여기와 지금만을 인지할 것이라고 가정한다. 인간들은 존재하지 않는 것에 대해서 까지도 얘기할 수 있다.

유리(遊離)된 상황

Es war einmal...

인간 언어는 생산적이고 창조적이다.
우리는 언어로 가능한 모든 것을 말 할 수 있고, 특히 새로운 것, 이를테면 이전에 한 번도 얘기되지 않은 것을 말하고 이해할 수 있다.
이러한 특성은 여러 곳에서 다양하게 나타난다. 그 속성은 새로운 것을 언어로 표현하는 것과 언어변화를 가능하게 한다.

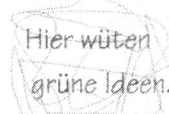

생산성

Hier wüten
grüne Ideen.

역할 바꾸기

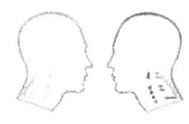

인간의 의사소통에는 적어도 각각 한 사람의 화자와 한 사람의 청자가 속한다.

이 때 모든 언어 참여자는 청자와 화자의 두 가지 역할을 바꿔가면서 하게 된다. 언어 참여자의 언어 능력의 본질은 말하기와 이해하기에 있다.

제안

인간 언어의 모든 속성은 진화적으로 생겨났다.

그 속성들은 입증되어야만 한다.

각각의 개별적인 경우들에 대하여 생각해보라. 다른 가능성들에 비해 무엇이 장점일 수 있는가? 예를 들어 청각 기호들은 주변에서 인지될 수 있다. 위험을 알리는 외침과 같은 것은 큰 장점일 수 있다. 시각적인 기호들에 있어서는 기호를 보여주는 사람이 가시거리 안에 있어야 하고, 이는 종종 수용자의 초점 안에 있어야 하기도 한다.

6

● 문화 이해하기

무든 의사소통은 사람들 사이에 일어나는 의사소통이며
결코 이(異) 문화간 의사소통이 될 수 없다.

스콜론/스콜론

Interkulturelle Kommunikation

6 문화 이해하기

모든 의사소통은 사람들 사이에 일어나는 의사소통이며
결코 이(異) 문화간 의사소통이 될 수 없다.

스콜론/스콜론

고용주: 당신은 문서계의 업무를 수행할 자신이 있습니끼?

한국인: 네, 있습니다. 저는 서울 대학교의 학사학위를 갖고 있습니다. 저희
집안은 좋은 집안으로 알려져 있고, 저는 모든 사람들로부터 내가 원
하는 것은 무엇이든지 얻어 냈습니다.

고용주: 그런데 어떤 회사에서든 문서 부서에서 일해 본 경험이 있습니까?

한국인: 네, 할 수 있습니다. 저는 타이핑 할 수 있고, 운전할 수 있고, 한국에
서 가장 좋은 대학교의 학사 학위를 갖고 있습니다.

고용주: 서류들을 알파벳순으로 정리할 수 있습니까?

한국인: 저는 고등학교에서 6년, 대학교에서 4년 동안 영어를 배웠습니다.
저는 그 당시 아주 우수한 학생이었습니다.

이 대화에서는 오해가 생기고 있음을 명백히 보여주고 있다. 두 대
화 상대자들이 영어로 말하기 때문에, 이 두 사람들이 대략 동일
한 표현들을 사용한다는 것을 전제로 한다면, 이러한 오해가 전적
으로 직접적인 언어적 표현의 결과 때문은 아니라 할 수 있다. 그
렇다 하더라도 이 오해는 의사소통상 어떤 식으로든 명백히 드러
난다. 한국인의 대답을 이해하는데 어려움이 있는 것 같다. 하지만
왜인가?

여기에 해당되는 지식과 무엇보다도 문화적으로 전제된 지식의 차이가 상호문화 간 의사소통 문제에서 중요한 역할을 한다. 그렇기 때문에 어떻게 그러한 지식이 우리의 의사소통에 개입하게 되는지, 그야말로 도대체 어떻게 지식이 의사소통을 가능하게 해주고, 어떤 지식을 의사소통 파트너들이 암묵적으로 전제로 하고 있는지 인식하는 것이 매우 중요하다.

● 우리의 지식은 어떻게 구성되어 있는가?
● 의사소통 중에 이 지식을 어떻게 얻게 되는가?
● 사람들은 어떻게 지식 안에서 문화적 차이점들을 파악할 수 있는가?
● 문화 간 차이점들은 체계화될 수 있는가? 일반적인 차원으로 파악될 수 있는 것인 가?

체계화하려는 많은 노력들이 있다. 이 노력들은 전체를 대부분 외부로부터, 객관적으로 보이는 관찰자의 입장에서 바라본다. 우선 제일 먼저 모두에게 던져지는 질문은 일반적이고 추상적인 도식화가 어떻게 다시 개인적인 의사소통 안으로 끌어 들여질 수 있는 가이다.

6.1. 지식의 구성

> 너 오늘 저녁에도 자동차가 필요하니?
>
> 나는 한 번 더 사무실에 가야하는데.
>
> 걸어서 갈거니 아니면 차타고 갈거니?

이 두 개의 짧은 대화는 우리가 상대방이 가지고 있는 지식을 얼마나 당연하게 전제로 하고 있으며, 얼마나 자연스럽게 그것을 다루는지를 보여준다.

이러한 이해를 위해서 가장 비중 있는 기본적인 것 두 가지는 텍스트와 한 언어공통체구성원들의 머릿속에 들어있는 세계이다.

의미를 넘어서

누군가가 의도하는 바를 이해하기 위해서 그리고 말해진 것의 의미를 파악하기 위해서는 문장들의 의미가 파악되어야 하지만, 또 그 의미를 넘어서는 것들도 파악해야만 한다. 랑그로 공인되어 있는 의미는 이해하는데 기여하는 하나의 양상일 뿐이다. 그리고 이러한 양상을 똑바로 들여다보면, 랑그로 공인된 의미는 원래 예전에 자주 기호의 사용 안에서 의미되었던 것이 굳어진 것일 뿐이라는 것을 알 수 있다. 다른 한편으로, 어떤 사람이 말한 것이 무엇이지 그리고 그의 문장들이 무엇을 의미하는지 이해하지 않은 채로, 그 사람이 의도하는 바를 이해한다고 하는 것은 때로는 모호하고 대충 뭉뚱그려진 것이다.

언어 없이 이해한다고 하는 것은 불완전하게 남게 된다. 언어적 기호는 상대방을 이해하기 위한 결정적인 매체이다. 화자와 청자 사이에 그 어떤 직접적인 의사소통도 없다. 화자와 청자의 연결은 발화, 즉 텍스트를 기초로 하여 그 위에서 만들어진다.

하지만 단지 텍스트만으로는 아직 이해가 포함되어 있는 것은 아니다. 텍스트는 언어 참여자의 지식을 통해서 비로소 의미를 지니는 기호가 되는 죽어 있는 재료이다. 모든 기호는 공통지식의 인증에 의한 기호일 뿐이다. 텍스트는 이해하는 가운데서 청자의 능력과 지식에 맞추어지고, 그로부터 이해가 생겨나게 된다.

지식의 구성요소들   공동의 지식은 최소한 네 개의 구성요소를 갖고 있다.

문법적 지식	어휘적 지식
세계 지식	맥락 지식

- 문법적 지식의 본질은 규칙을 아는 데 있는데, 그 규칙의 특징은 어떤 단어 결합이 허용되어 있는지와 그 결합을 이해할 수 있는 방식이다. 여기에 속하는 것이 단어 형태 분석과 문장에서 기호들의 순서 그리고 기호들 사이의 관계이다.
- 어휘적 지식의 본질은 어휘소들의 의미를 아는 것이다. 주관적 의미는 언어 참여자에게 잘 알려져 있는 사용들로 이루어진 정신적 구성물이다. 여기에 속하는 것은 어휘소들이 각기 독립적으로 어떤 의미를 갖고 있는지와 그 어휘소들이 어떤 구조와 문장 안에서 이용될 수 있는지 그리고 어휘소들의 가능한 의미들 중 어떤 의미가 각각 구현되는가이다.
- 세계 지식은 세상에 대한 지식이다. 물론 좁은 의미에서 사건과

사물에 대한 지식이라는 물리적 세계에 대한 지식뿐만 아니라, 문화에 대한 지식, 사회적 관습, 가치체계 그리고 규범과 같은 사회적 세상 지식 또한 의미한다. 세상 지식 안에서 비교적 자주 사실에 대한 지식(어떤 것을 아는 것Know that)과, 규범 및 행동에 관한 지식(어떻게를 아는 것Know how)이 구분된다. 우리는 이것을 서로 독립적인 무관한 것으로 생각해서는 안 된다. 우리가 행하는 것이 무엇인지 알 때에만 의미 있게 다뤄질 수 있다.

● 맥락지식은 진행형의 지식이다. 맥락지식은 맥락과 발화 상황에서 생겨난다. 매번 어떻게 왼쪽*links*이라는 단어가 이해되는지 알 수 있는 것은, 우리가 발화상황에서 우리 대화 상대자와 함께 방향성을 정하는 것으로 보기 때문이다. 그리고 그 다음에 *danach*가 무엇을 의미하는지는 우리가 맥락을 알고 그 맥락 안에서 언급된 시점을 알 때에만 알 수 있는데, 그 시점과 단어가 상대적으로 연관되어 있다. 진행형 맥락지식은 항상 변화하고 지속적으로 의사소통과 같은 위치에 있다. 지금 왼쪽에 있는 것은 상대방이 움직이면 곧 바로 오른쪽에 있을 수 있다.

이러한 네 개의 구성요소에 다섯 번째 구성요소가 첨가된다. 그 다섯 번째 구성요소는 보다 보편적인 것으로, 어떤 한 개별 언어에 결부되지 않은 것으로 간주되는 것이다. 이것은 전반적으로 일반적인 원칙들과 의사소통 전략과 이해 전략들이다.

따라서 우리는 대략 원칙적으로 다음과 같이 협력적으로 행동한다.

● 우리는 상대방이 그 어떤 의미를 지닌 것을 말한다고 가정한다.

● 우리는 상대방이 관련성을 가지고 이야기 한다는 것을 전제로 한다.
● 우리는 서로 모순관계에 있는 텍스트의 해석을 그렇게 쉽게 선택하지는 않는데, 그것은 우리가 항상 자신이 옳다고 주장하기 때문이다.

이러한 구성요소는 인간 의사소통에 관한 그라이스Grice의 기본 원칙들을 통해 형성된다. 어쩌면 이 구성요소는 다른 구성요소들에 대해 일종의 감독 기능을 갖고 있을 수 있다. 그 외에 다른 구성요소들은 공통적으로 작용하고, 어떤 때는 이 구성요소가 우선권을 가질 수도 있고, 또 다른 어떤 때는 다른 구성요소가 우선권을 가질 수 있다. 그러므로 청자가 언젠가 해석을 토대로 자신의 세계 지식을 변화시킬 것이고, 그 다음에는 그 세계 지식을 토대로 해석을 변화시킬 수도 있을 것이다.

또한 지식 구조가 다양한 구성요소들이 이해하는 가운데 순차적으로 처리된다는 잘못된 가정, 즉 처음에 인지하고 그 다음에 해석하며, 먼저 문법적인 해독을 하고 그런 다음에 이해한다는 단계적 변화를 가정하는 것으로 우리를 오도해서는 안 된다. 이것은 이러한 부분 진행 과정들이 일부는 동시적으로 진행될 수 있고, 일부는 순차적으로 그리고 일부는 무질서하게 서로 뒤얽혀서 함께 작용한다는 것을 보여주는 것이다.

장기기억과 단기기억

지식의 종류는 기억의 인지 이론에서 세분화된다. 여기서 기억은 역동적인 체계로 간주된다. 보통 장기기억과 단기기억으로 구분된다. 장기기억에서는 원칙적으로 정보들이 영구적으로 저장되는데, 그 정보는 물론 유감이든 다행이든 간에 망각될 수도 있다. 장기기억은 단기기억을 통해 입력되는데, 단기기억은 정보를 단지 짧은

시간동안만 제한된 양으로 저장하고 그런 다음 즉시 업데이트된다
고 한다. 무엇이 지속기간, 수용능력 그리고 궁극적으로 이러한 정
의에 해당하는지에 대한 견해들은 물론 서로 엇갈린다.

언어적 발화, 시각적 인지, 상황인지 등 현재 인지하고 있는 것은
단기기억에 입력된다. 하지만 단기기억은 또한 장기기억에서부터
입력되어야만 한다. 그 까닭은 거기에 필요한 모형이 보관되어 있
기 때문이다. 우리가 해석을 위해 현실화하는 규칙과 모형과 우선
순위들이 장기기억에서 나온다. 어떤 사람에게 갑자기 떠오른 생
각이라도 그것은 장기기억에서 나왔을 것이다. 그러므로 앞뒤 전
후로 왔다갔다 하는 것이 있게 된다.
이러한 앞뒤 전후로 왔다갔다 하는 것이 이해하는 데에 결정적이
다. 누군가에게 떠오른 생각, 즉 지식으로 활성화된 것만이 해석될
수 있다. 그 때문에 훈련을 한다는 것이 아주 중요한데, 그렇게 함
으로써 어떤 사람에게 해석을 위한 올바른 것이 눈에 띄고 생각들
을 떠올리게 된다.

장기기억과 단기기억은 어떤 한 문장을 이해할 때도 함께 작용한
다. 예를 들어 발화된 문장의 구조를 인식하기 위해 사용되는 통사
론적 규칙들은 장기기억에서 나오고, 그 문장이 어떤 의미를 갖는
지는 단기기억에서 만들어진다. 의미와 연상은 장기기억에서 나오
고 단기기억에서 계산된다.

지식의 내적 구성과 관련해서 두 개의 모델이 경합한다. 명제적 모델   **지식의 모델들**
에 의하면 논리적 관계와 그 밖의 관계들을 통해 연관되어 있는 명
제가 지식 안에 저장된다. 이에 따라 다음의 그림에서 1로 표시된 연
결은 상위개념들이고, 2로 표시된 연결은 "속성"을 표시한 것이다.

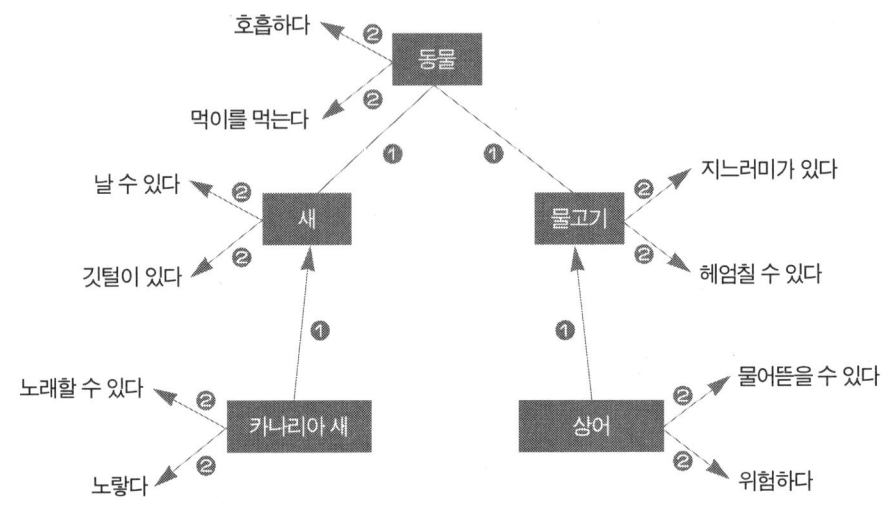

출처: 콜린스(Collins) / 퀼리언(Quillian) 1969

이 모델에 따르면 한 개인의 문화적 지식은 필요할 경우에 불러내
고 추론으로 계산될 수 있는 의미론적 진술이 구조화된 집합으로
볼 수 있는 것이다.

연결주의 모델은 기억단위들이 한 네트워크에서 연상적으로 결합
되어 있다는 것을 근거로 한다. 이 때 기억단위들은 개별 어휘들이
나 의미론적 특징 혹은 그와 같은 것들일 수 있다. 연상은 순전히
개인적인 것은 아니다. 동일한 언어로 말하는 화자들은 전반적으
로 유사하게 연상한다.

의미론적 네트워크 다음의 네트워크는 연결과 연상적으로 근접해 있는 것을 보여준
다.

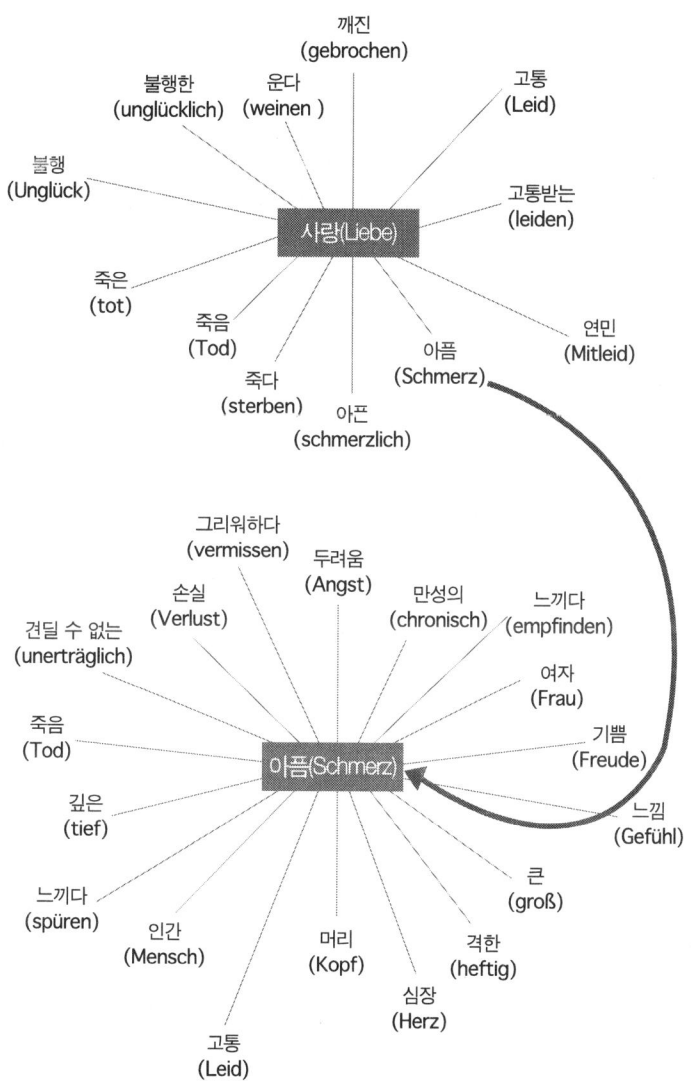

의사소통 파트너들의 지식은 결코 동일하지 않다. 의사소통 파트 **공통적인 지식**
너들의 지식이 동일할 것이라는 것은 인생사에서 상상할 수 없는
것이다. 기껏해야 부분적으로 겹쳐질 수 있을 뿐이다. 의사소통에
있어서 이러한 의미에서의 지식은 아무런 역할도 하지 못한다. 공

통적인 지식이 서로 상호작용하는 지식의 하나라는 의미에서 중요
하다.

우리는 거짓말의 예에서 발화와 지식과 해석이 서로 상호작용하는
것을 보여주면서 공통적인 지식을 예시할 것이다. 거짓말은 하나
의 복잡한 행위인데, 그 행위는 상대방의 상호적 지식의 개입을 통
해 규정된다. 제 3자로서 우리가 믿는 지식은 여기서 그 어떤 역할
도 하지 않는다. 무엇보다도 우리가 X를 믿는지 믿지 않는지는 상
관없다. 그리고 진실은 전혀 중요한 것이 아니다.

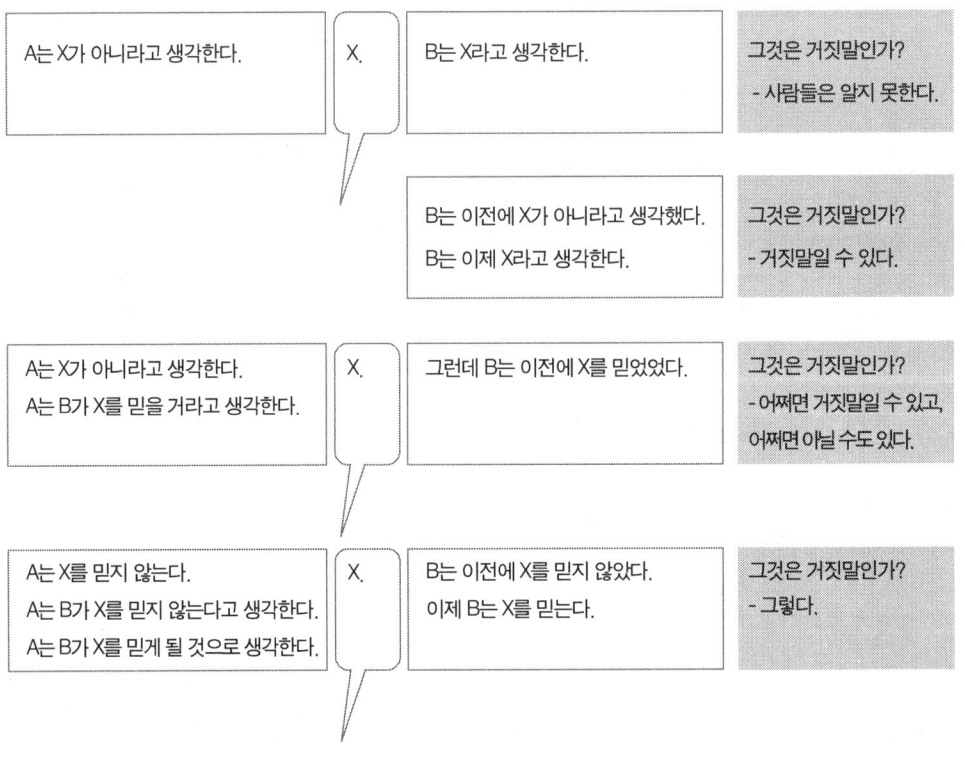

일반적으로 문화 특수적으로 자리매김한 지식도 이러한 복잡한 단
계에만 관여할 뿐이다. 그 때문에 위험요소가 도사리고 있는 문화

간 의사소통에서는 항상 상대방의 지식을 염두에 두도록 일깨워진
다. 그 밖에도 우리가 경솔하게 지나쳐버리는 상호성이 여기서 끊
임없이 문제가 된다.

공통의 지식은 하나의 탑구조를 가지고 있다.

지식의 탑

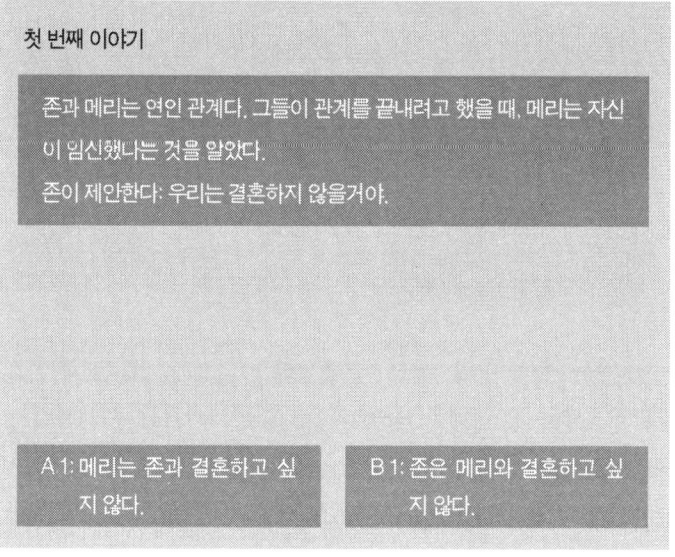

모든 것이 문제가 없는 것처럼 보인다. 두 사람은 이해관계가 충돌
하지 않는 동일한 목표를 갖고 있다. 이것이 소위 말하는 사실에
대한 순진한 관찰방식이다. 메리는 존의 발화를 솔직하고 명백한
제안으로 이해하고 동의할 것이다. 있는 그대로의 온전한 세상이
다.
문제는 어느 때건 이처럼 단순한 형태의 이야기가 있거나 하는가
이다. 이 이야기에는 결정적인 결함이 있지 않은가?

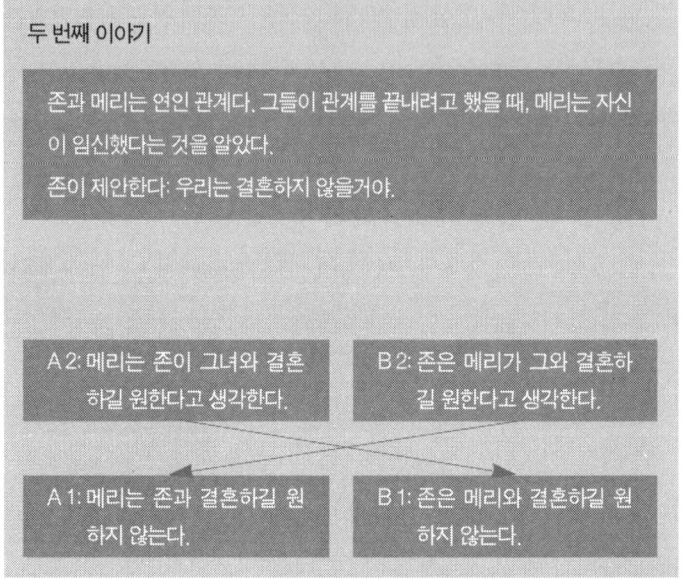

우리는 이제 첫 번째 이야기가 전부가 아니라는 것을 보게 된다. 이 탑 모양의 두 번째 단계에 해결을 위해 결정적이 될 대안이 있다. 말하자면 존의 제안이 단지 그 어떤 오해를 근거로 수용될 것이기 때문이다. 메리는 존의 제안을 거절로 생각할 것이지만, 존은 공통의 이해관계라는 의미에서 생각한 것이다.

우리는 조화롭게 A2의 반대가 되는 이야기 3이라는 해결책을 생각해 보게 된다. 요컨대,

A1: 메리는 존과 결혼하길 원하지 않는다.
A2: 메리는 존이 그녀와 결혼하길 원하지 않는다고 생각한다.
B1: 존은 메리와 결혼하길 원하지 않는다.
B2: 존은 메리가 그와 결혼하길 원하지 않는다고 생각한다.

이 이야기는 불완전한 첫 번째 이야기의 반대쌍이다.

두 번째 이야기에서 메리는 어쨌든 각각 그녀의 입장에 따라 그와
같은 거절에 대해서도 각기 다르게 반응할 것이다. 그녀는 예를 들
어 "아니"라고 말할 수 도 있고, 그것은 다시금 존에게는 놀라운
것일지도 모른다. 왜냐하면 그녀는 원하지도 않으면서 왜 결혼한
다고 하겠는가? 그를 사랑해서?

하지만 그 또한 결혼하고 싶어 하지 않는다.

우리는 지식의 탑에서 세 번째 단계에 있다.

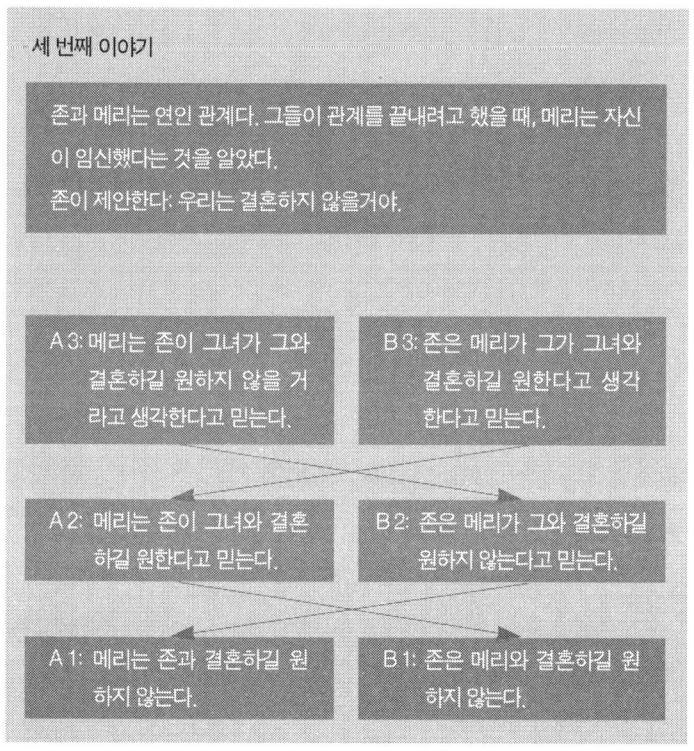

여기에도 또한 B1과 B3의 경우에 불일치가 있다. A1과 B1과 관
련된 공통적인 지식은 여기에도 없다.

공통 지식은 하나의 탑 구조를 갖고 있다. 모든 단계에서 동등한

병렬적 구조를 가질 때에만 완전한 이해가 보장된다. 우리가 실제로 우리 자신을 이해하기 위해 각각 어떤 단계로 기어오를지 혹은 기어올라야만 할지는 물론 또 다른 문제이다. 보통 우리는 의사소통에서 그렇게 많은 단계를 오르지는 않는다. 우리는 저 꼭대기에 서는 모든 것이 맞다고 생각한다. 세 단계는 물론 인간 의사소통에 필수불가결한 전제조건들이다. 필요한 경우 그리고 노이로제 환자들의 경우에는 단계들이 더 높아지기도 한다.

이해는 공통 지식의 모든 단계에 직접적으로 작용하게 된다. 특히 상이한 단계에서의 부조화 때문에 오해가 생긴다. 우리가 공통 지식의 기반위에서 이해를 재구성할 때 더욱 다양하게 설명할 수 있다. 공통 지식의 지배가 총체적이다. 어느 누구도 자신의 지식을 넘어서지 못한다. 그 어떤 관심사도 명백하지 않다. 의미는 그 자체로 함축적이다.

기대   우리의 지식은 기대 속에서 뚜렷이 드러난다.

● 파트너가 무엇을 할지에 대한 기대
● 모든 일이 어떻게 계속 진행될 지에 대한 기대
● 발화나 문장이 어떻게 계속될 수 있는지에 대한 기대.

다음의 대화가 어떻게 보충될 수 있을 것이라고 생각하십니까?

Pit Meister	**Anja Lindt**
aber sie sind doch heute abend da	
	heute _____ bin _____ wieder da

mhm dann wollt ich ihnen
eine introduction auf den
tageslichtprojektor geben
sie kennen den ja auch

          tageslichtprojektor

ja eben

          nö _____ _____ das ding so
          ganz vage
          das biest steht dann aber
          schon oben

herr noll hat darum gebeten
_____ an die _____ zu werfen

          ich muss mich noch
          entschuldigen
          ich_____ an der konferenz
          nicht teil

Pit Meister   **Anja Lindt**

그렇지만 당신은 오늘 저녁에 거기
계시죠

          오늘 다시 거기 있을 겁니다

음 그렇다면 저는 당신에게
OHP사용안내를 해드리려고 하는데
당신도 그 기계는 잘 아시겠지요

          OHP요

예 그거요

          아니   그건 좀
          그냥 아주 대충
          그 괴물이 그렇다면
          이미 위에 있는 거네요

Noll씨가 OHP를 쓰도록
제게 부탁했는데요

> 제가 죄송하다는 말씀을 드려야겠네요
> 저는 컨퍼런스에 참가하지 않겠습니다.

우리는 많은 추측을 할 수 있다. 그리고 우리가 대화 가운데 온전히 쫓아갈 수 없을 때, 많이 추측하게 되고, 또 그렇게 성과를 얻는다.

우리의 기대는 우리의 지식에 근거한다. 의사소통이 원활하게 기능하도록 우리는 지속적으로 우리의 기대를 활성화시킨다. 우리의 기대가 제대로 부응하지 못할 때 문제가 생긴다.

예측 우리는 때때로 상대방이 무엇을 할지를 전략적으로 예측한다.

예측: 협조적으로

> 당신은 당신의 여성 파트너와 공동으로 냉동고를 이용한다. 당신은 인스턴트 식품을 매우 즐겨 먹는다. 잘게 썬 칠면조 고기 (우엑!) 포장지에 유통기한이 표시되어 있지 않다(개판이군!). 하지만 오늘 당신은 두 봉지를 샀다. 냉동고에서 당신은 지난번에 사다 놓은 봉지 두 개가 아직 있는 것을 본다. 당신은 물론 - 오래된 것들이 먼저 소비되도록 - , 어떤 것이 더 오래된 것인지 말 안해도 분명히 알기 원한다 (어떤 지는 아무도 모르는거지!).

제안 당신은 새로 산 것들을 어디에 넣습니까? 세 가지 해결책을 생각해보시오.

예측: 경쟁적으로

> 당신은 슈퍼마켓 하나를 운영합니다. 당신은 포장된 신선한 파스타도 팝니다. 물론 유통기한도 표시되어 있습니다. 선반들은 항상 잘 채워져야 할 것이

> 고, 그 때문에 매일 보충해서 진열해 놓습니다.
> 물론 더 오래된 상품들이 먼저 팔려야 합니다.

> 당신은 어떤 생각들을 합니까?
> 당신은 상품을 다시 채워 놓는 것과 관련해서 종업원에게 어떤 지시를 하겠습니까?

우리는 지식이 프레임과 스크립트 안에서 구조화되어 있는 것을 본다. **지식의 구조들**

- 프레임은 보통 어떤 상황과 연관되어 있는 지식구조인데, 그 상황은 특수한 경우에 비로소 채워지는 빈자리나 슬롯을 갖고 있다는 의미에서 일반화된다.
- 스크립트는 보통 특수한 경우에 채워지는 슬롯을 가진 사건진행과 연관되어 있는 지식구조이다.

우리는 프레임이나 스크립트로부터 어떤 한 단초가 되는 단어로 프레임이나 스크립트의 광범위한 부분들을 활성화시킨다. 이 광범위한 부분들은 해석하는데 투입될 수 있도록 워밍업된 상태로 준비가 되어 있다. 프레임들은 광범위하게 언어적으로 결부되어 있고 상호 문화적으로 상당히 다르다.

이 구매-프레임은 독일어 동사와 결합되어 있고, 6개의 슬롯을 갖고 있다. 신조어인 **가져오다**_holen_와 같은 낱말밭에서 나온 다른 동사들은 다른 프레임-구조를 갖고 있는데, 이 다른 구조에서는 이 슬롯들이 반드시 채워질 필요는 없다. **구매-프레임**

스크립트-예　하나의 스크립트는 여러 갈래로 나뉘는 대안들과 *로 표시된 곳에서 뒤로 되넘어가도록 된 가능한 사건진행을 위한 진척 상황표 형태를 갖고 있다. 스크립트들은 상호 문화들 사이에서 상당한 차이가 있을 수 있다. 이 차이를 인식하는 것이 실제에 있어서 얼마나 섬세하게 기술해낼 수 있는가의 문제이다.

F. Buck의 스크립트: 슈퍼마켓에서 장보기

> 구매자가 슈퍼마켓에 간다
> 구매자가 카트를 잡는다 (이제부터: 구매자가 카트를 끌고 간다)
> 구매자가 마트의 차단기를 통과한다
>
> * 구매자가 상품 진열장으로 간다.
> 구매자가 상품들을 둘러본다.
>
> ---------------- 원하는 상품이 없다면
> 　　　　　　　　　　　 * 로 되돌아간다
>
> 구매자가 X를 사기로 결정한다
> 구매자가 X를 카트 안에 담는다 (임의의 수만큼 여러 번 반복한다)

구매자가 계산대로 간다
구매자가 가장 짧은 대기 줄이 어디인지 본다
구매자가 어느 줄에 서야 할지를 생각한다
구매자가 상품들을 계산대 컨베이어 벨트 위에 놓는다
판매원이 계산대에서 가격을 입력한다

판매원이 구매자에게 영수증을 준다   판매원이 구매자에게 총액을
                                        말한다

구매자가 판매원에게 돈을 준다
판매원이 돈을 계산대에 넣는다

          ----- 판매원이 구매자에게 거스름돈을 준다

구매자가 상품을 카트에 담는다

          ----- 구매자가 포장대로 간다
                구매자가 상품을 쇼핑백에 담는다
                구매자가 카트를 (슈퍼마켓 안) 카트
                보관소로 민다

          ----- 구매자가 주차장으로 간다
                구매자가 상품을 자동차에 싣는다
                구매자가 카트를 (주차장에서) 카트
                보관소로 민다

6.2. 문화적 차이

출신이 다양한 사람들에 대해 이야기 하게 되면, 문화적 특성이 얘기되는 것이 의례적인 일이다. 하지만 어떤 한 사람의 독일인이 어떤 의미에서 그리고 얼마나 폭넓게 독일 문화를 대표하며, 어떤 한 사람의 중국인은 또 어떤 의미에서 얼마나 폭넓게 중국문화를 대표하겠는가? 우리가 그것을 처음에는 늘 사람과 연관해서 생각했던 것이 아니지 않을까?

분명히 그렇다. 하지만 개개인들은 다음과 같은 것들을 통해 두드러진다.

- 전통과 기억 (규범, 이데올로기)
- 사회화 (동화, 정체성, 개인적 경험)
- 의사소통 (담화 태도, 의사소통 목표)
- 사회적 조직체계 (친척 관계, 자기 인지, 자화상)

초점들 문화들 사이의 상호작용에서 수많은 개인들이 경험을 모았는데, 이 경험들은 어느 정도 체계화되어 파악될 수 있는 것이기도 하다 - 물론 틀릴 수 있는 위험을 안고 있다. 체계적인 관찰을 위해서 개별 양상에 초점이 맞춰질 수 있다.

우리는 이제 어떻게 이 양상들에 대한 지식을 파악할 수 있을까? **척도들**
우리는 몇몇 양상들을 척도의 양극에 배치시켜 놓고 생각해볼 수
있다. 이렇게 해서 대략 다음의 양상들이 보다 자주 기저에 놓이게
되고 각각의 개별 문화에 고착된다. 물론 이러한 양 극 사이에 무
엇이 있는지 그리고 어떻게 이 양극이 선택적이며 정도에 따라 문
화를 특징지을 수 있을지 묻게 된다. 이것은 너무 대략적인 것은
아닌가?

양극적인 차이들

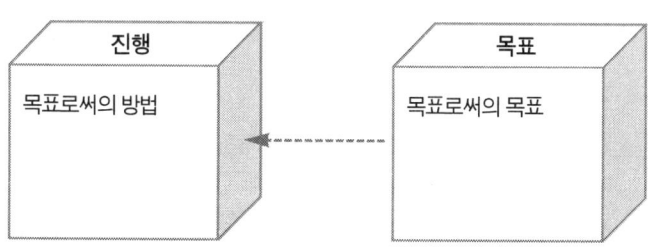

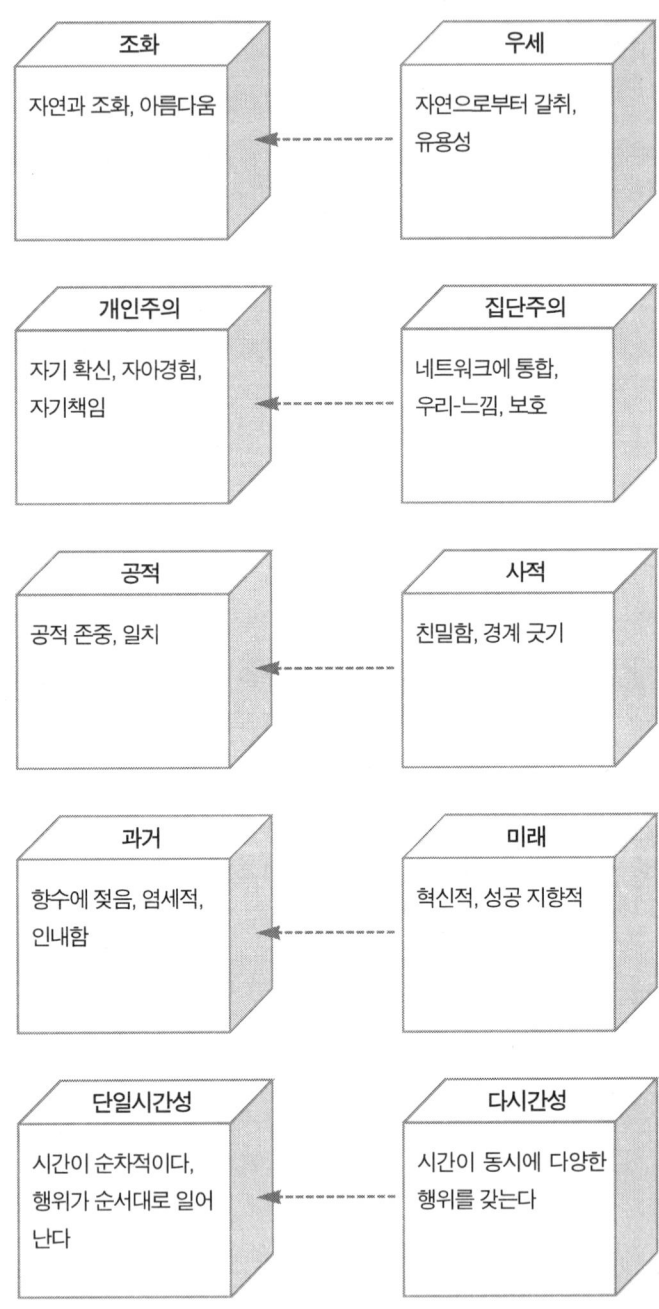

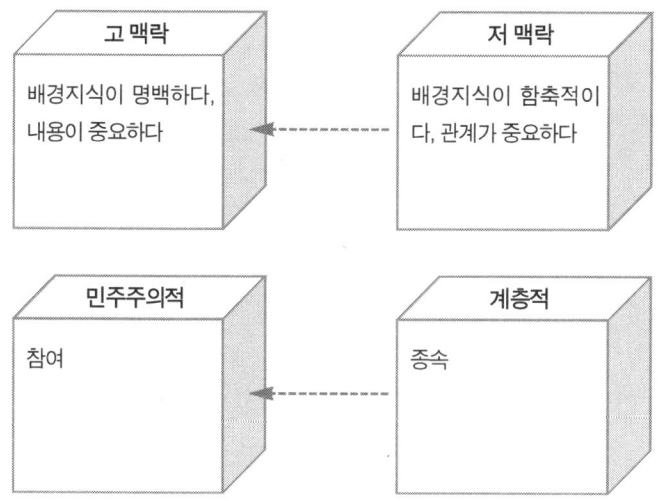

이러한 표현들은 여행가이드에서와 같은 일반적인 진술을 통해 우리가 진전을 가져올 수 있을 것이라고 여전히 믿었던, 그 어떤 다른 시간에 만들어진 것처럼 보인다. 이러한 표현들은 실제로 일종의 유형학이나 문화분류학을 위해 고안된 것이기도 하다. 그러나 어떻게 이들의 지식이 상호 문화 간 의사소통에서 우리를 촉진시킬 수 있을지는 불분명하다. 인지주의가 밝혔던 지식의 복잡성과 단계화된 공통적 지식이 미치는 효과의 차이를 배경으로, 우리가 실제적인 적용을 인식한다는 것은 어렵다.

스칼라로 정리된 양극적 지표들을 생각해 낸 것은 오히려 상대적인 특징들과 결합되었고, 그런 다음에 특정 지역에 적용되었다.

태국-문화 대조 연구에서 서양 문화와 구별되는 특징들이 확인됐고 아시아 문화로 일반화되었다. 이 모든 것은 물론 일반적이고 근거 없는 견해이다. 하지만 그 견해는 어쩌면 우리의 시선을 우리

대조

가 더욱 정확하게 탐구할 수 있을지도 모르는 그 어떤 지역으로 향
하게 할 수 있다.

서양 ←	→ 동양
보다 지적이고, 객관적임	보다 감정적이고, 주관적임
오히려 추상적인 성향이 있음	더 구체적인 성향이 있음
오히려 합리성을 중시	경험을 더 중시
과학 지향적임	상상에 기반하고 예술적임
효율성에 관심	사회적 관계에 관심
권리와 의무와 책임	사랑, 공감, 손님에게 호의적인 태도
자아실현	자기규제
원칙	자유
개인적인 사람	그룹
진지하고 심각함	유연함, 친절함
요구함	조화롭고, 평화로움
보다 외향적	보다 내향적
자연 정복	자연과 조화
활동적이고, 활력이 넘침	조용하고, 공손함

유형들 다음 단계의 추상적 개념의 본질은 수많은 문화에 이 판단기준들
을 적용하고 그렇게 함으로써 일반적인 유형들을 산출해내는 데
있다. 우리는 이 모든 시도들을 의식적 혹은 무의식적으로 복합성
을 줄여나가는 것과의 연관관계에서 확인한다. 이렇게 사람들은
문화를 조작했었을 수도 있고, 어쩌면 심지어 잘 길들일 수도 있을
것이다.

잘 알려진 일반적 차이는 고-맥락 문화와 저-맥락 문화이다.

고-맥락 문화 ←――――――――――――――――――→ 저-맥락 문화

고-맥락 문화	저-맥락 문화
사람들 사이의 관계는 오랫동안 지속되고 깊다.	사람들 사이의 관계는 오히려 오래 지속되지 못하고 느슨하다.
일상에서 의사소통은 빠르고 원활하다.	의사소통이 아주 명확하게 진행된다.
상관이 자신의 부하 직원에게 개인적인 책임감을 느낀다.	책임소재는 전반적으로 (사무적) 체계에 달려 있다.
약정과 협약은 주로 구두로 체결된다.	약정과 협약은 주로 문서로 체결된다.
내부집단과 외부집단이 강도 높게 구분됨	내부집단과 외부집단 간에 정확한 구분이 없다.
문화적으로 각인된 태도가 깊이 고착해 있고 변화가 어렵고/ 더디다.	문화적으로 각인된 태도가 더 쉽고/ 빠르게 변화한다.

문화들은 보다 더 개인적으로 그리고 더 집단적인 방향으로 나뉜
다. 개인주의적 문화들에서는 개인적인 관심을 보다 더 우위에 두
고, 집단주의적 문화들에서는 공동체의 안녕을 훨씬 중요하게 다
룬다.

집단주의적 ←――――――――――――――――――→ 개인주의적

집단주의적	개인주의적
사회 시스템이 정체성을 부여한다.	정체성은 개개인으로부터만 나온다.
기업에 (감정적으로) 의존 Job-유동성이 적다.	기업에서 (감정적인) 독립 높은 Job-유동성

팀의 결정이 훨씬 낫다.	개별적인 결정이 훨씬 낫다.
회사 내부에서 공석을 충원하는 것을 선호.	회사 외부에서 공석을 충원하는 것이 가능하다.
새로운 경영방법에 대한 관심이 적다.	경영은 새로운 경영방법과 관련하여 업데이트 될 수 있다.
지침사항은 상황과 관계에 종속되어 적용된다.	지침사항은 모든 이들에게 동일하게 적용된다(보편주의).
개인적인 주도권은 별로 선호되지 않는다.	개인적인 주도권이 요구된다.

잘 알려져 있고 항상 기술되는 것들

게르트 호프슈테데Geert Hofstede는 여론조사에서 40개국 IBM-직원의 일과 관련된 가치관을 연구했다. 그는 국가적 차이가 파악될 수 있는 네 가지 범주의 한층 더 높은 추상적 개념을 고안해 냈다.

권력구조

권력이 제도 안에서 얼마나 불공평하게 분배되는가?
한 사회의 구성원들이 그들의 불평등을 받아들이는 정도.
노동계는 광범위하게 권력을 통해서 구조화된다.

● 누가 누구에게 무엇을 말할 수 있는가?
● 상관은 어떻게 자신의 지시를 관철시키는가?
● 직원은 상관과 다른 자신의 의견을 표현할 수 있는가?

불확실성의 극복

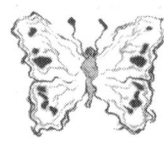

양면의 가치를 지니는 상반되는 상황에서 사람들은 얼마나 위협적으로 느끼는가?
구조화되어있지 않고 애매한 상황에 직면하여 가지는 두려움의 정

도. 불확실성은 수용될 수도 있고, 부드럽게 여겨질 수 있다. 혹은
불확실성을 통해 위협적으로 느낄 수 있다.

개인주의

개개인은 얼마나 중요하며, 그룹은 얼마나 중요한가?
이 차원은 결속되어 있는 문화로부터 각각의 문화를 따로 떼어 분
리시킨다. 바로 이 차원은 이웃과의 관계, 즉 사회의 다수와의 관
계를 파악한다.

남성성

개인의 고유한 성과와 관철능력이 얼마나 중요한가? 타인에 대한
배려는 얼마나 중요한가?
수행노력과 관철능력, 강한 자에 대한 호감 그리고 물질적 성공에
의한 사회적 의미의 의존성 혹은 더 많은 보호와 배려 그리고 사
회적 환경에 대한 관심의 척도.

Geert Hofstede(1928년 출생)는 특히 조직과 문화적 확신의 연관관계에 대한
자신의 연구, 특히 그가 만든 문화적 차원들을 통해 유명해졌다. 그 차원들은
수많은 분야, 그중에서도 특히 경영에서 효과를 발휘했다.
수많은 개별 연구들이 아래의 연구에 정리되어 있다.
Uncommon Sense About Organizations: Cases, Studies, and Field Observations, 1994

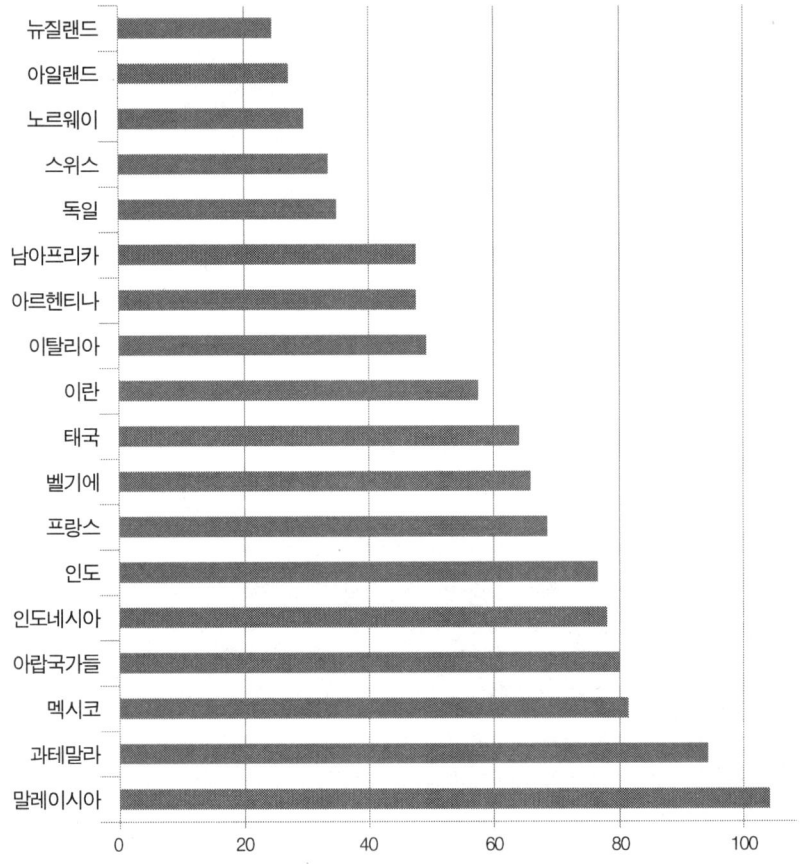

Hofstede에 의해 선별된 나라들의 권력 격차 수치

낮은 권력격차는 평평한 위계질서와 상관관계가 있고, 높은 권력 격차는 깊이 단계화된 위계질서와 상관관계가 있다. 높은 권력 격차 수치를 갖고 있는 문화 안에서의 개인들은 오히려 권력분배에 있어서 나타나는 큰 차이를 용인한다. 이 결과들은 특히 경영을 위해 고안된 것이다. 하지만 여기에서 우리가 어떤 결론을 도출해내야 하는가? 이것이 의사소통과는 정확히 무슨 상관이 있는가?

호프슈테데에 의해 선발된 나라들의 개인주의 수치

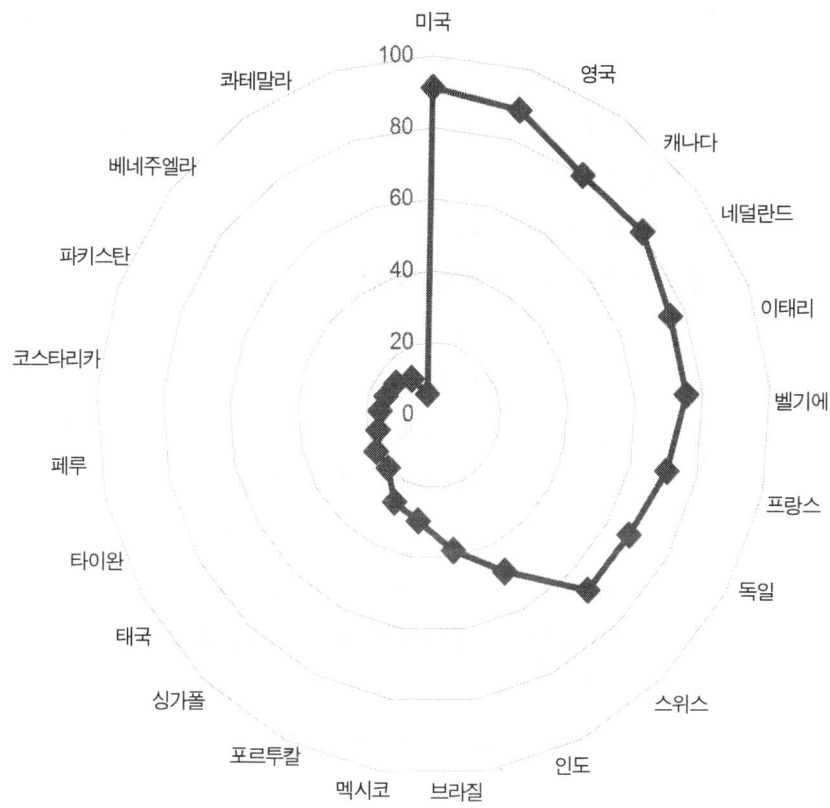

개인주의 수치가 높으면 높을수록, 자율성 혹은 사회에서의 개인
의 이상적 자율성이 강해진다. 높은 개인주의 수치를 가진 문화권
의 개인들은 공공이나 가족 혹은 집단보다 자기 자신에게 더 관심
을 둔다.

호프슈테데에 의해 선발된 나라들의 남성성의 수치

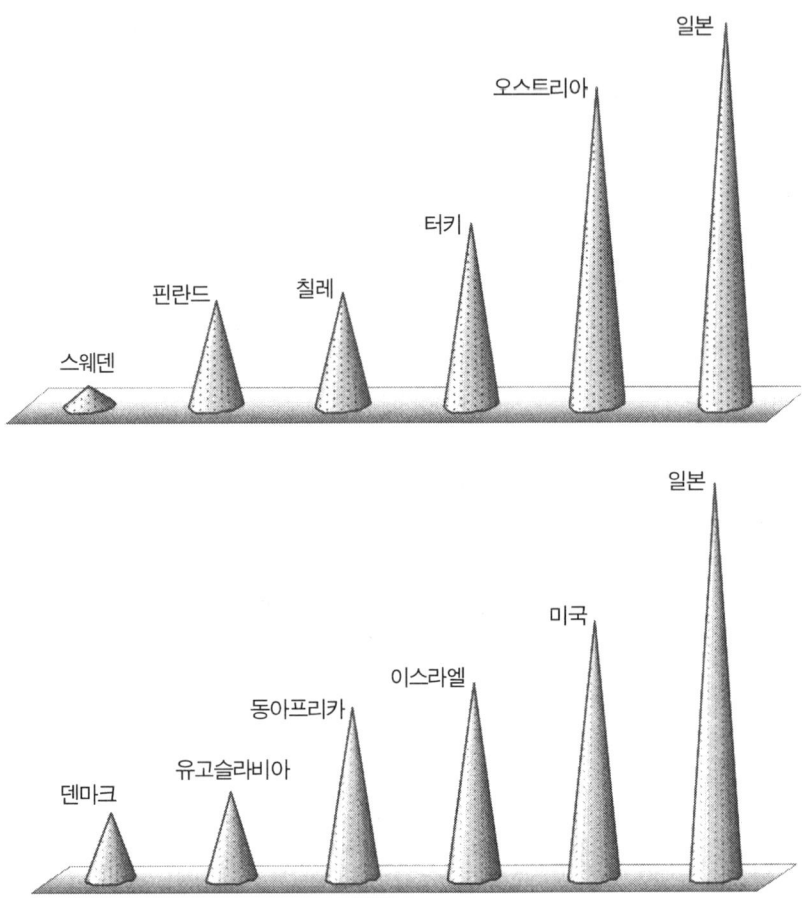

이 지수는 그 사회에서 전통적인 남성적 혹은 여성적 가치의 크기를 보여준다.

남성 지향적인 문화는 관철능력에 역점을 두고, 여성 지향적인 문화는 오히려 부드러운 방식에 역점을 둔다는 것을 말한다.

<table>
<tr><td>

남성다움(영어) "masculinity" 나 (독일어) "Männlichkeit" 이라는 명칭은 도대체 어디에서 나왔다고 생각합니까?

그때 사람들은 어떤 문화 특수적인 색안경을 끼고 있습니까?

</td><td>

제안

</td></tr>
</table>

이러한 가치들은 어디에 근거를 두고 있는가? 이 가치들은 어떻게 작용을 하는가? 예를 들어 남성성은?	**확실한 근거**

낮은 가치	높은 가치
적은 성취동기	강항 성취동기
적은 업무스트레스	높은 업무스트레스
직업으로 인해 개인의 삶이 영향을 받는 것을 허용하지 않는다	직업으로 인해 개인의 삶이 영향을 받는 것을 허용한다
이론은 보다 적게 받아들여진다.	이론이 받아들여진다.
높은 월급 대신 적은 노동	적은 노동 대신 많은 월급
관계 지향적	사무지향적
기업의 "평생고용" 을 긍정적으로 평가	기업 내·외부에서 승진 가능성 모색
경쟁 대신 협력	협력 대신 경쟁

모든 차원과 그 세목들은 위험성이 높은 추상적 개념들이다. 경험적 토대와 기저에 놓여있는 의사소통들은 알려지지 않았다. 이 분석-방법 또한 마찬가지로 알려지지 않다. 이점에 있어서 이러한 분류는 기껏해야 대략적인 언급 정도로 사용될 수 있을 것이다. 현실은 다르다. 뿐만 아니라 단일 문화적 선입견들은 어디에서나 찾아볼 수 있다. 집단주의 대 개인주의 같은 허술한 구분은 시사하는 바가 적다. 이러한 구분은 경험적 연구방법에서 얻어지고 구별된 다음에 엉성한 꼬리표가 붙게 되는데, 이 꼬리표는 우리의 인식과 인식 결과로 나타나는 행동에 거의 영향을 주지 못한다. 대체 어떻

게 이 꼬리표를 가지고 내가 구체적인 경우들을 다룰 수 있겠는가? 경험적 개별-연구에서 이 표어들은 또한 일정한 규칙에 따라 다시금 부스러뜨려진다. 그런 다음에 연구된 문화들은 결과적으로 "섞이게" 된다.

해석에 달려있다 이 모든 것은 해석과 설명을 근거로 한다. 그래서 사람들은 남성성과의 관련 속에서 말하는데, 심지어 이해를 추구하고 끼어들지 않는 것에 기반 하는 남성들의 윤리적 원칙들과, 공감대 형성과 호의적 감정이 수반된 다른 사람과의 관계에 민감하다는 여성들의 윤리적 배려에 대해서조차 남성성과 연관해서 얘기했었다.

이와 같은 구별은 어쩌면 성(性)과 직접적으로 전혀 관련이 없을 수 있다. 어쩌면 그것은 단지 사회적 활동의 발현일 것이다. 사회적 동맹이나 전쟁을 치르는데 있어서 남성들에게 보다 더 익명의 관계에 의한 조정을 책임지도록 한다면, 남성들도 그와 같은 것을 필요로 할 것이다. 그에 반해 윤리적 배려는 친밀한 영역과 소그룹들 안에서 보이고 있듯이 도덕적 자세이고, 그 때문에 역사적으로 여성들에게 귀속되었다.

토픽 토픽의 기능과 평가는 훨씬 의사소통 지향적이다. 사람들은 무엇을 언제 누구와 논하는가? 그리고 특히 사람들은 무엇에 대해 논하지 않는가? 한 대조적 여론조사의 결과로부터 다음과 같은 것을 볼 수 있다.

취향

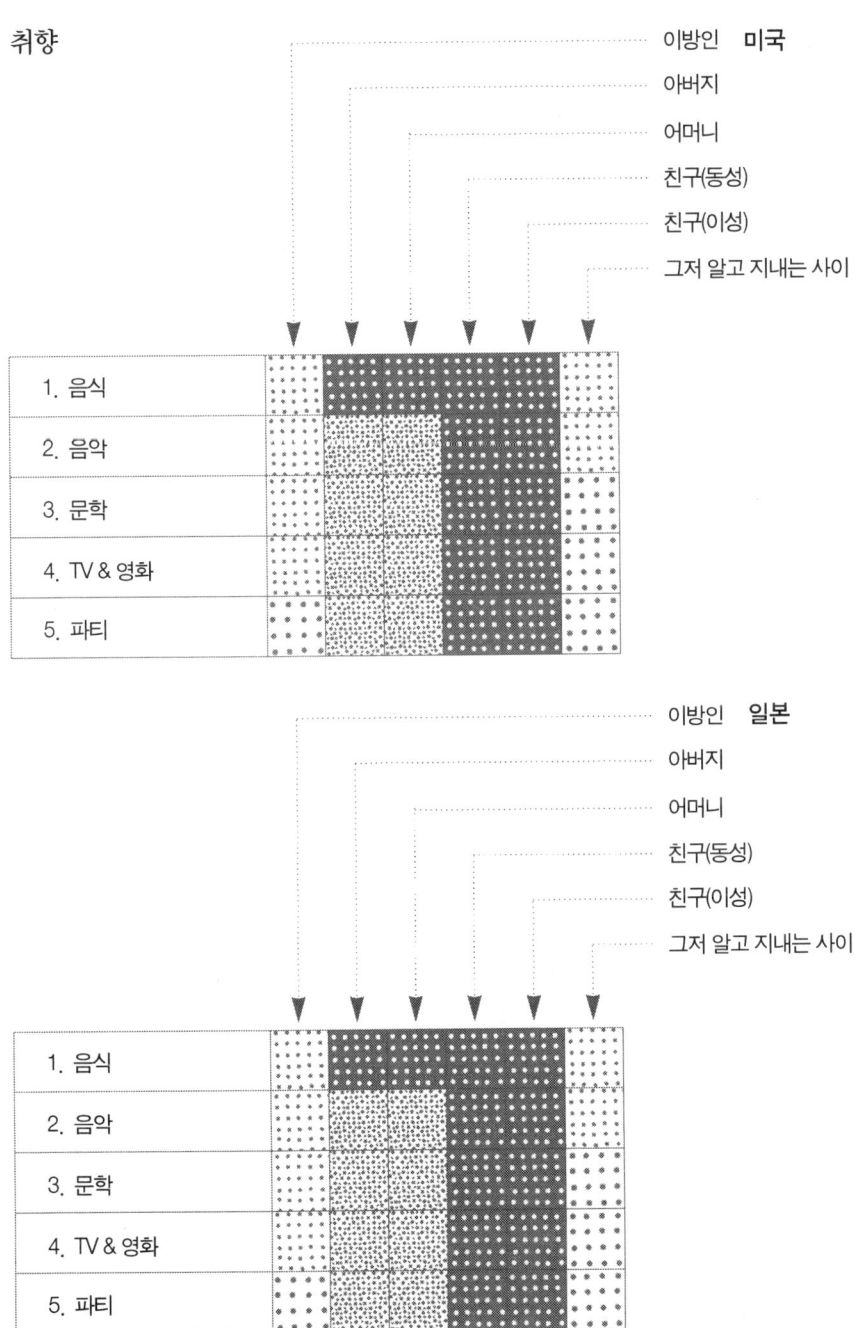

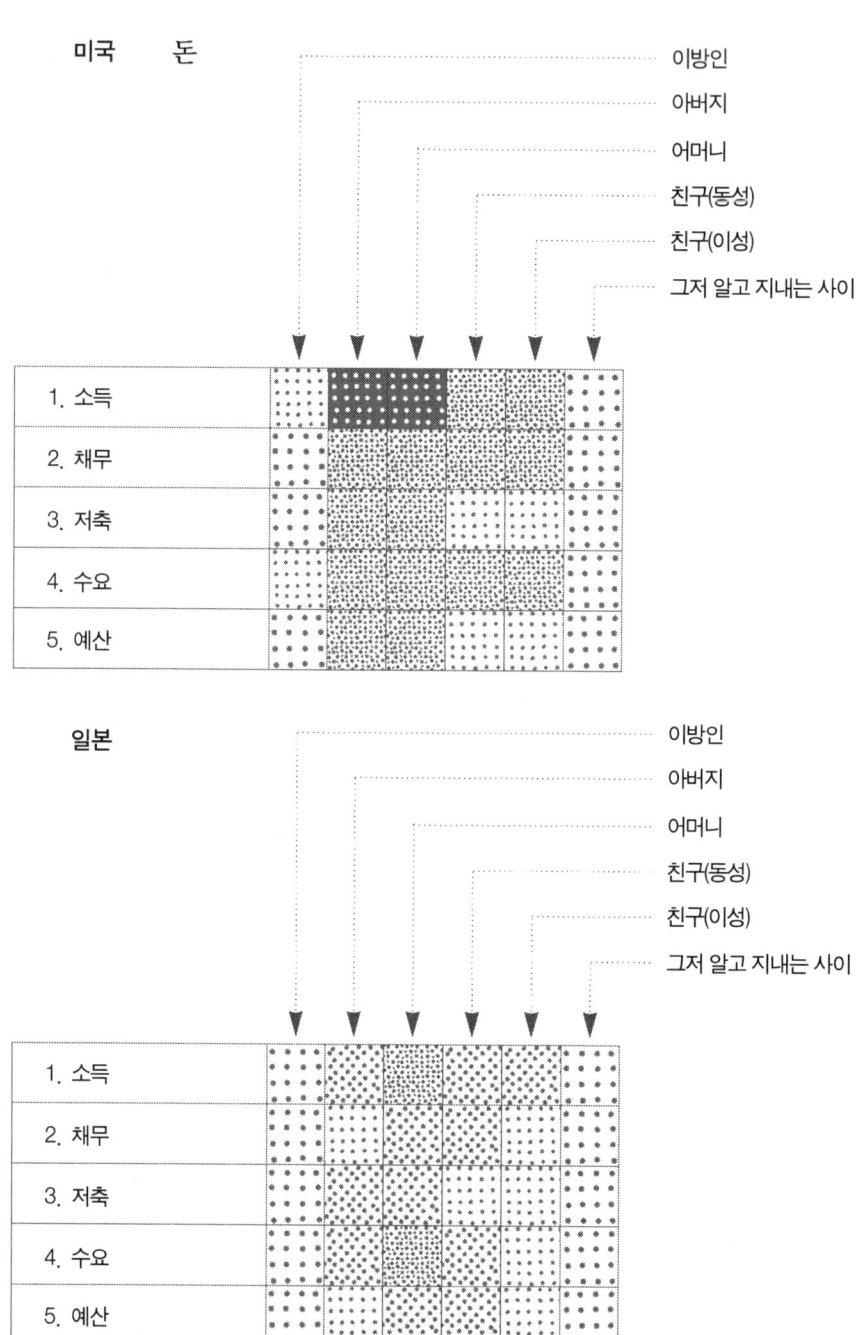

제안

한 미국인이 그가 새로 알고 지내게 된 일본인에게 그녀가 얼마나 버는지 묻는다. 그 일본 여성은 어떻게 반응할까?
머릿속에 몇몇 가능성들을 그려보시오.

개인적인 것

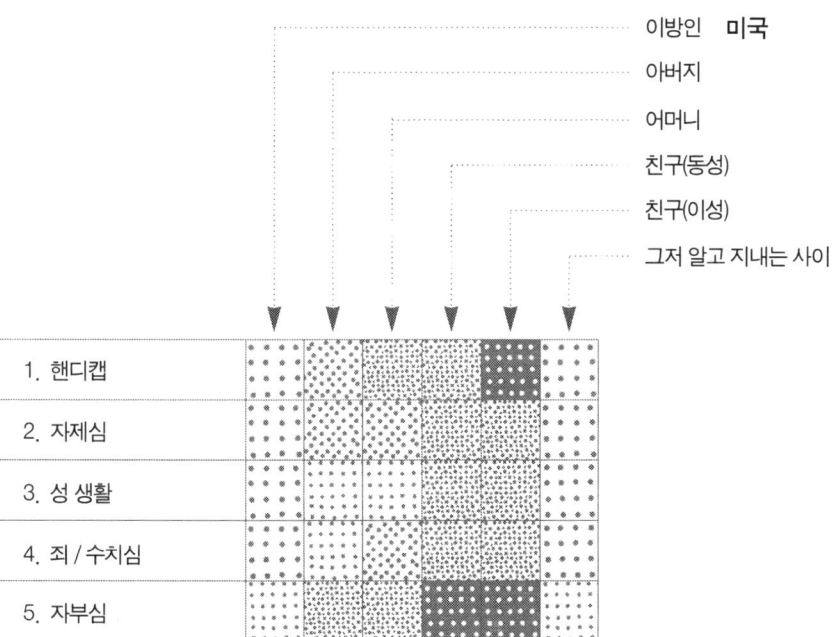

일본

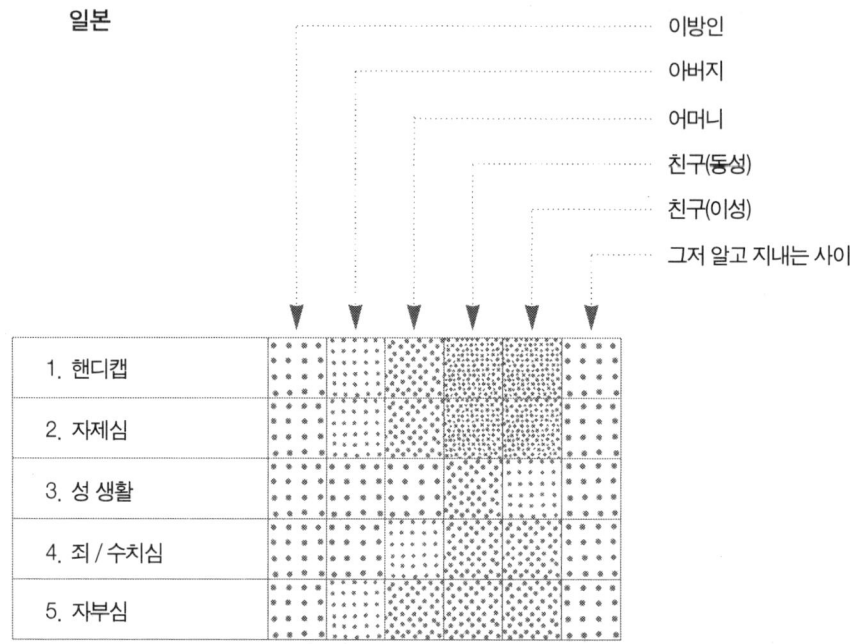

이방인
아버지
어머니
친구(동성)
친구(이성)
그저 알고 지내는 사이

1. 핸디캡
2. 자제심
3. 성 생활
4. 죄 / 수치심
5. 자부심

제안

당신은 이와 같이 주제를 나누는 것이 일본과 미국이 근본적으로 동일하다고 보는 것에 대해 어떻게 생각하십니까?
차이는 일본에서는 도무지 말이 별로 많지 않다는 것입니다.

신체

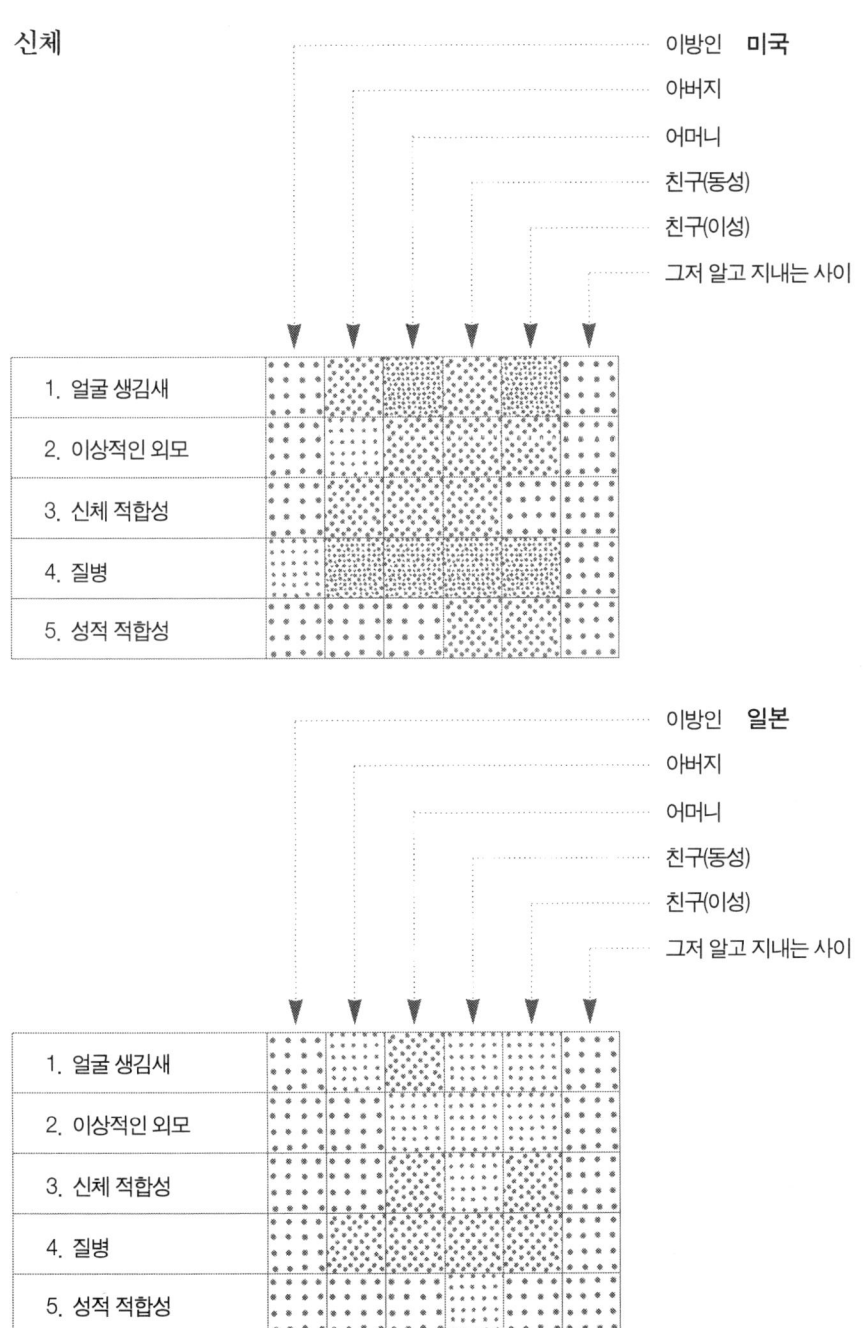

이방인 **미국**
아버지
어머니
친구(동성)
친구(이성)
그저 알고 지내는 사이

1. 얼굴 생김새
2. 이상적인 외모
3. 신체 적합성
4. 질병
5. 성적 적합성

이방인 **일본**
아버지
어머니
친구(동성)
친구(이성)
그저 알고 지내는 사이

1. 얼굴 생김새
2. 이상적인 외모
3. 신체 적합성
4. 질병
5. 성적 적합성

제안

> 당신은 미국 여성이고, 이 그래픽에 대해서 알고 있습니다. 당신은 당신이 새
> 로 사귄 일본 여자 친구와 그녀의 성적 매력에 대해 얘기하고 싶어 합니다.
> 당신은 그것을 억제합니까? 그렇지 않습니까?
> 어떻게 의사소통상의 균형을 뮤지할 수 있을까요?

견해와 생각

미국

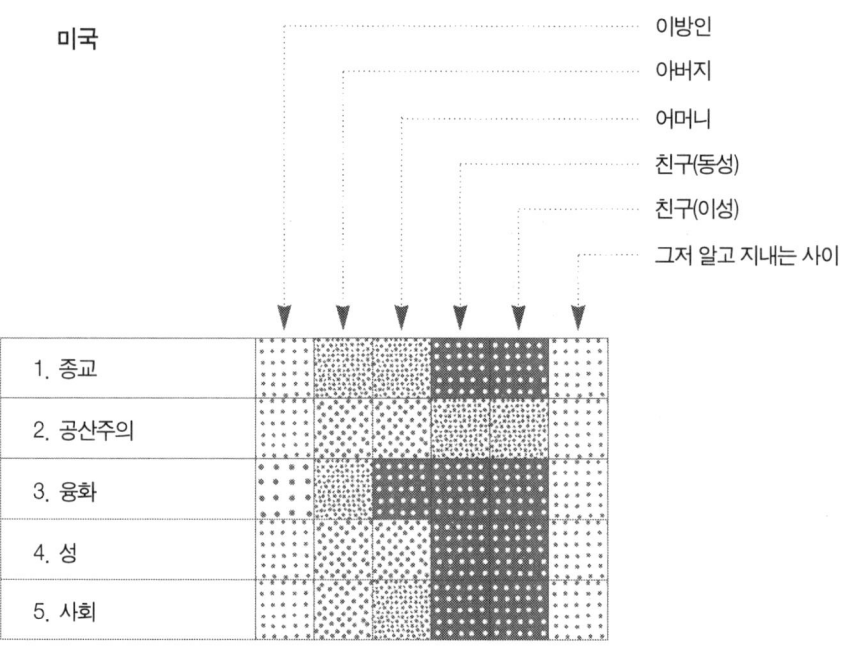

	이방인	아버지	어머니	친구(동성)	친구(이성)	그저 알고 지내는 사이
1. 종교						
2. 공산주의						
3. 융화						
4. 성						
5. 사회						

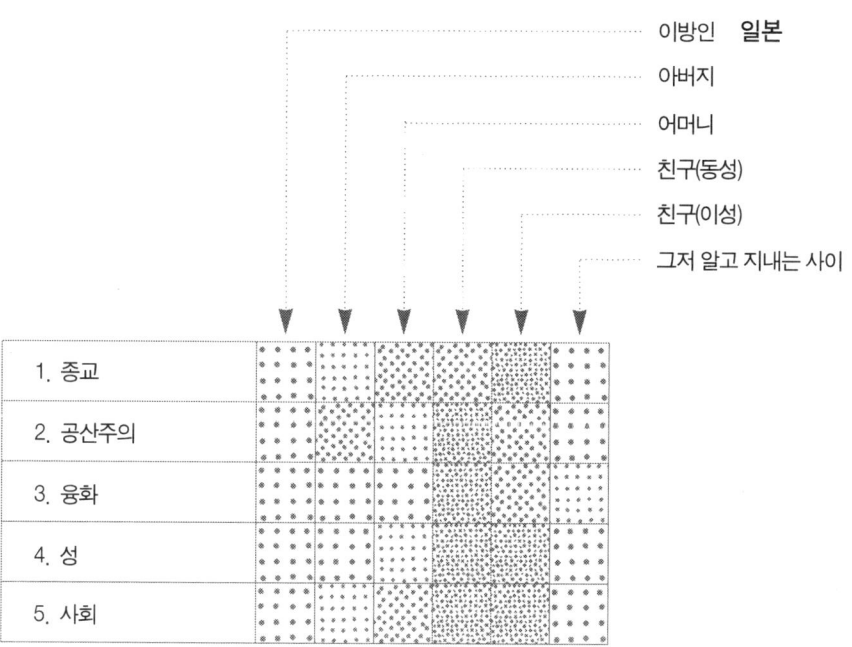

이방인   **일본**
아버지
어머니
친구(동성)
친구(이성)
그저 알고 지내는 사이

1. 종교						
2. 공산주의						
3. 융화						
4. 성						
5. 사회						

제안

모든 그래픽이 일본이 훨씬 적게 얘기한다는 것을 나타내는 것으로 보인다. 이것이 조사방법과 연관되어 있는가? 아니면 어떤 한 사회가 단순히 별로 말할 것이 없다고 생각해 볼 수 있을 것인가? 더 효과적으로 의사소통하는 것인가?

회의적인 시각

앞서 제기된 양상과 대조와 차원들은 소위 상호 문화적 의사소통의 기초지식으로 간주된다. 그것들은 오히려 언뜻 보기에만 객관적인 기술어로 된 외부에서 본 문화사적 기술처럼 보인다. 경험적인 토대는 가시적이지 않다. 개개인들이 여기서 말하는 것은 기껏해야 여론조사에 대해서일 뿐이다. 항상 위에서 보는 시각이나 외부의 시각으로 남아 있다. 이와 달리 진정한 경험적 연구방법은 실제 문화간 상호작용에서 출발해야만 하며, 그 상호작용을 기록하고, 철저하게 해석하며 분석했어야 한다. 각각의 개별 행위자들이 항상 방법론적 출발점이다. 이 방법은 마시 영역에서 거시 영역으로 진행된다. 오로지 이 방법 위에서 사람들은 한길음 한길음씩 오래 지속될 수 있는 일반화에 도달할 수 있었을 것이다. 어떤 언어로 이러한 일반화가 작성 될 수 있을지는 여전히 다른 문제로 남아 있다.

그리고 또 다른 문제는, 이러한 지식이 이제 어떻게 의사소통에 영향을 미칠 수 있을 것인가이다. 어떤 한 부지런한 숙련가가 이 모든 것을 습득했더라면 그가 개인적으로 더 훌륭하게 의사소통할 수 있었을까? 그가 지금 당장의 의사소통에서 그토록 빨리 자신의 지식을 계산할 수 있을까? 그것은 어느 정도 교과서를 통해 자전거 타는 법을 배우는 것과 같지 않을까?

여기서 제시된 모든 시도들에 직면해서 항상 다음의 것들을 마음에 담아 두어야 할 것이다.

요약
- 문화는 완결된 것이 아니다. 문화는 역사적으로 생성되고 끊임없이 변화하는 역동적인 과정이다. 표명들조차도 변화한다. 그 이유는 그것들이 달리 해석되기 때문이다.
- 문화는 유동적이다. 우리는 완고하지 않다. 우리는 우리 자신을 끊임없이 새로운 유일무이한 상황에 적응시키는데 익숙해져 있다.
- 문화는 복잡하다. 셀 수 없이 많은 사람들의 행동방식과 행동을 몇 단어로 기술하는 것은 하이브리드로 나타난다. 이 때 복잡성의 어떤 양상이 희생되는가?
- 문화는 동질적인 것이 아니다. 우리는 우리 자신의 문화에서 모두가 획일적이지 않다는 사실을 이미 알고 있다. 우리는 다양한

집단화가 다양한 습관과 견해와 가치들을 갖고 있다는 사실을
안다. 뿐만 아니라 그것이 어떤 것인지도 안다.

마지막 그래픽은 문화적 차이들이 훨씬 더 심각해질 수 있다는 것
을 가르쳐준다. 이 그래픽은 비교 여론조사의 결과들을 보여준다.
미국인들과 한국인들은 그들에게 있어서 삶의 의의가 무엇인지와
그들 삶에 있어서 각각의 관점들이 얼마나 중요한지에 대한 질문
을 받았다. 이 그래픽은 그 영역들에 매겨진 값을 보여준다.
(Szalay/Deese에 의한 자료들 1978. 비어있는 자리 값들은 이것
이 거론되지 않았다는 것을 의미한다).
바로 다음 단계에서 **사랑**_Liebe_과 관련해서 당연히 한국인들이 미
국인들과는 완전히 다른 것을 연상한다는 결과가 나왔다.

**계량화 할 수
있는가?**

삶의 의의

미국		한국
1	사랑	12
-	경제	1
2	우정	14
-	종교	2
3	성	-
4	가족	3
-	직업	4
5	양육	6
19	건강	5
6	음악	-
7	일	12

16	고향	7
8	결혼	21
-	친구	8
9	사람들	-
-	생활방식	9
10	학교	-
-	아이들	10
11	전쟁	26
-	사회적 접촉	11

삶에 대한 견해가 이토록 상이하다면, 우리는 어떻게 그렇게 쉽게
비교할 수 있을까?

● 언어에 나타나는 문화

... 그들 자신의 말로

Michael Agar

Interkulturelle Kommunikation

7 언어에 나타나는 문화

... 그들 자신의 말로

Michael Agar

상호 문화적 의사소통에서 민감한 순간은 늘상 있는 일이다. 그런 순간이 인식되기도 하고, 누군가에게는 인식되지 않고 지나쳐가기도 한다. 그런 순간이 보다 언어적인 문제들로 인식되기도 하고, 또는 그보다 오히려 행동에 따른 것일 수도 있다. 민감한 순간들도 수 없이 많고, 민감한 부분들도 곳곳에 산재해 있어서, 후일에 대비해 해결책을 찾을 수도 없다. 사람들은 단지 예민한 감각을 가지고 방법론적으로 그것에 대비해 준비할 수 있다. 왜냐하면 그 어떤 의사소통의 문제가 있다는 것을 우선 먼저 인식하고 깨닫는 것이 중요하기 때문이다.

HOTSPOTSSPOTS

인사

소개

호칭과 이름

어떤 언어?

개인적인 질문들

초대

선물

예와 아니오 말하기

대화진행과 이야기 넘겨받기

침묵

주제와 화제

경청하는 습관

비평하기

사과

어떻게 설득하는가

만남의 마무리

신체언어

7.1. 핫스팟Hotspot이란 무엇인가?

마이클 애거Michael Agar는 Rich Point라는 개념을 발전시켰다.
Rich Point는 의사소통에서 자주 문제가 발생하는 곳으로, "풍미
tasty, 굵직한thick 그리고 넉넉한wealthy이 지니는 뜻 모두가 의
도되어 있는 함축적인 의미가 풍부한 곳"이다(Agar 1994: 100).

Rich Points   Rich Points는 특히 문화 간 의사소통에서 두드러지게 나타난다.
우리가 우리 자신과 다른 언어와 문화적 배경을 갖고 있는 사람들
과 접촉할 때, 즉 두 문화가 서로 만나면서 접촉하는 가운데 이 차
이가 느껴질 때, Rich Points가 자주 등장하게 된다. 그러나 Rich
Points는 문화 간 의사소통에 묶여있는 것은 아니다. 어떤 대화에
서 어려움이 생기는 순간, 이것이 바로 Rich Point에 관한 것일
수 있다. 남여 사이에서가 될 수도 있고, 여교수와 여대생 사이나
또는 그 밖의 관계 등이 될 수도 있다. 개인적인 태도에 관한 것일
수도 있고 혹은 어떤 문화적 모범에 관한 것일 수 도 있다. 일반적
으로는 우선 그것을 먼저 찾아내는 것이 중요하다. Rich Points는
다소 전형적인 것을 포함하고 있기 때문에, 한 문화 내에서의 Rich
Points도 있고, 두 문화의 비교에서 대조적인 Rich Points도 있
다.
Rich Points는 풍부하다, 왜냐하면

● Rich Points가 문화에 대한 통찰을 얻게 하기 때문이고,
● Rich Points가 우리 자신의 기대들을 점검하도록 교훈을 주기
때문이며,
● Rich Points가 의사소통 방식으로 다뤄질 수 있기 때문이다.

Rich Points에 대한 예들은 독일어에서 친칭(Du-너) 이나 존칭 (Sie-당신)의 선택 혹은 미국식의 데이트date 같은 것들이다. 그것은 우리가 몇 마디 말로 설명할 수 없는 단어들 중 하나이다. 한 오스트리아 여성에게 그 단어를 설명하려고 시도할 때, 애거Agar 는 남성과 여성, 그들의 상호 관계에 대한 미국식 견해에 대하여 묘사하는데 전념했다.

Rich Point에 대한 또 다른 예는 오스트리아식 아니 그보다는 비엔나식 친절이라는 것(Schmäh)이다. 애거는 비엔나에 체류하는 동안 곧바로 이 단어와 마주치게 되었다. 그는 그 단어를 대화에서도 듣고, TV에서도 들었으며, 신문에서도 읽었다. 이를 통해 그는 이 단어에 관심을 가지게 되었다. 그는 다양한 사전들과 여행 안내 책자에서 이 단어에 대한 설명을 찾아보았다. 하지만 이런 조사들을 하고 난 후에도 그는 슈매*Schmäh*의 의미가 무엇인지 정확히 알 수 없었다. 그는 언어학과의 한 강좌에서 이 Rich Point를 다루어볼 계획을 세웠다. 그는 그러나 그 전에 오스트리아 친구들과 이러한 계획에 대하여 논의하면서, 그들에게 *Schmäh*에 대한 정의를 내려달라고 요청하였다. 거기서 어떤 종류의 Rich Point가 전형적인 Rich Point인가를 찾기 위한 것과 같은 일이 벌어졌다. 질문 받은 사람들이 토론하기 시작했고 의견의 폭을 좁히지 못하고 서로 각자의 의견으로 빠져들었다. 그들은 *Schmäh*가 무엇을 의미하는지 의견 일치를 볼 수 없었다(Agar 1994: 101).

Rich Points의 특징은 Rich Points가 지니는 난점이 다른 문화와의 접촉에서 나타날 수 있을 뿐만 아니라 서로 다른 의견들 속에서도, 서로 다른 설명 가운데서도 그리고 원어민이 내리는 정의에서도 나타날 수 있다는 것이다. 바로 이것이 Rich Points가 문화적인 면에서 풍부하고, 아주 많은 상이한 구성요소를 포함하고 있

비엔나식 친절 슈매
Schmäh
(역주: 거짓 인사치례로의 상냥함)

전형적인 Rich Point

으며, 아주 다양하게 이해된다는 것에 대한 하나의 간접적인 증거
이다.

애거는 학생들과의 세미나에서 Rich Points를 세분화하는데 이용
될 수 있는 세 가지 방법을 시험해보았다.

- Schmäh의 개념을 둘러싼 인지 인류학 전통에서의 체계적 인터뷰. 그러
  한 인터뷰에는 분류법이나 문장 도표와 같은 몇 가지 유사점이 있다[...],
  개념을 중앙에 배치한 후, 관계를 나타내는 질문을 배치하고, 그 질문들에
  대한 대답을 적절한 위치에 둔다.
- Schmäh의 일화 수집은 일상에서 만나게 된다. 결과로 나타나는 기록들
  은, 참여자들의 관찰 속에서 전통적으로 수집된 현장기록들과 같다.
- Schmäh에 관한 비공식 인터뷰. 그러한 인터뷰는 원어민들이 선택하는
  그 어떠한 방법으로든지 그 개념에 관하여 의견을 나눌 수 있게 한다. 담
  화 분석의 방법은 그 개념을 담고 있는 기저에 놓여있는 민속이론을 명백
  하게 하기 위한 자료에 적용될 수 있다.

(Agar 1994: 101)

그렇다면 Schmäh란
이제 무엇인가?

Agar는 비공식적 인터뷰에서 가장 중요한 인식들을 이끌어냈다.
Schmäh는 처음에는 일단 일반적인 태도였다. Schmäh는 사물을
보는 특정한 방식을 표시한다. 아이러니에 근거한 생활방식으로,
모든 것을 그다지 진지하게 받아들이지 않는 생활방식이다.

몇몇 대학생들은 Schmäh가 유머를 통해 훨씬 쉽게 견딜 수 있도
록 해주는 현실을 다루는 모종의 방법이라고 말한다. 그러니까 일
종의 블랙 유머이다. 물론 블랙 유머가 어떤 한 가지의 생활태도를
기술하는 것은 아니다. 그에 반해 Schmäh는 그야말로 생활태도
를 기술하는 것이다. Schmäh는 어떤 특정 상황 안에서 유머가 풍
부한 논평일 수 있는데, 그 논평은 물론 주제에 있어서 상황에 결
부되어 있는 것이다. 하지만 어떠한 경우에도 Schmäh는 익살스

런 얘기를 하는 것을 의미하지 않는다. 많은 사람들이 누구나 다 Schmäh를 할 수 있는 것도 아니고, Schmäh를 가질 수 있는 것도 아니라고 강조했는데, 그 까닭은 이것이 지능과 기지의 문제이기 때문이라는 것이다.

결국 인터뷰에 응한 사람들은 Schmäh가 악의적인 것인지 혹은 오히려 선한 의도를 가진 것인지에 대해 의견일치를 볼 수 없었다. Schmäh는 개인적인 이익을 확보하기 위한 거짓말이거나 교묘한 술책일 수 있다.

> Schmäh는, 상황은 보이는 것과는 다르고, 실제로 그것들은 훨씬 더 나쁜 것이며, 당신이 할 수 있는 것은 웃어넘기는 것이 전부라는 기본적인 아이러니를 전제로 두는 세계관이다.
>
> (Agar: 1994: 104)

메타포로써의 투우

사업차 멕시코를 여행하는 미국인들은 그곳에서는 모든 일이 다소 느리게 진행된다는 것을 자주 확인하게 된다. 애거도 사업상의 논의가 결말에 이르지 못한다고 느꼈다. 그의 생각에 따르면 이것은 이미 하나의 Rich Point이다. 이와 관련해서 그는 또 다른 Rich Point들을 인식했다. 한 멕시코 친구는 하루에 여러 개의 일정을 연이어 잡아놓고, 거기서 사업 계약을 체결하려고 멕시코에 온 미국인이 어떻게 취급됐는지에 대해 우스갯소리를 했다. 그 멕시코인은 "올레olé"라고 외치면서 여기에 맞는 전형적인 동작을 취했다.

어느 정도 시간이 흐른 후 애거는 미팅을 하러 가는 한 멕시코인 변호사를 만났는데, 그 변호사는 다른 변호사들이 투우사의 망토를 들고 경기를 하는 것처럼 할 것이라고 말했다. 애거는 이 말을 이해하지 못했는데, 이 말에 대해 그 멕시코인 역시 또 이 동작을 하면서 "*Capotear*는 [...] 스페인의 기마 투우사와 투우사가 황소를 데리고 하는 것인데, 투우사의 망토를 흔들면서 황소가 흥분하는 것을 컨트롤하고, 황소가 어떻게 행동하는지를 주의깊게 바라보는 것이다"라는 설명을 했다. (Agar 1994: 127).

투우는 컨트롤, 즉 공격성과 직접성을 다루는 것과 관련된 메타포인 것이다. 사업상의 논의나 재판에서도 바로 그와 같이 진행되어야 한다는 것이다.

탐색 절차

Schmäh는 애거에게 있어 그야말로 하나의 Rich Point이다. 그 안에서 문화와 사회와 역사에 깊이 자리잡고 있는 구성요소들이 단 하나의 단어로 요약된다. "Rich Points는 언어문화적 행동이 있는 곳에 대한 신호이다." (Agar 1994: 106).

Michael Agar 1939년 출생
인류학자이자 언어학자
field work 방식을 사용하는 현장조사의 열렬한 옹호자. 마약 중독자들과 일했었고 트럭 운전사의 세계에도 빠졌었다.
언어와 문화를 상세하게 관찰하고 개관하는데 있어서 대가이다.

Rich Points는 아주 어렵게 밝혀내야 하는 것이 아니다. 하나의 Rich Point는 하나의 걸림돌과 같아서, 사람들은 그것에 걸려 넘어진다. 어떤 Rich Point는 문화적 배경에 대한 인식 부족의 결과로 생기는 이해와 의사소통 문제가 나타날 때 발견된다.

그러나 내가 어떻게 Rich Point를 더 깊게 파악하고 이해할 수 있을까, 내가 어떻게 나의 인식 부족을 만회할 수 있을까? 당신이 그어떤 하나의 Rich Point를 예상하게 되면, 당신은 자신의 문화와 다른 특징인 Rich Point, 즉 차이점을 찾아내게 된다. Rich Point

를 여러 다른 문화의 정체성과 연관시켜 보라. 그 Rich Point와
세계관 · 정책 · 역사 등과의 관계를 성립시켜 보라. 개별 부분들을
연관시켜보면, 당신은 이것을 어쩌면 하나의 문화모형으로 소급시
킬 수도 있게 되고, 그럼으로써 더 깊은 이해에 도달 할 수도 있다.

우리는 Rich Points라는 개념을 일반화 하는 가운데, 다소 그 개   **Hotspots**
념을 변형시켜 보고자 한다. 교육적인 이유에서 우리는 문화 간 의
사소통에서 훨씬 더 일반적으로 민감한 지점들을 조사하여 보여주
고자 한다. 우리는 위험이 도사린 그 민감한 지점을 Hotspots라고
표시한다. 보통 그러한 Hotspots은 경험에서 얻어지고 훗날을 위
해 기술된다. 대화 진행과 관련된 몇 가지를 모아 편성해 보았다.

접촉을 연결시켜 주는 것

인사는 언어와 손짓과 몸짓으로 한다.   **인사**
물론 언어로 하는 인사는 모든 언어에서 다르게 소리 난다. 또한
자주 다른 의미가 이와 연관되어 있다.

- 터키에서 사람들은 상점에 들어설 때 "hayirli isler" "사업이
  잘되시기를" 이라고 말하거나, 헤어 샵에 들어갈 때는 "좋은 건
  강 유지 하세요"라는 말로 인사를 한다.
- 파라과이에서는 처음 만났을 때 빈번하게 "mucho gusto"("만
  나서 기쁩니다")라는 인사말을 한다.
- 중국에서는 "chi guo-le ma?"("식사 하셨나요?")라는 질문에 대
  답을 함으로써 대화할 용의가 있다는 것이 표현된다. "아니오"
  라고 대답하게 되면 대화는 끊긴다.
- 미국의 "어떻게 지내세요 How do you do?"라는 인사는 이에

대한 직접적인 대답이 아니라, 똑같은 질문인 메아리-반응
(Echo-Feedback)을 이끌어 낸다는 것은 잘 알려진 사실이다.

전화통화에 있어서는 도처에 다양한 습관들이 있다. 우리(독일 사
람들)한테는 전화를 받은 사람이 자신의 이름을 말하지 않고 그저
"예ja"라고만 말하는 경우, 어떤 이들은 이것을 대단히 혼란스럽게
여긴다. 하지만 프랑스인들은 "oui", 이탈리아인들은 "pronto",
스페인들은 "digame"(역주: '말씀하세요'(talk to me의 뜻)), 핀
란드인들은 "ja(역주: 영어의 hello에 해당), hei"나 "puheeli-
messa"라고 말한다.

신체적인 인사법 또한 매우 다양하게 나타날 수 있다. 남아메리카
에서는 점점 더 신체적 인사가 그 어떤 역할도 하지 않는다.
하지만 인사하는데 있어서 손은 중요하게 사용된다. 특히 악수는
민감하다.

● 사람들이 악수를 하는가 아니면 하지 않는가?
● 얼마나 힘주어, 얼마나 오래 악수를 하는가?

사람들이 말하기를 그것이 어떤 것이던 오스트리아에서는 악수가
의무라고 하고, 체코사람들은 악수를 아주 공손하게 한다고 한다.
다른 나라들에서 사람들은 오히려 악수를 하지 않고, 이란 사람들
은 절대 여자와 악수하지 않는다. 말레이시아 사람들은 남자는 양
손을 펴고, 상대방의 양 손을 가볍게 쓰다듬은 다음 양손을 자신의
가슴에 갖다 댄다. 이것은 "나는 네게 가슴에서 우러나오는 진심으
로 인사를 한다"는 것을 말한다. 필리핀에서는 남자들이 등을 힘차
게 치는 것이 바로 서로가 인사를 나누는 방식이다.

그 밖에도,

● 머리를 숙여 인사하는 것 혹은 허리를 굽혀 인사하는 것은 어
떠한가? 일본 사람들은 허리를 굽혀 인사한다. 중국 사람들은
여기에 덧붙여 악수를 한다.

● 포옹과 키스는? 한 남아메리카 여대생은 독일에서 일반적으로
인사 할 때 포옹을 하지 않는 것이 냉정함이나 진정성이 부족함
을 표현하는 것과 같은 것이 아니라는 것을 납득할 수 없었다.

● 피지 섬 주민들은 눈썹을 치켜뜨고 미소 지으면서 서로 인사한
다. 다른 문화권에서도 몇몇 경우들에서는 별로 티 나지 않는
최소한의 얼굴 표정이나 제스처로도 충분하다.

호칭의 언어적 수단과 습관은 광장히 다양하고 또한 민감한 부분 **호칭과 이름**
이 될 수 있다. 우리가 사용하는 호칭대명사는 다른 언어에서 대개
동일하게 대응되는 것을 갖고 있지 않고, 피상적으로 동일하게 보
이는 호칭대명사더라도 그 사용법이 다르다.

● 독일어의 du-Sie-Ihr(너(친칭)-당신(존칭)-당신의(존칭))-호칭
체계는 Hotspot으로 간주된다. 그것은 특히 영어를 사용하는 사
람들에게 문제가 될 수 있을지 모른다. 왜냐하면 영어와 독일어
가 그 외의 점에 있어서는 매우 유사하기 때문이다.

● 노르웨이 사람들처럼 스웨덴 사람들은 형식적인 것에 그 어떤
가치도 두지 않고, 오로지 "du(너; 친칭)"에 상응하는 것만을
사용한다.

수많은 다른 문화권에서 호칭의 형태들은 본질적으로 독일어에서
보다 훨씬 복잡하다. 그 호칭의 형태들이 문화 간에 나타날 수 있
는 오해의 근원이 된다.

인명(人名)은 상이한 문화권에서 다르게 형성된다. 이베리아의 인명은 관습상 다음과 같이 성 = 아버지 이름과 어머니 이름의 합성이다. 스페인어를 사용하는 나라들에서는 아버지의 이름이 첫 번째 자리에 나오고, 브라질에서는 두 번째 자리에 나온다. 타이완에서와 지금은 중국에서도 기독교식 이름이 다른 모든 이름에 앞서서 나온다. 예를 들어 Rudi Ho Chin.

호칭에 있어서 그 사용은 이에 상응해서 차이가 심하게 나타난다.

- 사람들이 상대방의 이름을 알아야만 하는가 그리고 상대방들을 대화 상에서 여러 가지 기회에 이름 혹은 호칭으로 불러야만 하나?
- "Herr(역주: 헤어로 발음되며 영어의 Mr.에 해당됨)" 혹은 그에 상응하는 호칭이 따라오는가? "Herr" + 이름 일 수도 있는가(역주: 일반적으로 Herr는 이름이 아닌 성과 함께 쓰는 호칭임). 언제부터 "Herr"를 쓰지 않아도 되는가?
- 사람들은 어떤 식으로 칭호(Titel)를 다루는가? 오히려 칭호가 영국의 "Sir"나, 오스트리아의 "Herr Professor"처럼 호칭으로 사용되는가 (혹은 칭호가 이름과 함께 사용되는가?(오스트리아: "Frau Magister Mayer") (역주: 영어 식으로 하면 Mrs Master Meyer).
- 어떤 이름이 호칭으로 이용되는가? 아버지 이름, (성이 아닌)이름, 성, 별명(일본)?
- 언제부터 (성이 아닌) 이름이 사용되었는가? (폴란드나 혹은 다른 어떤 곳에서는 친한 친구들 사이에서만 이름이 불려지지만, 핀란드와 미국에서 사람들은 곧바로 이름으로 상대방을 부른다.)

서로 알지 못하는 사람들을 소개하는 방식은 다음과 같이 아주 다양하게 규정될 수 있다.

소개하기

● 소개는 형식을 갖추어 행해지기도 하는데, 예를 들어 극동 지역과 같은 곳, 특히 일본에서처럼 명함을 교환하는 형식으로 이루어지기도 한다. 일본인들에게 있어서 명함은 신원을 확인하기 위한 하나의 매체라 할 수 있고, 그 사람의 지위나 기업의 위상을 보여준다고 한다. "명함이 없이는 당신은 일본인들에게 존재하지 않는 사람입니다"라는 말은 그래도 다소 과장되어 보인다.

● 어떤 손으로 명함이 건네지는가? 오른손으로 혹은 왼손으로? 왼손으로 건네는 것은 종종 불순한 것으로 간주된다. 일본에서는 명함을 양손으로 건넨다.

● 어떤 사람을 무엇으로서 소개하게 되는가? 단지 이름으로만, 칭호나 직업으로 소개되는가? 아랍권에서는 서로를 이름으로 소개하는 경우보다는 서로의 관계를 규명하는 것으로 소개하는 경우가 더 많다. "친구", "내 아내의 남자형제".

● 어쩌면 전혀 소개하지 않을 수도 있다. 예를 들어 한국에서는 낯선 사람에게 다음과 같이 말한다. "처음 뵙겠습니다." 그런 다음 연장자가 서로 각자 자신을 소개하도록 제안한다.

다른 사람에 대하여 묻는 것, 그 사람이 어떤 사람인지 묻는 것은 특히 오류를 범하게 되는 요인이다. (파르찌팔의 과실)

사적인 질문들

● 사람들은 보통 무엇에 대해 묻는가? 가족관계에 대하여 묻는 것은 영국과 스칸디나비아와 중국에서 일반적이다. 물론 모든 질문들이 말 그대로 받아들여지지 않거나 포괄적으로 거론된다.

● 사람들은 무엇에 대해 묻지 않는가? 기혼여부, 자녀의 수, 연령, 수입을 묻는 것은 많은 문화권에서 금기시된다. 사적인 질문들

은 인도네시아에서 금기이다. 아랍인의 집에 초대를 받으면 사람들은 그의 부인에 대해서 묻지 않는다.

● 많은 질문들이 부담스러운 것으로 느껴진다. 스위스 사람들은 남의 일에 간섭하는 것을 좋아하지 않으며, 다른 사람에게도 마찬가지이다. 단지 무엇이 남의 일로 간주되는 것인지 알아야 한다.

제안

> 다음에 대하여 항상 생각해 보시오.
> ● 어떻게 이 모든 수많은 정보들을 이용할 수 있는가?
> ● 그 정보들을 유지할 수 있는가?
> ● 그리고 그 정보들을 서슴없이 적용할 수 있을 것인가?

초대   초대는 그 진지성에 대하여 시험해 볼 수 있어야 한다. 그저 일종의 형식적인 말로 하는 초대인가 아니면 실제로 우리가 생각하는 의미에서의 초대인가? 진심으로 한 식사 초대를 거절하는 것은 상대방에게 모욕으로 받아들여질 수 있다.

● 어떤 방식의 초대인가? 공식적인 초대에 가까운가 아니면 보다 사적인 초대인가? 식사 초대인가 아니면 식사가 아닌 초대인가?
● 언제 사람들이 오는가? 그리고 언제 가는가? 모든 문화권마다 시간을 지키는 것은 다소 다르다. 무엇보다도 모든 것은 조정을 통해서 규정된다. 문제는 단지 조정이 잘 되지 않았을 때만 생긴다.
● 초대 시간은 얼마동안인가?
● 선물을 가져가는가, 가져간다면 어떤 선물을 가져가는가? 매우 까다로운 문제이다.

그리고 그 다음에는?

미국에서는 사적인 초대를 받은 후에 초대해 준 안주인에게 당신이 서면으로 짧은 감사의 표현을 하는 것이 일반적이다. 일반적으로 선물은 하지 않는다.

아이티에서는 당신이 두 번째 초대에 응해서 방문할 때라면 어떤 경우라도 선물 하나를 가져가야 할 것이다. 그 선물이 값비싼 것일 필요는 없다.

친교 유지

Hotspot은 한마디로 언어의 문제이다.

어떤 언어로

● 상대방 두 사람 중 어느 한 사람의 언어로 이야기되는가? 그러니까 어떤 한 사람은 자신의 모국어로 말하는가? 대부분의 경우에 사람들은 최소한 그들이 할 수 있는 한 그들이 머물고 있는 나라의 언어로 말하려고 노력할 것이다. 여기서 종종 불이익을 받게 된다. 원래 외국어로는 자신의 생각을 제대로 표현할 수 없고, 어려운 주제들을 다루는 경우에는 좌절하기도 한다. 자기 나라 말로 말하는 사람은 이 점을 고려해야 한다. 하지만 또 어떤 상대방들은 기꺼이 당신의 언어로 말하고 싶어 한다(그런데 그들이 당신의 언어를 정확히 할 수 없을 경우엔 난감해지게 된다). 올바로 교정해주어야 하는가? 대부분의 경우에는 오히려 그렇지 않는 것이 좋다. 그러나 무엇을 말하려고 했는지는 항상 조심스럽게 설명한다.

● 상대방이 그 어느 누구의 모국어도 아닌 제 3의 언어로 말하는가? 이 경우 빈번하게 영어가 사용된다. 여기에도 또한 변이형들이 있다. 아시아에서는 영어가 국제 통상어다.

● 당신의 상대방이 언어에 능통한가? 많은 아프리카인들은 두 개

혹은 그 이상의 언어를 구사한다. 그들은 자신들의 언어 외에도 예전에 그들을 식민통치했던 나라들의 언어를 구사한다. 예를 들어 프랑스어는 서아프리카 해안 지역의 공식어이고 마그리브-나라들에서는 일상어이다. 케냐, 탄자니아, 나이지리아와 감비아에서는 영어가 그리고 남아프리카에서는 영어와 남아프리카의 공용 네덜란드어인 아프리칸스가 쓰인다.

선물 일반적으로 주고받는 선물이 있는 한편, 다른 한편으로는 상당수의 사람들이 별로 반기지 않는다거나 많은 사람들이 전적으로 거부하는 선물들도 있다. 여기서 중요시 되는 문제들은 다음과 같은 것이다.

● 선물을 하는가 아니면 하지 않는가? 일본인들과 사업을 하는 경우라면 선물은 꼭 해야 한다. 근동지역 사람들은 선물을 하지 않는다.
● 무엇을 선물하는가? 아랍 국가들에서 술을 선물하는 것은 금기이고(예외: 이라크) 햄 선물도 물론 금기이다. 일본인들에게 지역 특산물과 위스키는 좋은 반응을 얻는다. 꽃을 선물한 경우에는 어떤 꽃인지에 따라 다르다. 많은 꽃들이 상징적인 의미를 갖고 있다.
● 언제 선물을 하는가? 방문 했을 때 처음에? 방문이 끝나고 갈 때? 다음 날?
● 누가 누구에게 선물하는가? 아랍 국가들에서 초대해준 안주인에게 선물하는 것은 통상적이지 않고 달가운 것이 아니다. 탄자니아에서는 초대한 사람이 손님에게 선물을 주는 것과 또 그 역으로 손님이 초대한 사람에게 선물을 주는 것이 통상적이다.
● 어떻게 언제 선물을 건네나? 선물을 양 손으로 건네는가 아니면

오른손으로 건네는가? 상당수의 문화권에서는 초대해준 사람하고만 단 둘이 있을 때는, 절대 초대해준 사람에게 선물을 건네지 않는다.

예와 아니오 말하기

동의하지 않는다는 것을 드러내놓고 공공연하게 표현하는 것은 특히 간접적인 문화권에서 오히려 무례한 것으로 간주된다. 독일인들은 많은 문화권에서 "딱딱한" 사람들로 간주되는데, 그 이유는 그들이 에두르는 것 없이 곧바로 사안들을 다루며, 장광설 없이 단도직입적으로 결정을 내리고, 분명한 예 또는 아니오로 대답하며, 정중하게 쓰이는 미사여구를 잘 모르기 때문이다.

종종 간접적으로

- 동의하지 않는다는 것은 한 언어에서 이에 상응하는 불변화사들을 통해 언어적으로 다양한 강도로 표현될 수 있다. "아니오 Nein", "절대 ~하지 않다Keinesfalls", "그 어떤 경우에도 ~하지 않다Unter keinen Unständen" 등등. 여러 언어들에서 위의 각각의 불변화사에 동등하게 해당되는 말은 매우 다르게 사용될 수 있다.
- 찬성과 반대는 그 외에도 여러 다른 제스처들을 통해 표현될 수도 있다. 따라서 머리를 좌우로 흔드는 것이 (부분적으로 그리스어와 불가리어에서 볼 수 있듯이) "예"를 의미할 수도 있고, (통가Tonga에서는) 눈썹을 위로 치켜뜨면서, 머리를 위쪽으로 당기듯이 움직이는 것이 "예"를 의미할 수 있다. (필리핀 사람들에게서는) 머리를 위쪽으로 당기듯이 움직이는 것은 "아니오"를 의미한다.
- 상징적인 행위들도 또한 여기서 긍정 · 부정과 관련해서 일반적

으로 행해지고 있다. 터키-아랍어권에서는 찻잔위에 스푼을 올려놓는 것은, (더 이상) 아무것도 마시고 싶지 않다는 것을 표현하는 것이다. 많은 유럽 문화권에서 나이프와 포크를 십자형으로 놓는 것은 더 먹고자 하는 바람을 알리는 것이고, 나란히 평행하게 둔 식사도구는 배가 부르다는 것을 나타낸다. 중국에서는 완전히 다 비운 잔만이 달콤한 와인과 맥주와 독한 화주용으로 손님 앞에 놓여 있는 세 개의 잔에 더 이상 술이 부어지지 않게 해주는 확실한 보장이다.

결정적인 문제가 남아있다. 거절이 보다 직접적으로 아니면 간접적으로 표현되는가하는 문제이다. 일본에서는 미소를 짓는 것, 고개를 끄덕이는 것과 말로 긍정을 표현하는 것까지 모두 공손함으로 덮여진 마음을 담은 "부정"의 표현일 수 있다. 직접적으로 "아니요"라고 말하는 것을 듣는 것은 전적으로 있을 수 없는 일이고, 기껏해야 "말씀드리기 어렵지만 ..."이라는 말을 들을 수 있을 것이다. 이와 유사한 것들을 우리도 알고 있다. 영국식 영어에서 "음, 그거 흥미로운 생각이군Hm, that's an interesting idea"라는 말은 종종 그 아이디어에 대한 거절을 표현하고자 하는 것일 수 있다.

대화진행과 말 넘겨받기

대화는 어떻게 진행되는가? 사람들은 대화진행에 어떻게 영향을 미치게 되나?

● 반작용적인 문화의 구성원들은 행동주도권이나 대화주도권을 잡는 일이 드물고, 남의 말을 경청하는 것을 더 좋아하며, 다른 사람의 생각에 반응하고 그들 자신의 생각을 표현하기 전에 우

선 다른 사람의 생각에 대한 의견을 갖게 된다. 다른 사람이 말을 다 끝낸 후에는 잠시 동안 정중하게 침묵을 유지하고 그렇게 함으로써 상대방에 대한 자신의 경의를 표현한다. 선호되는 의사소통 진행과정은 다음과 같다.

모놀로그 - 잠깐의 휴지부 - 생각 - 모놀로그

● 무엇이 잠깐의 휴식으로 간주되고 무엇이 화자가 교체될 수 있는 지점인 TRP로 간주되는가? 화자 교체는 문제를 일으킬 수도 있고, 모든 사람이 뒤섞여서 얘기하는 상황에 이를 수 있다. 문제가 되는 것은 말을 중단히는 것이다. 하지만 무엇이 말이 끊기는 것으로 간주되는가? 언제 말이 끊겼는가? 어쩌면 말을 끊는 것이나 주제를 바꾸는 "제가 말을 끊어서 죄송합니다만, 저는 잘 이해가 되지 않습니다"라고 명백히 밝혀지는 것이 바람직하다.

> TRPs(교체관련 지점들, 즉 대화가 다른 사람에게로 넘어가는 것)

"음mhm"·"예ja"·"아ah" 등같이 대화를 유도하는 불변화사들은 몸짓언어적인 행위, 제스처, 표정이나 미소 등과 마찬가지로 문화 간 빚어지는 오해에 특히 취약하다.

● 이러한 발화들은 어떻게 해석될 수 있는가? 다른 언어들에는 어떤 불변화사가 있는가?

● 이러한 종류의 발화 중 얼마나 많은 발화가 통상적인가? 중국인들의 경우에 그런 발화는 아주 간결하게 나타난다. 유럽인들은 중국인들의 억양·문장 강세 등과 같은 부가 언어적 표현을 쉽게 간과한다.

아랍 국가들에서는 많은 대화들이 동시에 진행되는 일이 빈번하다. 당신의 대화 상대자가 대화 중에 다른 누군가와 얘기를 하기 때문에 15분 동안 당신을 잊는 일도 있을 수 있다. 그것은 무례한 행동이 아니다.

경청습관

상대방의 관심과 참여가 의사소통이 계속 진행되도록 한다. 물론 이 점에 있어서 여러 문화들에 대한 현저한 차이점들이 있다. 종종 그 신호들은 아주 상반되는 것이기도 하다.

● 주의를 기울이고 있다는 것은 시선을 통해 전달될 수 있다. (주의! 눈을 마주보는 것은 난감한 상황이 될 수 있다.) 또는 그 반대로, 일본인들은 어떤 대화에 강도 높게 집중할 때 자주 눈을 감는다. 누군가에게 친절하게 미소짓는 것은 일단은 보편적인 것처럼 보인다. 그러나 중요한 것은 어떤 종류의 미소들이 구별되어야 하는지, 어떤 자리에서 어떻게 미소가 해석되는가 하는 것이다. 아시아 국가들에서는 난처한 상황에서 미소짓는 경우가 자주 있는데, 이는 어떤 질문에 대하여 거절하는 대답으로 적절하다.

반응   ● 주의를 기울이는 것과 참여하는 것은 대화에 동참하는 가운데서 나타난다. 재빨리 반응하는 것과 말하는데 끼어들기(스페인)와 유머러스한 부차적 언급(미국, 영국)은 환영받을 수도 있고 혹은 거부될 수도 있다.

● 되묻는 것은 관심을 나타낸다. 이해의 어려움은 아무런 문제없이 반복을 통해 논의될 수 있다. 이란인들은 자신이 말하는 것을 좋아하지만, 대화 상대자가 그 어떤 새로운 것이나 관심을 끄는 것을 이야기한다고 생각될 때는 주의 깊게 경청한다.

● 조용히 경청하는 것은 공손하고 의미 있는 것으로 여겨진다(폴

란드). 캐나다 사람들은 공손한 청자이고 다른 사람의 말을 중
단시키는 일은 드물다. 오스트리아사람들은 매우 정중하고 친
절한 청자로 보이지만, 항상 자기 자신이 말을 하려고 애쓴다.
그들은 이미 자신들이 들은 내용에 대하여 "예 Ja"라는 말로 요
약하는데, 그것은 그리고 나서 "그러나 Aber"라는 말로 자기
자신의 이야기를 계속 해나가기 위해서이다.

테마와 토픽

사람들은 모든 것에 대해 얘기할 수도 있다. 이렇게 생각하는 것이
상호 문화적 측면에서만 어리석게 보이는 것은 아니다.

● 우리는 누구와 무엇에 대해 아무 거리낌 없이 얘기할 수 있을
까? 어떤 한 테마가 절대적으로 금기시되는 것인가? 금기시되는
테마는 종종 돈, 술, 섹스, 신체 에 관한 전반적인 것(화장실),
현안이 되고 있는 정책, 지역의 역사, 다른 사람이나 다른 그룹
에 대해 갖는 단순하고 고정된 이미지 및 태도, 어떤 사람이나
그룹에 대해 갖고 있는 판단 기타 등등이다. 여기서 문화들 사
이에서 일어나는 대부분의 당혹스러운 민망한 경우가 또한 생
긴다. 아시아 근동지역 사람들은 가축, 특히 개에 대해서 이야
기하지 않는다.

● 그 자리에 없는 제 3자에 대해 얘기를 하는가 아니면 오히려 얘
기를 하지 않는가? 소문이나 수다는 어디에서나 같지 않고, 또
어디에서나 사랑받는 것도 아니다. 소문은 스칸디나비아 나라
들에서는 부정적인 것을 연상시키고, 앵글로색슨 족들의 세계
에서도 좋은 평판을 얻지 못한다. 수많은 나라들에서 소문은 비
즈니스맨들에게 있어서 중요한 정보원이다. 스페인 · 이탈리아

· 브라질 그리고 일본에서는 사실들과 통계들이 소문을 통해 빠르게 현실화된다.
● 어떤 계기와 관련된 테마들이라는 것이 무엇인가? 중국인과 일본인들에게는 대화에서 함께 관계규정을 하고 상황을 정의하는 것과 그것들을 서로 확인하는 것이 주를 이룬다.
● 어떤 정보들이 별 문제 없이 주어지는가?
● 이야기된 것은 어떻게 평가될 수 있는가? 러시아 사람들에 대해서는, 그들이 대화 상대자가 듣고 싶어하는 말을 하는 경향이 있다고들 한다. 보다 더 적절하게 표현하자면, 상대방이 듣고 싶어한다고 러시아 사람들이 생각하는 것이다.
● 사람들은 또한 여기서 테마를 바꿀 수 있을지 어떨지를 명확히 물을 수 있다.

침묵

침묵이 무엇인지 문화를 젖혀두고 규정하기는 어렵다. 긴 정적은 여러 가지로 해석될 수 있다.

● 그것은 침묵인가 아니면 정적인가? 긴 정적은 침묵으로 이해될 수 있고 불안감으로 이어진다.
● 침묵은 무엇인가? 미국 · 독일 · 프랑스 · 남유럽 · 아랍 지도자들은 침묵을 부정적인 반응으로 여길 것이다. 동아시아 · 일본 · 핀란드(이와 관련하여서는 유일한 유럽 국가)는 침묵을 대답으로 간주하는데 전적으로 이론의 여지가 없다. 중국의 속담에 이런 말이 있다. "아는 사람은 침묵하고, 모르는 사람은 말을 한다." 침묵은 경청하고 배우는 것을 의미한다.

비판하기

누가 비판받는 것을 좋아하겠는가? 좋은 인상을 만들고 싶어하는 사람은 개인적인 비판을 피한다. 수많은 다른 문화권은 비판에 그다지 성급하지 않다. 사람들은 다른 사람을 조심스럽게 배려해서 대한다. 서로 인정한 가운데서의 비판은 또 다른 문제다.

● 때로 이의를 제기하는 것은 이미 비판적인 것이기도 하다. 핀란드 사람들 같은 경우는 아주 솔직하고 직접적이지만 가능한 한 모든 대립을 피하고, 상대편에게 호의적인 대답을 하려고 노력한다.

● 많은 사람들은 기꺼이 자기 자신을 비판하기도 하지만, 다른 사람들이 하는 비판에는 아주 민감하다.

● 특정한 테마들은 비판적이다. 스페인 ? 콜롬비아 ? 페루에서는 투우에 대해 너무 비판적인 언급을 해서는 안 된다.

● 칭찬도 비판이 될 수 있다. 칭찬을 하는 사람은 판단자의 역할도 있는 것처럼 믿는다. 사람들은 너무 지나친 칭찬을 좋아하지 않는데, 그 이유는 그 칭찬으로 압박감을 느끼기 때문이다.

사람들은 어떻게 설득을 하는가?

확신을 주고 설득하는 것은 도처에서 다르게 진행된다. 서양에서 널리 확산된 관습을 논하는 것은 보편적이지 않다.

● 다른 사람들에게 자신의 생각을 강요하는 것은 무례하고 부적절한 것으로 간주될 수 있다(핀란드, 일본). 사람들은 오히려 동의한다는 의미에서 고개를 끄덕이고, 친절하게 미소 짓고, 논

쟁과 이견들을 피해야 할 것이다.

● 사람들은 장황한 설명(이탈리아, 남아메리카) · 논증(독일어?) · 상상력에 호소하거나 엄격한 논리적 법칙(프랑스인)으로 확신을 줄 수 있다.

유머 ● 유머와 말을 삼가는 것을 통해 확신을 줄 수 있다. 영국 사람들은 자기 자신을 비판하고자 할 때나 힘든 상황의 긴장을 완화시키고 유화적인 분위기를 조성하고자 할 때 비교적 자주 유머라는 수단을 쓴다. 유머는 대화가 과도하게 형식을 갖추느라고 느려질 때 대화를 촉진시키는 데에도 도움이 된다.

사과

의무와 마찬가지로 잘못과 추태에 대해 사과를 하는 것에 대한 시각은 문화 특수적이다. 여기에 이를 테면 가족 내적인 상황 등의 상이한 사회적 상황에서 나타나는 상이한 행동방식이 추가된다.

● 사과는 명확히 표현되어야 하는가? 사과는 어느 정도 유감을 표명함으로써 표현될 수도 있다. "미안합니다Es tut mir leid", "유감스럽게 생각합니다ich bedaure", "죄송합니다 Verzeihung", "실례합니다Ich entschuldige mich"와 이에 상응하는 등가의 말들.

● 당신들은 자신에게 책임이 있는 잘못을 저질렀을 때 분명하게 사과를 해야만 합니까? 어쩌면 아무런 변명이나 설명 없이도?(일본)

● 미국식 영어에서처럼 "실례합니다Excuse me"와 "죄송합니다 I'm sorry" 사이에는 차이점이 있는가? "실례합니다Excuse me"는 앞을 향하고 있다. 행동규칙을 의도적으로 위반하거나

이를 위반할 위험이 있을 때와 관련된다. "죄송합니다I'm sorry" 는 일어난 위반을 다시 바로 잡는데 쓰인다. 비슷한 경우로 이탈리아어 "Scusi"와 "Permesso?"가 있다.

● 사과가 명확하지 않게 혹은 비언어적으로 표현되는가?

7.2. 핫워드Hotword란 무엇인가?

Rich Points는 대개 단어와 연관되어 있고, 단어로 구체화된다. 그것은 연관된 모든 것이 단어들 안에서 파악되기 때문에 필수적이다. 때문에 우리에게 더욱 쉽게 파악될 수 있고 그 때문에 의사소통상 훨씬 더 유용한 것을 정확하게 표현하게 된다. Hotwords는 Hotspots이 총괄하고 있는 단어들이다.

Hotword라는 개념은 애거의 Rich Point 아이디어에서 나온 것이다. 그러나 Hotword 개념은 중요한 문화적 사실들을 통해 두드러지는 개별 단어들에 초점을 맞춘다. Hotword는 그것의 본질적인 요소들을 농축해 놓은 것이다. 그것은 아주 많은 문화를 담고 있고, 문화적으로 충전되어 있으며 논쟁적인 것인데, 그 이유는

● Hotword가 이러한 문화의 초미의 문제들을 다루기 때문이고,
● Hotword가 논쟁의 여지가 있을 수 있기 때문이며,
● Hotword가 문화적 초점을 일컬어 주며,
● Hotword가 현 이슈이기 때문이다.

사전에서 의미를 찾아볼 단어들이 있는 데 그 단어들은 별로 의미를 부여하지 못한다. 사전은 아주 빈약하다. 이 단어들을 이해하기 위해서는 그 언어의 문화에 젖어들어야만 한다. 그렇게 해야만 실질적인 이해에 이를 수 있고, 그렇게 해야만 필요한 의사소통 능력

단어와 세상 을 습득하게 된다.

Hotwords는 이해될 수 있고 설명될 수 있는데, 분명하게 규명될 수는 없다. 역시 속에서, 시회적 삶 속에서 특별한 역할을 하는 단어들이 있고, 이 단어들에는 긍정적 방식으로든 부정적 방식으로든 논증과 정서가 얽혀있다. 물론 어떤 한 Hotwords를 분석할 때에 단어의 외양을 따지는 것이 아니라, 무엇보다도 단어의 사용, 넓은 의미에서의 그 단어의 의미를 다루는 것이다.

단어와 세상이 어떻게 긴밀하게 결합되어 있는지 여기 이곳에서도 나타난다. 보통 언어학자들은 인용된, 말하자면 분석하고자 하는 언어 표현들을 이탤릭체로 씀으로써 강조를 나타낸다. 그렇게 해서 바로 그 단어를 다루고 있으며, 그 단어를 인용한다는 것을 보여줌으로써, 이 단어가 보통의 방법으로 평범하게 사용되고 있지 않다는 것을 분명히 한다. 사람들이 Hotwords를 다루는데 있어서 갖는 문제점은, 그 단어가 이탤릭체로 되어야 하는 것인지 아닌지를 항상 그렇게 정확하게 알지는 못한다는 것이다.

(1) 애거는 Schmäh가 무엇인지 정확하게 그려낼 수가 없었다.
(2) 그는 오스트리아 친구들에게 Schmäh의 정의를 내려달라고 부탁했다.
(3) 그들은 Schmäh가 무엇을 의미하는 지에 대해 의견일치를 볼 수 없었다.

한편으로는 바로 이 단어에 대해 말하는 것이지만, 다른 한편으로는 그야말로 이 단어와 연관된 태도와 그 태도를 표명하는 것에 관한 문제이다. 이로써 우리는 어떻게 언어와 세상이 긴밀하게 연관되는지 안다.

Hotward와 관련해서 다음의 판단기준들이 언급될 수 있다.

1. 단어의 의미를 말하는 것이 어렵다.

2. 모국어 화자들도 그 의미를 말하는 것이 어렵다.

3. 그것은 외국인들이 이해하기 어려운 단어이다.

4. 사회적 역사적으로 논쟁의 여지가 있는 사실들이 이 단어와 결부되어 있다.

5. 이 단어는 원어민들에 의해 자신들의 정체성의 양상으로 이해된다.

6. 이 단어는 수많은 문화 특수적인 의미성분들을 담고 있다.

7. Hotword를 이해하기 위해서는 문화와 역사적 사실들과 함께 심도 높은 분석을 해야만 한다.

8. Hotword를 이해하기 위해서는 목표로 하는 문화에 빠져들어야 한다.

9. 다양한 의미성분들이 하나의 문화적 모형을 이룬다.

나는 어떻게 그것이 Hotward인지 알지?

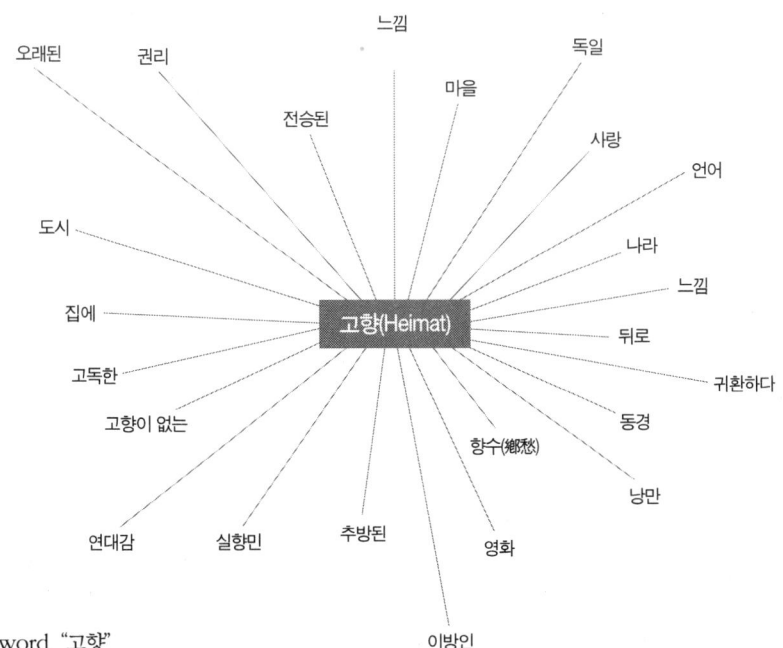

오래된 · 권리 · 느낌 · 마을 · 독일 · 전승된 · 사랑 · 언어 · 도시 · 나라 · 느낌 · 집에 · 고향(Heimat) · 뒤로 · 고독한 · 귀환하다 · 고향이 없는 · 동경 · 향수(鄕愁) · 낭만 · 연대감 · 실향민 · 추방된 · 영화 · 이방인

Hotword "고향"

7.3. 신체와 관련된 표현들 (Somatismen)

관용구들은 종종 비교적 긴 역사를 갖고 있고, 때때로 역사적 에피소드로도 소급하는 전의된 관용적 표현이다. 관용구는 야누스의 머리를 갖고 있다. 즉 관용구는 두 개의 얼굴을 갖고 있어서, 한편으로 관용구는 단어들처럼 고유의 사용방법을 가지고 있고, 이로부터 그 단어들의 의미가 구성된다. 다른 한편으로 관용구들은 어휘적 의미를 가지고 있는데, 이로부터 전의된 의미가 생겨난다. 종종 사람들은 어떻게 전의된 의미가 생겨나게 되었는지, 혹은 적어도 어휘적 의미와의 연관관계가 어떻게 되는지를 추론해 볼 수 있다. 이 두 개의 얼굴은 다채로운 언어유희 안에서 잘 이용될 수 있다. 이 다채로움 안에 바로 관용구를 사용하는 매력이 있다.

관용구에는 또한 문화가 실려 있다. 예로써 우리는 소위 신체와 관련된 표현에서 문화적 요소들을 걸러낼 수도 있다. 우리는 관용구 안에 팔, 눈, 다리, 가슴, 주먹, 발, 얼굴, 머리카락, 목, 피부, 손, 심장, 무릎, 머리 기타 등의 신체 부위를 나타내는 많은 표현들이 뿌리 내리고 있는 것을 볼 수 있다. 이러한 종류의 관용구들은 신체적 관용구 혹은 신체에 관련된 표현들이라고 불린다. 독일어의 모든 관용적 어휘 결합의 20% 이상이 신체와 관련된 표현들로 구성되어있다.

몸짓언어는 제스처나 표정술의 경우에서처럼 신체로 이야기 하는 것만은 아니다. 우리는 오히려 신체부위에도 언어에서 생산적일 수 있는, 아주 특정한 속성들을 부여한다. 이러한 특징을 부여하는 것은 전의ㆍ메타포ㆍ관용구들의 경우에 있어서 매우 생산적이다. 신체부위에 대한 상징적 의미들도 언급된다.

	팔
팔은 상대방에 대한 입장을 표현한다. 팔은 길어지고 무엇인가를 움켜잡는다. 팔은 몸통에서 멀어진다.	

	눈
눈은 보기위해 있다. 　보는 것은 아는 것이다. 　보는 것은 관찰하는 것이다. 눈은 통찰력과 예지력을 말해준다. 눈은 영혼의 거울이다. 눈은 가장 귀중한 것이다.	

	다리
다리는 달리기 위해 있다. (삶 속에서) 두 다리로 지탱하고 있다. (삶을 지탱하다, 일어서다)	

	발
발은 등장하기 위해 있다. 발은 아래에 있다.	

	머리카락/털
머리카락은 가늘다. 회색 머리카락은 나이와 근심을 의미한다. 머리카락/털은 깨끗한 것이 아니다.	

	손
손은 거래하기 위해 있다. 손은 잡고 붙들기 위해 있다. 손은 통제와 책임을 말해준다. 손은 소유를 말해준다.	

손은 접촉을 말한다.

손은 돕기 위해 있다.

손은 손짓하기 위해 있다.

심장

심장은 감정이 있는 곳이다.

심장에는 사랑이 있다.

심장에는 온기가 있다.

심장은 하나의 그릇이다.

머리

머리는 사고, 즉 오성의 장소이다.

머리는 하나의 공간이다.

머리는 통제를 의미한다.

머리는 삶을 대표한다.

머리는 위에 있다.

머리는 부분으로써 전체적인 인간을 말한다.

심장과 머리가 인간을 형성한다.

머리와 심장은 종종 일치하지 못한다.

입

입은 말하기 위해 있다.

입은 먹기 위해 있다.

코

코는 냄새 맡기 위해 있다.

코는 가장 넓게 돌출되어 있는 신체 부위이다.

귀

귀는 듣기 위해 있다.

귀는 주의력을 대표한다.

이렇게 속성들을 부여하는 것이 보편적인 것은 아니다. 오히려 서로 다른 여러 문화권에서 상이한 상징의미들이 신체부위에 부여된다. 다양한 상징적 의미들을 밝혀주는 것은 그로써 동시에 문화의 한 단편을 의식하게 만들어 주는 것이다. 그러므로 서로 다른 여러 문화권 안에는 개별 신체부위를 통해서 각기 달리 만들어지는 차이들이 이미 존재하고 있다.
여기에 독일과 터키의 신체와 관련된 표현들을 비교한 것이 있다.

우리는 이 도표에서 터키어 신체 관련 표현들은 가장 빈번하게 눈·머리·손·입을 포함하고 있고, 이와 달리 독일어 신체 관련 표현들은 손·눈·머리·귀를 포함하고 있다는 것을 알 수 있다.

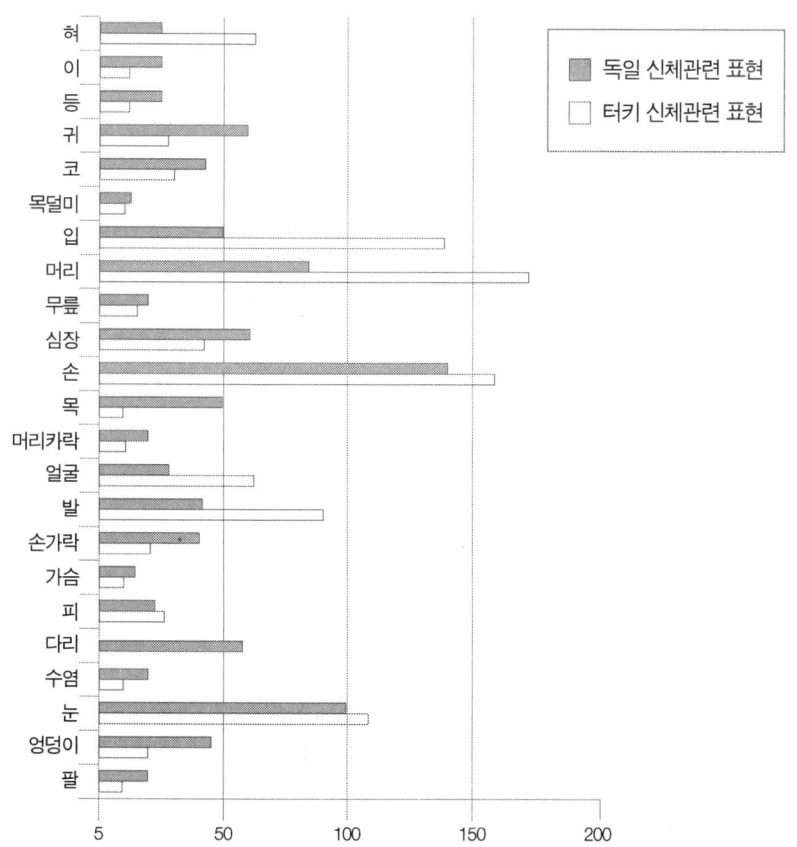

그러나 신체 부위들의 의미도 또한 상당히 다르다.

간 Leber (독일)

eine durstige / trockene Leber haben 목마른 / 마른 간을 가지고 있다	oft, viel Durst haben 자주, 광장히 목마르다
es muss herunter von der Leber 간에서 아래로 내려가야 한다. 즉 아무도 이 이상 숨기려하지 않는다	es kann nicht mehr länger verschwi-egen werden 더 이상은 숨겨질 수 없다
frei / frisch von der Leber reden / sprechen 자유롭게 / 새롭게 간에 대해 말하다 / 얘기하다. 즉 솔직히 털어놓고 말하다	ohne Umschweife, ungehemmt sagen, was man denkt 생각하는 바를 단도직입적으로, 서슴없이 말하다
jmdm. ist eine Laus über die Leber gelaufen / gekrochen 누군가의 간 위를 이가 뛰어다닌다 / 기어다닌다. 즉 누가 화가 치밀어 오르다	jmd. ist über etwas verärgert 누가 무엇에 대해 기분이 상하게 되다

간 ci∂er (터키)

ci∂er acisi [Leberschmerz] 간의 통증	Verlustschmerz (bei verlorenen Kindern) 상실의 고통 (아이를 잃어버렸을 경우)
ci∂erine iþlemek [in die Leber (ein)arbeiten] 간에 끼워 넣다	einen Schmerz des anderen spüren und Mitleid haben 다른 사람의 고통을 느끼고 연민을 갖다
ci∂erni delmek [die eigne Leber durchbohren] 자신의 간을 관통하다	jmdn. sehr kränken 누구를 심하게 모욕하다
ci∂erini yakmak [jemandes Leber verbrennen] 누군가의 간이 불에 타다	jmdn. sehr tief verletzen 누구의 감정을 아주 깊이 손상시키다
ci∂eri parçalanmak [die Leber zerstückeln] 간을 잘게 자르다	sehr trauern 슬퍼하다
ci∂eri yanmak [seine Leber brennt] 그의 간이 타다	einem großen Schmerz unterliegen 큰 고통으로 죽다

ciðerni okumak [seine Leber lesen] 그의 간을 읽다	Gedanken eines anderen lesen 다른 사람의 생각을 읽다
ciðeri beþpara etmez [seine Leber ist keine f?nf xxx wert] 그의 간은 5 xxx의 가치도 없다	ein unnützer Mensch sein 쓸모없는 인간이다
ciðerimin köþesi [(die) Ecke meiner Leber] 내 간의 구석	Liebling, geliebtes Kind 가장 사랑하는 사람, 사랑받는 아이

독일어에서 간은 연설 · 목마름 · 화가 나는 것과 관련이 있다. 터키어에서 간은 큰 슬픔과 연민이다. 이러한 지식이 다음의 경우를 이해하는 데 다소 기여할 수 있을 것인가?

간의 통증

52살의 여성 터키 공장근로자 Y씨는 18년 전에 독일에 왔다. 그녀는 4일 전부터 검사를 받기 위해 종합병원에 있다. 그녀는 처음에는 자신의 가정의에게, 그 다음에는 내과의사와 산부인과 의사에게 조언을 구했었다. 뿐만 아니라 그녀는 최근에 이스탄불에 체류했을 때 한 "유명한 의사"에게 진찰을 받았었고 약물 치료를 받았었다. 터키에서 돌아온 후에 그녀는 석 달 동안 통증 없이 자신의 일에 몰두했다. 그 후에 통증이 다시 시작됐고, 한 젊은 내과의사가 종합병원으로 가도록 조처해 주었다. 그녀는 상복부의 통증을 호소하면서, 자신의 간이 건강하지 않으며, 공장에서 신체적으로 힘든 일을 더 이상 견뎌낼 수 없다고 했다. 진찰 결과 약간의 저혈압과 힘든 노동과 여섯 아이의 출산으로 인한 신체적 쇠약 외에 심각한 증상은 발견되지 않았다. 의사들은 이것을 "우울증 고착"을 동반한 전형적인 "외국인 여성노동자 신드롬"으로 간주했다. 의사들은 그녀에게 터키로 돌아갈 것을 제안했다.

담즙 Galle (독일)		
jmdm. l?uft die Galle über 누군가에게 담즙이 넘치다	jmd. wird wütend 누군가가 분노하다
jmdm. kommt die Gale hoch 누군가의 담즙이 위로 올라오다, 즉 누군가가 분노로 가득차다, 화가나서 속이 뒤집히다	jmd. wird wütend 누군가가 분노하다
Gift und Galle speien / spucken 독과 담즙을 게우다 / 뱉다, 즉 몹시 격분하다	sehr w?tend sein, ausfallend, gehässig werden 매우 분노하다, 인신공격하고 악의에 차게 되다

담즙 safra (터키)		
safra atmak [Galle werfen] 담즙을 던지다	jmd. (schädliche Person) von sich fern halten 누군가(해로운 사람)를 자 기 자신으로부터 멀리하다
safra bastirmak [Galle drücken] 담즙을 누르다	um den Hunger ein wenig zu stillen, ein bisschen essen 배고픔을 어느 정 도 달래기 위해 약간의 음식을 먹다.
safrasi kabarmak [seine Galle aufgehen] 그의 담즙이 솟다	vor Hunger Übelkeit verspüren 배가 고파서 메스꺼움을 느끼다

독일어에서 담즙은 주로 분노가 있는 곳이다. 이와 달리 터키어에
서는 특히 허기가 담즙과 연관되어 있다.

이 모든 예들과 고찰이 보여주는 바는 언어적 표현을 사용하는 방
식이 어떻게 다른지와 얼마나 많은 문화가 그 언어적 표현 속에 깃
들어 있는가이다. 정말로 그 문화에 빠져들고자 하는 사람, 정말로
이해하고자 하는 사람은 세밀함과 뉘앙스를 가지고 이러한 표현들
을 다루어야만 한다.

제안

아마도 여러분 자신이 머리카락이나 코가 들어있는 신체와 관련된 몇몇 표 현들을, 가능하다면 비교해 가면서 구성해 볼 수 있을 것입니다.

문화적 표준과 전형성

편견을 문 밖으로 쫓아내면 창문으로 되돌아온다.

프리드리히 대제

Interkulturelle Kommunikation

8 문화적 표준과 전형성

편견을 문 밖으로 쫓아내면
창문으로 되돌아온다.

프리드리히 대제

나는 독일인들은 주거와 휴가를 위해 아주 많은 돈을
소비할 용의가 있으나 음식과 의복을 위해서는 그렇지
않다고 생각한다.

나는 독일인들이 부엌이나 선반을 늘 깨끗이 닦지만
독일 남자는 자신의 몸을 씻지 않는다고 생각한다.

독일인들은 보통 돈을 벌기 위해 일하지만, 많은 일본인들은 단지 돈
을 벌기 위해 일하는 것이 아니라 일을 하기 위해 일한다. 일 혹은 직
업은 많은 일본인들에게 있어 삶 그 자체이다.

일은 독일에서 대단히 중요하다. 여기서
는 모두가 거의 미친 듯이 일한다, 거의.

우리의 경우 사람들은 한 가정에 대한 사회적 압
박감을 가져야하지만, 일에서는 아주 자유롭다.

여기서는 가족은 거의 없는 것과 마찬
가지다. 가족은 오직 성탄절에만 있다.

일본인은 집을 자신이 혼자 고립되어 있을 수
있는 장소로 여기지 않는다.

독일인들은 방으로 들어갈 때 문을 닫는다. 그렇게
함으로서 사적인 공간을 만들기 위함이다.

8.1. 문화적 표준

한 문화의 다양성을 명료하게 하고 어쩌면 가르칠 수 있는 것으로 만들고자 하는 사람은 단순화 · 선별 · 표준화에 의지하고 있는 것처럼 보인다. 이러한 종류의 시도는 소위 문화적 표준의 탐구와 기술記述이다.

> 바로 사람들 사이의 영역에서 그 구성원들의 인지 · 사고 · 판단 · 행동에 포괄적으로 영향을 미치는 한 문화 안에서의 가치 · 규범 · 규칙 · 견해가 핵심적인 문화적 표준으로 표시된다. 따라서 문화적 표준은 한 문화 안에서 나타나는 사회적 삶의 특별한 원칙이다.
>
> (Markowsky / Thomas 1995: 7)

문제는 문화적 표준은 어떤 점에서 문화와 구분되는가? 어디에 문화적 표준의 특수성이 있는가? 라는 것이다.

문화적 표준들은 어떻게 조사되는가?

개개인들은 문화적 표준 안에서 사회화된다. 그러므로 문화적 표준은 개개인에게 당연한 것이며 더 이상 의식되어질 필요가 없다. 여러 연구프로젝트에서 문화적 표준은 문제를 가지고 진행됐던 상호작용(예를 들어 독일인들과 중국인들 사이에서의 상호작용. Thomas 1991: 116)을 바탕으로 조사되었다. 문화적 표준들은 발생된 의사소통상의 문제들을 진단하면서 귀납적으로 얻어졌다. 여기에 적용된 방식에 대한 자세한 것은 물론 알려져 있지 않다. 이에 이어서 문화적 표준은 다른 문화학 연구에서 얻어진 지식들과 더불어 보다 풍부해지고, 그것이 무엇이라고 분명하게 말하기는 어렵지만 문화 비교적 차원에서 분석되었다.

무엇보다도 불분명하게 남아있는 부분은 바로 기저에 놓여있는 의사소통들이 어떻게 진행되었는가 라는 것이다. 지금까지 늘 해오

던 것과 같은 방법이라면 처음부터 끝까지 기록을 철저하게 하고
모든 것을 하나도 빼놓지 않고 해석하는 것이다.

- 어떤 언어가 쓰였는가?
- 거기서 어떤 결론이 도출되었는가?
- 어떤 언어적 표현이 어떤 방식으로 문제들에 대하여 기여했는
  가?
- 상호작용을 기술하는 것이 어떻게 만들어졌는가?
- 예를 들어 누가 말했는가?

아주 결정적인 문제는 어떻게 개별적 관찰로부터 일반화 되며, 얼
마나 이 동질적 사고가 - 처음 정의에서 어렴풋이 느껴지는 것처럼
- 정당화 될 수 있는가 하는 것이다.

다음과 같은 중국의 문화적 표준들이 탐구되고 다루어졌다   **중국의 문화적 표준**
(Thomas 1995: 125).

- 체면 유지
- 사회적 화합
- 관료주의
- 예의범절
- 단위 (가정단위, 노동단위 등)
- 관계 (관계망)
- 간계와 전략적 행동
- 유머

하나씩 좀 더 세부적으로 본다면 다음과 같은 것에 관한 것이다.

체면 유지 우리 독일인들도 사람들이 자신의 체면을 잃지 않아야 한다는 것
과 그럼으로써 자신의 체면을 유지하는 것처럼 다른 사람의 체면
도 또한 유지되어야 한다는 것을 안다. 하지만 이것은 중국 사람들
의 바람이나 욕구와 동일한 것이 아니거니 중국 사람들이 "체면을
유지하는 것"과는 비교할 수 없는 것이다. 중국 사람들에게 있어서
체면 유지는 그들 문화에 깊이 뿌리 내리고 있으며, 사회적 행동을
주도하는 원칙이다. 자제력을 잃고 흥분한 사람과 그렇게 함으로
써 자기 자신과 자신의 대화 상대자를 곤경에 빠뜨리는 사람은 중
국인들에게 있어서는 체면을 잃는 것이다. 그런 사람은 사람들 사
이의 관계를 무너뜨린다. 자제력이 없고 무례하게 반응하는 사람
은 믿음직스럽다거나 신뢰할 수 있는 사람이 아니다. 그리고 그렇
게 해서 체면을 잃는다는 것은 존중 받지 못하며 권력과 권위의 상
실로 이어진다. 불변화사를 통해서 비판의 강도를 낮추더라도 중
국인 청자에게는 결코 약화된 비판으로 받아들여지지 않는다. 하
지만 명백하게 약화시킨다면 도움이 된다. 명백하게 누그러뜨린
비판을 통해서는 비판받는 사람이 "체면을 차리게 해 준다". 상당
수의 독일인들에게는 불필요한 과장된 행동으로 작용하는 것이 중
국인들에게는 기본적인 문화적 표준이 된다.

사회적 조화 사회적 일상에서 인간관계의 조화는 중국인들에게 큰 의미를 가진
다. 예를 들어 한 선생님이 자신의 중국인 학생들에게 그들이 모든
것을 이해했는지 어떤지를 물었을 때, 학생들은 모든 것을 이해하
지 못했다는 것을 자신들이 의식하고 있음에도 불구하고 학생들
모두가 "예"라고 대답하는 일이 있을 수 있다. 왜 그런가?
"예"라는 대답을 통해 그들이 바라는 갈등 없는 분위기가 형성될
것이다. 게다가 학생들은 그렇게 함으로써 선생님이 별로 잘 가르
치지 못해서 배운 것을 이해하지 못했을 수도 있다는 느낌이 선생

님에게 전달될 수 있는 불편한 상황을 피할 수 있게 되는데, 그러한 느낌은 비록 선생님의 명예를 훼손하는 것까지는 아니더라도, 간접적으로 온당하지 못한 비판일 수도 있다.

뿐만 아니라 어떤 것을 이해하지 못했다는 것을 인정해야 하는 것은 거의 모든 학생들에게 어려운 일이다.

예의범절

중국인들은 아주 정중한 사람들이다. 중국인들은 대개 도가 지나칠 정도로 시간을 지키고, 상대방에게도 그들이 시간을 엄수할 것으로 기대한다. 뿐만 아니라 중국 사람들은 손님을 극진히 접대한다. 식사할 때 모든 음식을 골고루 맛봐야 하지만, 항상 그릇에 음식을 조금 남겨야 한다. 음식을 먹으면서 훌쩍거리며 소리 내어 마시는 것이나 그 밖의 다른 소리를 내는 것은 중국인들에게 아주 일반적이고, 행실이 바르지 못한 결과나 표시가 아니다. 당신이 어떤 중국 사람의 집으로 초대를 받게 된다면, 당신은 가능한 한 조금 일찍 가도록 하고, 식사를 마치면 오래지 않아 바로 작별인사를 하도록 해야 할 것이다. 중국 사람들은 만나는 자리에서 처음부터 그들이 곧 다시 가봐야 한다고 말한다. 하지만 그들은 헤어질 시간을 자주 연장하기도 하고, 초대를 한 사람이 어쩌면 당신을 어느 정도 바래다주기도 한다.

단위Danwei

단위(가정단위, 노동단위 등)는 중국에서 아주 중요한 조직단위이자 부양단위이다. 개개인들이 노동단위로 편입되는 것은 집단주의의 장점에 근거하는 철학의 표현이다. 단위는 다툼을 조정하고, 국가의 명령을 이행하며, 주거·의학적 치료·탁아소와 유치원 등을 돌보고, 여가를 위한 행사와 휴가지의 숙소를 조직하며, 장례식도 준비한다. 중국에서 집단의 권리는 개인의 권리에 비해 항상 명백한 우위를 점하고 있다.

그럼에도 불구하고 최근 들어 점점 더 많은 중국 젊은이들은 자신의 생각과 희망에 따른 삶을 누리고자 노력하고 있다. 상하이의 한 여론조사에서 젊은 성인 중 단지 6.5%만이 사회적 이해관계에서 노동이 자신의 삶의 목표라고 답했다.

관계|Guanxi 관계(관계망)는 번역을 통해서는 단지 어렵게 이해될 수 있는 중국인들의 사회적 활동범위에 해당된다. 그중 어떤 한 관점은 독일어에서 "관계를 갖다"로 표현될 수 도 있다. 관계라는 표현에 있어서는 그러나 사업상의 관계에서 성적인 관계에 이르기까지 폭넓은 영역이 표현된다. 이와 같은 네트워크는 개인주의적인 사회에서보다 집단주의 사회에서 더 알맞다. 그것은 중국어에 깊이 뿌리박혀 있다(첫 번째 언급은 기원전 500년이다). 모든 중국 통치자들은 공산주의자들까지도 이러한 네트워크를 형성했는데, 이러한 네트워크는 우리에게 자주 부패한 것으로 비춰졌다. 관계는 지속적이고 종종 평생 동안 유지되기도 한다. 도움을 줄 의무와, 누군가의 편을 들어야 한다는 의무를 진다. 사회적 관계는 이행적이다. A는 레스토랑 주인 B를 알고 있고, B는 웨이터로 C를 데리고 있고, C의 누이 D는 한 자동차 공장 소유자 E와 결혼했다.[...] 그러므로 E도 A의 관계에 속하고, 그 때문에 A는 자신의 자동차를 E에게 손보게 할 수 있을 것이다. 가족 구성원들 간의 관계나, 중국과 해외에 있는 아주 먼 친척들 간의 관계도 또한 우리가 서양에서 알고 있는 그 어떤 모든 관계보다 훨씬 더 밀접하다. 학우, 직장동료, 선생님과 이웃들조차 이 관계망 속에 편입되어 있다. 이러한 네트워크를 통해서 얻는 이점에는 물론 이에 대한 의무들도 결부되어 있다. 이 관계 안에 편입되어 있는 사람은 인맥을 넓게 된다. 이 때문에 관계를 늘리고 · 확대시키고 · 넓히는 것이 중요하다.

중국인들은 대화할 때 바로 본론으로 들어가지 않는다. 오히려 그들은 불협화음을 피하고자 하는 것을 목표로 하는 상이한 전략들을 발전시키기 위해 많은 시간을 갖는다. 다음의 경우가 "체면 유지"의 역할을 예시하는데, 물론 그 경우의 신뢰성은 전적으로 의심스러워진다.

간계와 전략적 행동

한 영국 저널리스트는 그가 북경의 한 신문사로부터 다음과 같은 거절의 편지를 받았을 때, 특별히 우롱하는 것인지 아니면 특별히 우호적인 대우를 하는 것인지 사이에서 종잡을 수 없었다. "우리는 더할 나위 없이 즐겁게 당신의 원고를 읽었습니다. 우리가 당신의 기고문을 출판한다면, 차후에는 표준에 미달하는 논문을 출판하는 것이 우리에게 불가능해질 것 같습니다. 그리고 우리가 이후 수 천 년이 지나도록 이에 비견할 가치를 지닌 논문을 다시 보게 될 것을 상상할 수 없으므로, 어쩔 수 없이 우리는 너무나 유감스럽게도 당신의 이 굉장한 논문을 되돌려 보내야만 할 것 같습니다. 우리의 부족한 통찰과 경외심에 대하여 당신이 관용을 베풀어 주실 것을 수천 번 당부 드립니다."

외국의 문화적 표준에 대한 지식은 우리의 행동에 영향을 미치고 우리의 행동 방향을 조절할 수 있다. 우리는 우리의 상대방들을 더 잘 이해하고, 그들에게 우리를 맞추고, 그들의 입장을 이해하고, 그렇게 해서 많은 후일에 대비하여 문제들을 피하기 위해 문화적 표준을 배운다. "문화적으로 적절하지 않은 행동과 그 행동에서 나타나는 행동장애를 피하기 위해 이국적 문화시스템에 방향을 맞춘 고유한 문화지향시스템의 변화와 확장이 필요하다. [...] 이것은 문화 상호간 학습에 있어서 그 진행과정에 대하여 상호 문화적으로 이해하게 되기 위한 능력을 얻게 된다"(Thomas 1991: 115).

이득

이를 위한 훈련 프로그램들이 있다. 훈련 프로그램들은 문화적 표준과의 연관관계에 있는 것으로 보이는 비판적 경험을 이용한다.

문화적 표준 자체는 진단을 내리는 데에 이용된다(Thomas 1991: 124).

그것은 다루기 쉽다. 하지만 그것은 어느 정도 글로벌하지 않은가?

독일의 문화적 표준 당신은 다음의 독일의 문화적 표준들을 관찰하면서, 당신 스스로의 의견을 만들어 볼 수 있다. 코멘트는 종종 참기 어려울 수 있다. (코멘트는 때때로 괄호 속에 주어지게 된다.)

1. 사람들 사이의 거리

> 그다지 중요하지 않은 개인성품의 영역과 관련하여서는 물론, 독일 사람들이 사람들 사이에서 처음에 거리를 두거나 폐쇄적인 것은 핵심적인 개개인 성품의 영역과 관련하여서도 긴 시간을 통해 뜻밖의 개방적 성격이나 붙임성 있는 성격을 알게 된 후에는 약화된다.
>
> (Markowsky / Thomas 1995: 33)

이것은 미국적인 시각에서 바라보는 것이다. 미국 사람들에게는 그들이 독일 사람들을 사귀기 위해서는 자신들이 주도권을 잡아야만 한다는 것이 결과적으로 드러난다.

이 표준은 역사적으로 오랫동안 지속되어온 지방분권화로 설명되어야 한다. 독일은 30년 전쟁 이후 "300개가 넘는 독립적인 제후국으로 분할되었다"(Markowsky / Thomas 1995: 35). 인구의 대부분은 1000명에서 10000명의 주민들로 구성된 마을이나 도시들에서 살았다. 여행을 하다가 체류를 한다거나 새로이 정착한 사람들은 적었다. "사람들은 서로 알고 지내며 보통 - 대개 여러 세대에 걸쳐 - 같은 곳에서 살았다"(Markowsky / Thomas 1995: 35). 그러므로 이민자들의 나라인 미국에서처럼 교제형식을 발전시키는 것이 불필요 했는데, 신속하고 복잡하지 않게 관계를 맺는 것이 가능하고, 동시에 이러한 관계를 간단히 끝내는 것이 허용되는 일상의 형식들을 발전시키는 것은 불필요했다. 독일 사람들에게는 "같은 마을에 살고 있는 사람들에 대하여 감당할 수 있고, 신뢰할 수 있는 관계를 구축하는 것이 보다 중요한 요인이었다" (Markowsky / Thomas 1995: 35). 나아가 어떤 한 장소에 오래 머물러 있는 고착성은 여전히 일반적인 경우로 남아 있다. 수많은 독일인들은 현재에도 여전히 그들의 전 생애를 오직 한 장소에서 보내고 있다.

(오 그렇다. 제 2차 세계대전 이후 대략 천오백만 명의 피난민들이 독일연방공화국으로 왔다. 지난 수년 동안 삼백이십만 명의 이주자들이 왔다. 잊었는가?)

제안

> 독일의 문화적 표준을 다음의 관점 하에서 지속적으로 관찰해보시오.
> ● 당신은 독일인으로서 혹은 독일어를 외부에서 관찰할 수 있는 타 문화의 일원으로서 어떻게 반응할 것인가?
> ● 특히 **그렇다 하더라도** "dennoch" · **그럼에도 불구하고** "trotzdem" · 오늘 "heute" 등으로 이루어진 내면적 유보에 해당하는 표현이 당신에게 얼마나 명백한가?

2. 사람들 사이의 의사소통의 직접성

> 의사소통의 내용적 관점이 관계적 관점에 우선 한다. (Markowsky / Thomas 1995: 53)

보다 구체적으로 말하자면, 대화와 토론에서 - 게다가 독일인들은 토론을 아주 좋아하는 것으로 보인다 - 미국인들의 감정을 상하게 할 수 있는 "아주 직접적이고 솔직한 어조"가 지배적이다. 비판이든 단순히 그저 개인적인 생각이든, 사람들은 말하고자 하는 것을 에둘러 장광설로 말하지 않는다. 이러한 익사소통 안에서의 직접성을 학교교육에서 라틴어와 그리스어가 차지했던 높은 위상으로 설명한다. 따라서 마르코브스키와 토마스Markowsky/Thomas는 이러한 고대 언어와 그에 속하는 고대 철학을 탐구함으로써 동시에 "논리지향적 사고"를 갖게 된 것으로 본다.

(그것은 물론 장시간에 걸친 꽤 간접적인 방법이었음에 틀림없다. 그리고 논리학과 내용적 관점의 연관관계는 진부한 것이 아니다.) 일본인과 미국인들은 독일인들이 토론하는 방식을 이목을 끌려는 것으로 간주하는 반면, 그리스인들은 그것을 악의가 없고 덜 정열적인 것으로 본다. 자신의 문화적인 배경은 외국문화에 대한 판단에 실제로 결정적인 영향을 미친다(선입견).

3. 규칙 지향성

> 모든 것에는 하나의 규칙이 있고, 그 규칙을 준수하는 것은 자명한 것으로 간주된다. (Markowsky / Thomas 1995: 68)

그것은 사람들이 존재하는 규칙들을 결코 문제 삼지 않고 규칙을 위반하는 것을 재빨리 비판한다는 것을 의미하기도 한다.
"지나치게 정확하고, 융통성 없고, 완고하게" 작용하는 것들은 나름대로의 의미가 있다. "독일처럼 그렇게 인구밀도가 조밀한 나라에는 모든 사람들이 특정한 규칙들을 준수해야 하는 [...] 강력한 필연성도 존재한다." 이것이 공익 보호에 도움이 된다고 말한다 (Markowsky / Thomas 1995: 69).

역사적으로 독일인들의 규칙지향성은 "수세기에 걸쳐 독일적인 사고의 특색이었던"(Markowsky / Thomas 1995: 70) 하나의 견해에 근거를 두는데, 말하자면 그 견해는 "사회적 질서 유지는 현존하는 정부 당국에 대한 부동의 복종에 달려있다"(Markowsky / Thomas 1995: 69)는 확신이다. "도덕적으로 청렴한 시민"은 현존하는 규칙들을 준수하는 것과 다른 사람들도 그 규칙들을 준수했는지를 감시하는 것을 자신의 임무로 여겼다.

미르코브스키와 토미스에 따르면 이러한 과거 유물은 "시간을 엄수해라!" 혹은 "신호등이 빨간불일 때 가지 마라!"와 같은 그러한 규율 뒤에 있다. 마르코브스키와 토마스의 훈련 프로그램에는 미국인들이 빨간 신호등일 때 (통행이 없는) 거리를 건너고, 그냥 서 있는 보행자들은 그것을 비난하며 강한 눈초리로 응시하는 상황이 있다.

4. 권위에 대한 사고

> 사람들은 권위적인 사람들을 높은 경외심과 겸허한 자세와 두려움을 가지고 대한다. (Markowsky / Thomas 1995: 78)

마르코브스키와 토마스는 독일의 계층적 차이를 교수와 학생의 관계를 한 예를 들어 설명하고 있다 - 훈련의 목표 집단은 집에서 권위적인 사람들과 꾸밈없이 자유로운 인간관계를 나누는데 익숙하다는 미국 대학생들이었다.

"권위적인 사람에게 쉽게 종속되는 듯한 인상을 주는 독일인들의 태도"(Markowsky / Thomas 1995: 79)는 독일이 수세기에 걸쳐 신의 은총에 힘입어 통치자로서 군림했던 왕들의 통치를 받았

던 것에서 기인한다고 한다. 왕에 대한 복종은 의무였다. 귀족이나
성직자들 그리고 국가를 위해 일하는 공무원들도 국민들에게 그들
의 권력을 행사했다. 그들은 30년 전쟁 이후 독일이 산산조각 남
으로써 특히 영향력을 얻게 되었다.

권위에 대한 신봉은 사람들이 권력의 지배를 받게 되고 권위에 대
하여 경외심을 나타내는 결과를 낳았다. 예를 들자면 그렇게 사람
들은 공무원들에게 복종했는데, 그 이유는 공무원들이 통치자를
위해 일했고, 통치자의 권위를 사람들이 받아들였기 때문이다. 덧
붙여 남성의 우위, 가부장적제도가 요인으로 언급된다.

오늘날 이처럼 이 두 저자들은 독일인의 권위에 대해 전적으로 비
판적인 견해를 보이지만, 미국인들에게 있어서도 "이러한 몇
백 년 묵은 전통의 흔적[...]은 아직도 여전히 찾아볼 수 있다"
(Markowsky / Thomas 1995: 79)고 한다.

(미국인들이 독일 역사에 대해 그렇게 많은 지식을 갖고 있는가?)

5. 조직의 필요성

> 불확실한 요인들을 제거하기 위해 모든 것은 조직되어야만 한다.
> (Markowsky / Thomas 1995: 85)

이미 규칙지향성에서 본 것처럼 교육기관에서 라틴어와 그리스어
가 차지한 위상에서 조직의 필요성이 설명될 수 있을 것이다. 마르
코브스키와 토마스에 따르면 이러한 전통에서 뚜렷한 논리적 사고
경향 또한 생겨난 것이다.

그리고 더 나아가서 "독일인들처럼 그렇게 강력하게 모든 것을 논
리적 질서에 짜 맞추고 세계를 사고력을 통해 파악하고자 하는 사

람은 또한 멀리 앞을 내다보는 신중함을 통해 자신의 미래를 예측할 수 있게 만들고 그렇게 함으로써 지배할 수 있게 만들려고 노력한다"(Markowsky / Thomas 1995: 86).

세상을 관찰하는 이러한 방식의 결과로 독일에서 미래는 오히려 회의적이고 비관적으로까지 비춰지는데, 그 이유는 사람들이 있을 수 있는 오류의 근원을 이미 이전에 알아내기 때문이다. 그 때문에 미국 대학생들도 독일인들에게서 일종의 한발 앞선 비관주의를 확인한다.

그에 반해 설문을 의뢰한 일본인들과 그리스인들에게서는 이에 대한 어떤 통일된 의견이 보이지 않았다. 물론 어떤 한 미국인이 묘사한 것처럼 독일인들이 일정표에 맞추어 생활한다는 것에 대해서는 의견의 일치를 보인다. 그것이 하루의 일과에 해당되는 것이든 혹은 삶 자체에 해당되는 것이든 모든 것은 계획된다.

어떤 한 그리스인은 "독일에는 그 어떤 즉흥적인 것이 없다. 모든 것은 사전에 조직되어야만 한다"(Ludwig-Uhland-Institut 1986: 30)고 말한다.

6. 신체적 인접성

> 공공사회에서 사람들 사이의 공간적 거리는 자주 아주 미미한 것이다.
> (Markowsky / Thomas 1995: 100)

미국과 비교해 볼 때 독일인들은 훨씬 더 좁은 면적을 차지하고 있으며, 사람이 살지 않는 지역이 거의 없다. 거리에서는 비좁고 붐비는 현상이 훨씬 더 빈번하게 나타나고, 거기서 의도적이지 않은 신체접촉을 피할 수 없으며, 때문에 그런 신체 접촉에 대해서는 별로 신경 쓰지 않는다.

미국의 상황은 따라서 "뉴욕 같은 전형적인 인구밀집 지역의 중심
에서만 인구 밀도가 유럽의 상황과 같은 수준에 이르고"(Althaus
/ Mog 1992: 44) 비교할 만한 것으로 설명될 수 있을 것이다. 하
지만 그 밖에도 일드하우스와 목Althaus/Mog도 유럽의 "비좁음
과 협소한 공간성"을 대조적인 것으로 본다.

질문을 받은 미국 사람들은 이에 덧붙여 사람들이 어딜 가든지, 심
지어 숲에서조차 사람들을 만나기 때문에 어디에서도 혼자 있을
수 없다고 진술한다(Althaus / Mog 1992: 44). 미국과 비교해 볼
때 독일 TV와 광고에서 벗은 모습을 더 많이 볼 수 있다. 이것은
미국인들도 인정했다. 또 다른 미국인들은 자기나라 사람들이 더
경직되어 있고, 그 때문에 미국에서는 공공장소에서 웃통을 벗고
햇볕을 쬐는 일이 용인되지 않는 것이라고 말했다. 어린 아이들이
라 하더라도 수영할 때 발가벗고 돌아다니도록 두지 않는다.

(사람들이 서로서로 그렇게 가깝게 붙어있지 않은 곳에서 발가벗
고 돌아다니는 것이 더 당연한 것 아닐까?)

7. 분리된 사적 영역

> 사적인 영역은 신성하고 외부세계로부터 보호 받는다.
> (Markowsky / Thomas 1995: 107)

이것이 의미하는 바는 문은 대개 닫혀 있고, 노크는 통상적이라는
것이다. "문은 개인적인 영역을 외부세계와 구분지어 주고 소음과
남이 엿듣는 것으로부터 보호해준다"(Markowsky / Thomas
1995: 107)

어떤 한 미국 사람은 "독일 사람들은 사적인 공간을 만들기 위해
방 안으로 들어갈 때 문을 닫는다"(Ludwig-Uhland-Institut 1986:

· 54)라고 설명한다.

마르코브스키와 토마스는 독일의 공적인 생활에서 강하게 내비치는 수많은 규범과 행동규정으로 이루어진 이러한 생활방식을 설명한다. 그에 반해 사적인 영역에서는 외부로부터의 통제가 사라지고, 긴장을 완화시킬 수 있다.

이에 대해 알트하우스와 목 또한 다음과 같은 입장을 취하는데, 그들은 현재 독일연방공화국과 관련하여 사적인 영역을 강조하고 구분 짓는 것이 "독일 사회의 국가 관료주의의 관철에 대한 답변으로써 이해될 수 있다"는 것을 확인한다(Althaus / Mog 1992: 96). 개개인의 사적인 영역에 국가가 개입하는 것을 거부하는 태도에 대한 예로써 그들은 자료비밀보장에 대한 토론과, 인구조사 때 있었던 거센 반대를 거론하고 있다. 덧붙여서 마르코브스키와 토마스는 사람들이 사적인 영역에 그토록 큰 가치를 두는 것에 대한 근거로 다시금 독일에서의 협소함과 높은 인구밀도를 언급하고 있다.

8. 사유재산

> 물질적 재산은 사적인 영역의 일부이고 이에 상응하는 존경을 받게 된다.
> (Markowsky / Thomas 1995: 113)

미국사람들에게는 우선 무엇보다도 재화의 소비가치가 중요한 반면, 독일인들에게 재산은 "추가적인 내재적 가치"를 의미한다. 재산은 "황망한 시간 속에서의 [...] 영속성을 의미한다"(Markowsky / Thomas 1995: 113)

사람들은 다른 사람의 재산을 존중하며, 자신의 재산을 신중하게 관리한다(1995: 113). 마르코브스키와 토마스는 재산을 이렇게 다루는 태도의 원인을 다른 어떤 것 보다도 독일에서 계속해서 심각한 전쟁들이 발발했었고, 그 때 수많은 사람들이 자신의 전 재산을 잃었던 결과에서 오는 것으로 돌린다.

"주택을 소유하는 것은 매우 중요하다 [...]. 정서적으로 애착을 갖는 모든 종류의 가재도구를 소유한다는 것은 훨씬 더 중요하다. 가구라는 것은 그 어휘의 어원에도 불구하고 거의 부동산에 속한다"(Althaus/Mog 1992: 56).
다른 저서들에서도 주택을 소유하는 것과 - 자동차와 같이 - 신분을 상징하는 것에 대하여 다루어진다.

9. 의무의식

> 자신에게 주어진 임무를 완수할 때 자제력과 규율이 극도로 기대된다.
> (Markowsky / Thomas 1995: 119)

독일 제국과 특히 프로이센 관료주의 국가에서 의무는 중요한 개념이었다. "누구나 의무에 따라 자신의 역할을 이행한다면 조화롭고 기능을 발휘하는 사회가 그 결과로 나타날 것이라는 견해가 널리 퍼져 있었다"(Markowsky / Thomas 1995: 119).
화합이 깨진다면, 그것은 인간이 저지르는 실수와 약점에 원인이 있다. 인간의 실수와 약점은 바로 잡아지고 극복될 수 있는 것이었으며, 사람들은 공공복지를 유지하고자 했다. 교회의 윤리관과 권위주의적인 교육을 통해 이러한 견해가 전수되었다. 물론 오늘날 젊은이들은 오히려 "세속화된 노동의식"을 갖는 경향이 있다. 이 점에 있어서 가치 변화와 관련한 몇 가지 일들이 일어났다.
질문을 받은 대학생들은 독일 사람들의 노동에 대한 입장과 관련해서 그 어떤 공통점도 보이지 않았다. 독일의 노동윤리에 대한 의견은 각각의 여론조사 그룹 내에서도 상당히 엇갈렸다. 어떤 그룹은 독일인들에게 있어 노동은 그저 필요악이고, 가정과 여가가 훨씬 높은 위상을 갖는다고 말하는 반면, 다른 그룹은 노동이 인간에게 삶의 의미를 찾아준다고 한다.

10. 성 역할의 차이

> 전통적으로 이해되는 성역할들은 아직도 자주 만나볼 수 있다.
>
> (Markowsky / Thomas 1995: 128)

마르코브스키와 토마스에 따르면 독일에서 여성해방의 과정은 미국에서보다 더 훨씬 오랜 기간 힘들게 전개됐다. 아직도 완전한 동등권에는 이르지 못했다.

이들이 말하듯이 이것은 예를 들자면 수많은 가정에서 여성들은 가정살림을 돌보며, 아이들을 양육하고 아이들을 돌보는 일의 대부분을 떠맡고 있는 반면, 남성들은 기술적인 일들을 돌보거나 그밖에 자신들의 직업에서의 성공을 추구하는 것에서 보여진다.

마르코브스키와 토마스는 그러한 느린 변화에 대한 근거들을 여성이 수세기 동안 남성에게 종속되어 있었다는 사실로부터 도출하는데, 여성이 남성에게 그렇게 종속되었던 것은 또한 종교를 통해서도 지지되어 왔다. 이에 상응해서 여성은 상속의 경우에서처럼 수많은 영역에서 무시당하거나 자주 완전히 배제되었다.

그렇다. "지적 능력은 여성에게 거의 기대되지 않았다. 가정이라는 영역에 여성 본연의 자리라는 가치가 부여되었다"(Markowsky / Thomas 1995: 129).

마르코브스키와 토마스는 수많은 남성들은 오늘날에도 여전히 -

의식적이든 무의식적이든 - 그들의 헤게모니를 고수하고 있고, 그들의 패권에서 생겨나는 이점을 포기하려고 하지 않는다 (Markowsky / Thomas 1995: 129)라고 말한다.

그럼에도 불구하고 독일 여성들은 해방된 것으로 간주된다. 미국인으로 이루어진 한 그룹은 - 마르코브스키와 토마스가 확인한 사실과는 반대로 - 미국에서보다 독일에서 여성 운동이 더 강력했다고 말했다. 질문을 받은 미국 여성들은 이에 대하여 독일에서 여성들이 역시 훨씬 더 심하게 차별 받았었고 아직도 해방이 덜 되었다는 것을 근거로 들었다.

수많은 여성들은 여전히 자녀 교육을 위해 자신의 직업을 포기할 것이다. 그런 까닭에 여성들의 남성들에 대한 의존도도 훨씬 크다는 것이다.

알렉산더 토마스(Alexander Thomas, 1939년 출생)
심리학자
문화 상호적 행동 심리학 분야에서 아주 저명한 독일 학자로 여겨진다. 미국, 프랑스, 중국, 한국 등 수많은 문화권에서 프로젝트를 진행시켰고 수많은 목표 그룹을 대상으로 한 프로젝트를 진행시켰다. 경제 · 행정 분야에서의 지도력과 학생 · 대학생 · 강사들을 대상으로 한 교환 프로그램들이 있다.

제안

문화적 표준을 기술하는데 있어서 방법론적인 의문을 제기해볼 만 하다.
- 사실에 근거한 주장, 역사적인 주장들, 특히 이러한 주장들이 일반화된 형식 안에서 어느 정도까지 일치하는가?
- 역사적인 설명 모형들, 특히 여기에 동원된 원인-효과관계는 얼마나 명백해 보이는가?

문화적 표준들이 심리학자들의 연구 프로젝트에서 탄력을 받게 되 **연구의 단초**
었다. 심리학자들은 보통의 경우에 보편주의적인 성향을 추구한다.
여기서는 "인간 행동의 경험의 조건과 진행과정 그리고 효과"를
분석하는 연구들이 다루어진다(Thomas 1991: 108). 이에 대해
문화비교 심리학은 이와 반대로 생각한다. 문화비교 심리학은 빌
헬름 분트Wilhelm Wundt의 민족심리학 관념에 연결되어 있는
데, 민족심리학의 과제는 인간 삶의 공동체로부터 발생하는 정신
적 산물을 밝혀내는 것이라고 한다. 심리학과 관계되는 것이 정확
히 무엇인지는 대체적으로 불분명하게 남아있다.

언어적인 것과 일반적인 방법론에 해당되는 것에 대하여 헤르만
파울Herrmann Paul은 이미 거센 반론을 제기했다.

개개인의 상호작용이 서로들 사이에서 어떻게 실행에 옮겨지는가의 문제는
분트에게 전혀 문제가 되지 않았다.
(Paul 1920: VI)

나는 오히려 분트가 언어를 관찰함에 있어서 이미 끝장난 심리학적 견해로
접근했다는 인상을 받았다.
(Paul 1920: VII)

모든 심리적 과정은 각각의 개별 정신 속에서 실행되며 그 외의 다른 어떤 곳
도 아니다. 민족정신도 예술·종교 등과 같은 민족정신의 요소들도 구체적
실체가 없으며, 그 결과 민족정신의 요소들 내에서도 또는 그 사이에서도 아
무 것도 일어날 수 없다. 그러므로 이러한 추상적 개념들을 제거해야 한다.
(Paul 1920: 11)

문화적 표준 속에 나타나는 수많은 설명들은 오히려 무모하게 느 **비판**
껴진다. 역사적인 사실들이 설명을 위해 무분별하게 인용되었다.
무엇보다도 다음과 같이 "독일인들처럼 그렇게 강력하게 모든 것
을 논리적 질서에 짜 맞추고 세계를 사고력을 통해 파악하고자 하

는 사람은 또한 멀리 앞을 내다보는 신중함을 통해 자신의 미래를 예측할 수 있게 만들고 그렇게 함으로써 지배할 수 있게 만들려고 노력한다"(Markowsky / Thomas 1995: 86)라는 굵직한 설명모형이 말해주는 바는 무엇인가?

누가 이것을 믿는가? 이러한 설명은 편향적이고, 종종 모순되며 대개 금방 진부해진다.

이러한 표현들은 비교적 자주 객관적으로 들리고, 이들의 해설내용과 관련하여서는 소박하게 들린다. 많은 표현들이 너무나 포괄적이고 지나치게 단순화 되어있다. 이러한 표현들은 아무리 다른 곳에서는 말뿐인 차별화가 나타나더라도 결국은 같은 것이라는 인상을 자주 불러일으킨다. 한편으로는 "우리"와 독일인들, 다른 한편으로는 "다른 사람들"과 외국인들이라는 편견이 자주 나타난다. 문화들 속에 무엇인가가 부족하다는 편견이 문화 비교를 나타내는 일반적인 표현들 안에도 스며들어 있다.

문화적 표준을 얻고 적용하는 것에도 문제가 없지 않다. 이것은 개개인들의 지식기반에 관한 것들을 다루어야 한다.

● 개개인이 알고 있는 모든 지식은 어떻게 수집되는가? 이에 대한 기반은 아무래도 이를 설명해주는 보고들이다.
● 개개인이 알고 있는 모든 지식은 어떻게 분석되고 평가되나?

그리고 특히, 개별적인 보고들과 개별 경험들이 어떻게 함께 짜여지고, 응축되고, 일반화될 수 있는가?

더 나아가서, 그 다음에는 어떻게 그 개별적인 보고들과 개별 경험들이 다시 세세한 부분으로 적용될 수 있을까? 모든 각각의 상황 하나하나가 개별적인 경우가 된다.

문화적 표준에 의한 기술은 전반적으로 사건과 기술상의 방법론적 구별이 없다는 것에 대한 아쉬움을 낳는다. 문화적 표준은 사회적 규칙들, 관습으로 구성된다. 여기서 방법론적으로 다음과 같이 분리해 볼 수 있다.

문화적 표준의 위상

- 규칙과 현실화
- 규칙과 규칙표현
- 구성적이며 전략적인 규칙들
- 규칙과 규범
- 의식적·무의식적 준수

상호 문화적인 의사소통의 기본이념은 문화적 표준의 동화를 통한 개선이다.

> 독일인 사업파트너들이 사무적인 것에만 중점을 둔다는 것을 모르는 상태에서 이들과 상호 작용하게 된 중국 경영자들은 독일인들을 무례하고, 둔감한 사람들이며 "문화"가 없는 사람들이라고 생각한다. 도덕이나 예의범절의 관점에서 보면 독일 사람들은 사회적으로 화합을 이끌어 내기 위하여 그 어떤 기여도 하지 않을 뿐더러, 끊임없이 거슬리는 행동을 하며, 다른 사람을 난처하게 만드는 사람들이다. 이와 같은 행동에 대하여 중국 경영자들은 결국 이해하지 못한 채, 대개 뚜렷한 반감과 거부감을 갖고 반응하게 될 것이다.
> (Thomas 1991: 129)

그들이 그렇게 할까? 그들은 그렇게 하면 안 되는 것인가?

> 낯선 것이 어떻게 자신의 것이 되는 방향으로 변화될 수 있을지 검증되어야만 한다.
> (Thomas 1991: 112)

문화들 사이의 의사소통이 작동하는 것은 동화되는 것을 요구하지 않는다. 이것은 적응의 문제도 아니다. 의사소통과 이해한다는 것은 서로 다르게 작동한다. 우리는 같아져야 할 필요가 없다. 공통의 지식이면 충분하다. 이해한다는 것은 알고 있는 지식으로 인해 변하게 되고 지식은 상대방을 개입시킨다. 개인적인 적응이나 적응노력은 종종 그야말로 우스꽝스러운 것이다. 문화는 그 자체가 스스로 잘 굴러간다.

규범 하나의 표준은 하나의 일반적인 혹은 합의된 척도와 같은 그 어떤 것이다.

> 문화적 표준 아래서 모든 종류의 인지와 사고, 평가 그리고 행동들이 이해되는데, 이것들은 어떤 한 특정 문화의 대다수 구성원들에 의해 그 자체로 사적이며 정상적이고, 당연하며, 전형적이고 구속력 있는 것으로 간주되는 것이다. 원래의 태도와 낯선 태도는 이러한 표준의 토대위에서 판단되고 조절된다.
> (Thomas 1993: 382)

> 문화적 표준들은 그룹 · 조직 · 국가에 있어 인지 · 사고 · 행동의 전형적인 기준척도이다. 어떤 한 대상이 보통 어떤 특성을 지니게 되는지, 자주 나타나는 어떤 한 사건이 보통 어떻게 진행되는지를 하나의 표준이 제시해 주듯이, 문화적 표준은 어떤 한 특정 문화의 구성원들이 어떻게 행동해야 하는지, 객체나 사람 그리고 사건진행을 어떻게 볼 것이며, 평가하고 다루어야 하는지에 대한 척도를 결정한다.
> (Thomas 1991: 5)

문화적 표준이 부분적으로는 경험적으로 얻어지기도 하지만, 문화적 표준은 선별을 통해 규범적으로 되지 않는가? 표준에 대한 언급은 이미 많은 사회과학 안에서의 통상적인 평균치와 규범 사이에서 모호하게 전개되고 있다. 그런데 다수의 문화 참여자가 이것을 믿는다는 것이 어떻게 확인될 것인가? 특히 수많은 형식으로 표현되는 동질성의 가정을 통한 표준들은 규범적으로 현실을 간과할 수 있다. 문화적 표준은 99.5%의 선거결과 같은 그런 것이다.

이미 확고하게 자리 잡고 있는 수집방법이 상호 문화적 맥락에서 문제시 될 수 있다(Thmas 1991: 102). 문화적 표준이 규범과 가치를 그 대상으로 할 뿐만 아니라, 그 자체로 규범으로 생각되고 있는 기미가 여기저기에서 엿보인다. 따라서 어투와 같은 어떤 것으로 문화적 표준이 정의될 수도 있을 것이다. 여기서 누가 정의를 내릴 것인가? 다음과 같은 종류의 규범적 결과들은 대체 어떻게 평가될 수 있는가?

> 삶의 형태의 이문화적 변형들은 [...] 가치평가를 보여줄 수 있다.
> (Thomas 1991: 112)

문화적 표준은 전형성에 얼마나 근접해 있는가? 전형성들은 개인적인 지식구조이다. 전형성은 종종 낯선 것과 원래의 것을 선별하고 일반화하며, 대조한다. 문화적 표준들 또한 여러 관점으로 비교하면서 조사되어야 한다. 그만큼 문화적 표준은 전형성들을 수집해 놓은 것이다. 어떤 한 문화적 표준은 궁극적으로 복잡한 상호작용 상황을 단순화 하는 것에 근거한다. 문화적 표준은 전형적인 것을 목표로 축소함으로써 비로소 방향설정에 도움을 주게 될 것이다. 그러나 문화적 표준은 경험적, 학문적 연구의 결과가 되어야 한다. 문화적 표준은 성찰과 분석에 의한 결과로서 전형성을 탈피해야 한다. 오로지 문화적 표준에서 순수한 전형성으로 가는 길은 먼 길이 아니다. 이에 대한 기술은 전 구간에서, 이를 기술하는 작가들도 빠질 수 있는 객관성이라는 함정이 있다는 것을 암시한다.

문화적 표준은 단지 전형성에 따른 것인가?

성찰, 차별화 그리고 개개인의 활동영역을 통해서 학문적으로 생성된 하나의 가정으로부터, 현실을 비켜가고, 전형성으로 퇴화하는 하나의 일반화에 이르는 것을 막을 수 있을 것이다.

**문화적 표준들
찾아내기**

학문적 관점에서는 문화적 표준들도 전문용어도 그 어떤 방식으로든 잘 정의되지 않거나 학문적 연구의 연관 속으로 편입되지 않는다. 몇몇 정의들이나 정의되는 방식으로 이루어진 진술들은 오히려 그 속에서 소비자들이 자신들에게 맞는 것을 찾아내도록 이것저것 뒤섞어 내놓은 잡화상처럼 보인다.

다음의 것에서 당신은 괄호 속에 있는 표현들을 바꾸어 조합해봄으로써 하나의 정의를 만들어 볼 수 있을 것이다. 이러한 방식으로 당신은 수많은 대안들을 얻게 될 것이다. 이러한 대안들 사이에서 중대하다거나 논의를 요하는 차이점들이 있는 것은 아닌지 생각해 보시오.

문화적 표준들이

척도
계량기
좌표틀
방향판단의 지표

~로써 작용한다
~이다
을/를 표시한다
을/를 명명한다
을/를 규정한다
을/를 정의한다
~로써 사용된다
~로써 파악된다

문화표준들이

사고(의)
행위(의)
인지(의)
태도(의)

~을/를 규정한다
~의 특징이다

8.2. 전형성이란 무엇인가?

전형성이 무엇인지 당신은 확실히 알고 있을 것이다.

여기서 당신은 장난삼아 한 시합의 결과를 보고 있다. 4개국에서 온 사람들이 코끼리에 관한 책을 썼다. 책 제목은 소위 국가적 전형성을 보여주고 있다.

당신은 각각의 제목에서 하나 내지는 두 개의 전형성이나 그에 해당하는 필자들의 국적을 알아낼 수 있는가?

코끼리들의 사랑의 생애

코끼리 싸움의 테크닉

우리는 어떻게 더 크고 좋은
코끼리를 사육할 수 있는가?

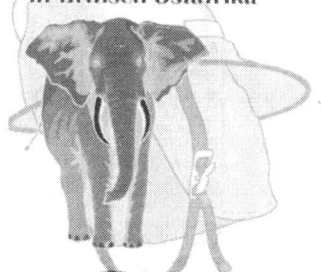

영국령-동아프리카에서의
코끼리 사냥

우리는 다음과 같은 전형성들을 보게 된다.

1. 프랑스인들은 특히 사랑에 관심이 있다.

2. 스페인 사람들에게 투우는 아주 중요하다.

3. 영국인들은 사냥에 대한 강렬한 욕구를 가지고 있나.

　　그들은 또 자기 나라의 식민지에 가는 것을 즐긴다.

4. 미국인들은 아주 실용적인 사람들이다.

　　그들은 항상 가장 크고 가장 좋은 것을 갖고 있거나 원한다.

**전형성이란
무엇인가**

전형성은 세간에 알려진 바와 같이 다른 국적에 대하여 일반화하는 생각에서 혹은 성별 특수적 역할에 대한 인습적인 생각들에서 확인된다. 그 어떤 것을 전형성으로 동일시하는 사람은, 그것을 보통 부당한 어법과 사고방식이라고 몹시 비난한다. 하지만 그 자체 속에도 물론 편견이 들어있는데, 말하자면 사람들은 전형성을 오히려 객관적이고 올바른 견해와 구별할 수 있고, 뿐만 아니라 전형적인 사고방식의 제물이 되는 또 다른 견해들이 있다는 편견이다. 이에 따르면 전형성은 거의 편견에 가깝다.

이미 20년대에 W. 립만W. Lippmann은 보다 중립적인 전형성-개념을 선언하였다. 그는 전형성을 자신의 실제 환경의 복잡성을 축소하는 개인의 합목적적 방식으로 이해한다. 인간의 심리학적이며 생리학적인 상태는 인지와 표상을 규격화된 체계 속에 분류해 넣으려고 애쓴다고 한다. 그리고 그 체계 없이는 방향성이 불가능할 것이라고 한다. 이것은 확인되는 인상들을 선택적으로 인식하게 한다.

정의

> 대부분 우리는 먼저 보고 그리고 나서 정의 내리지 않고, 먼저 정의내리고 그 후에 본다. 바깥세상에서 혼란스럽게 웅성대는 개화기에 우리는 우리의 문화가 우리에게 이미 정의내린 것을 선택하고, 그 문화에 의해 전형성이라는

틀 속에서 우리가 선택했던 것을 인식하려는 경향이 있다.

이 속에는 경제성이 들어있다. 모든 것을 전형성이나 일반성이 아닌 새롭게, 그리고 자세히 보려는 시도는 소모적인 일이다. [...] 친근한 사람들에게는 시간도 기회도 없다. 그 대신 잘 알려져 있는 유형을 특징짓는 특성을 인지하고 우리의 머릿속에서 끄집어 낸 전형성의 생각들로 그림의 나머지 부분들을 채운다.

(Lippmann 1922: 88)

따라서 립만에 따르면 전형화는 근본적인 인지과정과 범주화과정으로 이해될 수 있다. 이러한 과정 없이는 우리를 둘러싸고 있는 세계를 성공적으로 고찰하고 다루는 일이 불가능하다.

이러한 견해는 최근의 인지주의의 새로운 연구지식들에 상응한다. 이에 따르면 전형성은 복잡한 사회 정보들을 가공하기 위한 인지적 기제의 중요한 성분이다. 따라서 하나의 전형성은 정식 스키마의 한 특수한 경우이다.

[전형성 체계들]은 정돈된 어느 정도 지속적인 세계상이다.[...] 이 전형성 체계들은 어쩌면 완전한 세계상을 제공하지 못할 수 있지만, 우리가 목표로 하고 있는 하나의 가능한 세계상이다. 이 세계 안에서 인간과 사물들은 익숙한 위치를 차지하고 있고, 기대되는 바대로 그렇게 행동한다.

(Lippmann 1964: 97)

경험의 지나친 간소화와 예단 안에서 결과로 나타나는 태도들은 [...] 일반적으로 선입관, 편견, 또는 고정관념으로 불린다.

(Allport 1967: 809)

편견들도 정상적이며 불가피한 것으로 인식되었다(Gadamer).

야누스의 머리   그렇다면 전형성은 야누스의 머리다. 한편으로 전형성은 소문이나 과도한 일반화의 산물로써 부정적으로 보일 수 있다. 다른 한편으로 전형성은 불가피하고 정상적인 정신적 모형이다. 왜냐하면 바로 정신적 모형이 일반화 속에서 만들어지는 것이고, 무엇이 나쁜 것이고 무엇이 나쁜 것이 아닌지 거의 판단할 수 없기 때문이다. 하지만 또 다른 의미에서도 전형성들은 야누스의 머리이다. 지금까지 우리는 전형적인 인식과 인지적 처리 과정들을 다루었다.

> 하나의 전형성은 사회 그룹과 그 구성원들인 개개인들을 겨냥한 확신의 언어적 표현이다. 전형성은 진술의 논리적 형식을 취하는데, 부당하게 단순화되고 일반화되는 방식 안에서 감정적인-평가 경향을 가지고 사람들의 어떤 한 집단에게 특정 속성이나 행동 방식이 있다고 생각하거나 부인하는 논리적 형태의 진술이다.
> (Quasthoff 1973: 31)

여기서 지식구조와 지식구조의 언어적 표현양식도 전형성으로 보일 수 있다는 사실이 분명해진다. 이에 대하여 다채로운 모음집을 작성해 볼 수도 있을 것이다.

우리는 단지 다음과 같은 정의를 제공하고자 한다.

> 진술들로 이루어진 하나의 집합 ST는 구성원들 g로 이루어진 그룹 G 안에서 오직 다음의 경우에만 전형성이 된다,
> - 그 진술들이 일반화되고,
> - g의 대다수는, 대다수의 g가 그 진술들을 알고 있다고 생각하고, 그 진술들이 옳지 않다는 것을 알고 있다.

전형성의 생성은 인지원칙들과 개념형성, 즉 정신 모형 형성의 일 반적인 전략들과 밀접하게 연관되어 있다.

여기에 해당되는 방법들은 다음과 같다.

전형성의 생성

● 범주화
● 선별: 한번은 아무것도 아닌 것이다.
● 일반화: 두 번은 늘 그런 것이다.
● 전형화: 반복, 화석화

전형적인 사고는 모든 인식에 있어서 불가피한 성분이다. 전형적 사고의 틀은 필연적으로 생겨나며 경솔함이나 우둔함에서 기인하 는 것이 아니다.

이 세계의 다양함은 우리가 대상을 범주화함으로써만 파악할 수 있다. 예를 들어 우리는 사람을 키가 큰 사람과 작은 사람, 피부색 이 하얀 사람과 검은 사람, 뚱뚱한 사람과 날씬한 사람, 뻔뻔스러 운 사람, 지식욕이 있는 사람, 인색한 사람 또는 부지런한 사람으 로 구분한다. 이러한 차이점들 중 많은 것들이 언어 안에서 어휘를 통해 확인되고, 또 다른 차이점들은 어휘군을 통해 확인되는데, 이 차이점들은 덜 확정적이다.

범주화

부정적인 전형화는 종종 과도한 면이 있다. 어떤 한 특징은 다른 특성들을 통하여 지속적으로 채워지는데, 이 특성들은 실제로 존 재하는 현실에 대해서는 현실성이 떨어지지만, 어쩌면 더 강도 높 게 평가되고, 이로써 이와 관련되는 표준에 의해 좌우될 수 있다. 예를 들어 뚱뚱하다는 어휘는 둔하거나 탐욕스럽다는 것이 채워지 게 된다.

이것이 비현실적이어서는 안 되고, 삶의 실용적인 측면에서 이성적일 수 있다.

전형성 관찰 방식은 복잡한 현실을 처리하는데 이용된다.

하위과정 범주화에 있어서 다음의 방식들이 중요한 역할을 할 수 있나.

1. 구별: 우리의 구별이 불분명하지 않도록, 우리는 그야말로 사물들의 두드러지는, 눈에 띄는 특징들을 일반화해야 하는데, 이러한 특징들 속에서 사물들이 구별된다.

2. 귀납법: 우리는 유한한 수의 경험으로부터 일반화하는 것 말고는 달리 할 수 있는 것이 없다.

3. 유추: 상이한 경험과 경험영역을 인지적으로 체계화하기 위해서는 유사한 것과 일치하는 것들을 평가하는 일이 불가피하다.

4. 소문: 여기에는 우리가 모든 것을 검사할 수는 없기 때문에, 다른 것의 증거에 의지해야만 한다.

5. 보충하기: 모든 것을 모든 뉘앙스로 인지하는 것은 불가능하다. 우리는 불완전한 인식의 토대 위에서 관련되는 것들과 부족한 것을 보충해 가야만 한다.

일반화

전형성화는 한 그룹 내에서의 내재적인 차이점을 인정하지 않는 방식으로 사고하는 것이며, [...] 전형성들은 우리로 하여금 다른 사람에 대하여, 즉 똑같이 중요한 어떤 한 사람의 성격이나 행동 양상에 대하여 눈멀게 한다. [...] 전형성들은 인간의 행동에 대한 견해를 오직 한 두개의 눈에 띄는 특성만으로 제한하고, 이런 것들을 전체의 모습으로 간주해 버린다.
(Scollon / Scollon 1995: 156)

어떤 한 특성이 수많은 가능성들 중에서 선택되고, 한 범주의 모든 대표적인 것들에 대해 유효하도록 절대화된다. 이러한 절대화는 일반화로도 표현될 수 있다. 절대화는 불가피하게 여러 대안들을 감축하는 것과 결부되어 나타난다.

모든 전형화는 일반화와 결부되어 있다. 일반화가 서로 모순되는 **전형화**
증거들을 제외시키게 되면 전형화가 된다. 따라서 - 다행스럽게도
- 전형화로 파악되어서는 안 되는 일반화가 있는데, 특히 일반화가
그다지 선택과 축소에 결부되어 있지 않다면, 전형화로 파악되어
서는 안 된다.

전형화는 다음과 같은 다양한 관점에서 확인될 수 있다.

● 절대화 안에서
● 지속적으로 문서상으로 확정시키는 가운데
● 상치되는 해석들을 서서히 약화시켜가는 가운데

우리는 전형화 된 결과들을 발견할 수 있다.
(1) 알 카에다가 우리의 쌍둥이 빌딩을 폭파해 없애버렸다.
(2) 우리는 그것에 대해 아랍인들에게 책임을 물어야 한다.
(3) 무엇보다도 사담Saddam은 제거되어야 한다.
(4) 우리는 이라크를 공격하고 폭격할 것이다.

키르스텐 나자르키비치Kirsten Nazarkiewicz(1994: 51)는 상호 **전사(轉寫)**
문화 간 의사소통을 주제로 독일 루프트한자Lufthansa 항공사에
서 진행하는 계속교육방안의 틀 안에서 그룹의 대화를 분석했다.

고압적인 아프리카 여인들

31	L:	그래, 그리고: 내 말은 너희들이
		그런 사람들 중 다수가 여자 백만장자들이라고
32		생각해 봐 그건 우선 바로 이런 걸 말하는 건데
		내 개인적으로는 그것이 종종
		[............]
33	H:	음
34	L:	그녀들이 지금 갑자기
		일등석에 나타나는 그런 결정적인 경험 안 그래?
		〈자세히〉
35		그리고: 에 그리고 맞아 그래 그리고 그 거기에
		맞는 거드름 피우는 태도
36		일등석 좌석에 쳐 넣고 흐흐
		그리고 정말 오만한 여자들
37		내버려 둬야하는데 그래서 내가 아주 솔직히
		말하는데 내가 생각한거와 달라
38	C:	그리고는 그리로 가서 제가 그
		비행기좌석표를 좀 봐도될까요 하하하하하하
39	L:	그래야 제대로지 안그래?(.) 이게 내 머리 속에서 딸그락거려
		그만
		〈일상적인 폭소〉
40	C:	그래 하하하하
41	L:	아프리카 개발도상국은 덤불 속에서 일하지
		아 그래? 바나나를 가지고 나가=ㄴ
42		[ ] [ ]
43	C:	그래 그래
44	E:	음흐음흐음
		[ ]
45	Y:	음흐음흐음
46	L:	숲들이 유혹하고 그리고 거기
		머릿속에 들어있는 전형적인 것들에 대한 그 모든 것들이
47	L:	어떤 경우든 아주 가난한 나라지
		[
48	E:	우리의 개발도상국 원조로
		( ) 일등석을
		타고다녀
50	L:	맞아 맞아 맞아! 하하하하하하하 그걸로
		그지?
		〈고조되면서〉
51	E:	하하하하하하하

의사소통의 기능

> 사람들이 근본적으로는 거론된 의견들에 전혀 공감하지 않고, 더 나아가 전형적인 일반화의 모든 형태를 비난하면서도, 왜 그 어떤 특정한 담소에서 많은 고정관념들이 반박되지 않고 받아들여졌는지 갈수록 종종 의아하게 생각한다.
>
> (Quasthoff 1973: 94)

전형성들은 상황과 행동을 설명해 내고자하는데서 그들의 역할을 한다. 전형성을 적용시키게 되면 부담을 줄일 수 있고, 전형성의 표현은 집단의 속성을 확인시켜준다. 또한 사회적 전형성들은 자주 어떤 한 집단에 대해 짐작되는 기대치에 상응하도록 그리고 그렇게 통합에 이를 수 있도록 표현된다. 고정관념들을 가능한 한 위험부담 없이 표현할 수 있는 사람과 관계될 때는, 의사소통 상대방의 지위도 또한 중요한 역할을 하게 된다. 종종 의사소통 참여자들이 이러한 것을 의식하게 되면, 이를테면 눈을 찔끔거리면서 말한다. 고정관념들은 의사소통에서 이미 언어적인 안전조처들에 의해서 발생되는데, 그 이유는 고정관념의 여건이 의사소통 참여자들에게 부적절한 언사로 의식되기 때문이다.

안전을 위한 조처들로 간주되는 것은 다음과 같은 것이다.

● 방지책: 어디에선가*irgendwo*, 아마도*vielleicht*, 아주 조금*so'n bisschen* 같은 약화시키는 표현들.
● 기권: 지금 어떤 식으로든 평가하지 않고*Ohne jetzt irgendwie wertend zu sein*
● 권위를 근거로 내세움: 어디선가 읽었다*Habe irgendwo gelesen*
● 표제어: 본래의 전형성에 대비하여

화자는 이러한 예방책으로 그가 말하는 것의 편향성에 관하여 알고 있다는 것에 대한 신호를 보낸다. 그러나 이것은 화자가 자신의 대화 상대자의 동의나 - 또는 종종 격분에 대해 - 자신 있게 대처할 수 있을 때, 화자가 자신의 생각을 명확히 알리는 것을 막지는 못 힌다.

어떤 한 선입관을 표현하는 것은 그때 빠지지 않고 웃음이 동반된다는 것이다. 이것은 특히 (예를 들어 음담패설을 주고받을 때처럼) 도덕적으로 곤란한 상호작용에 있어서나 그리고 제재조치가 취해지는 대화유형의 경우 (부적절한 토크)에 있어서 중요하게 작용하는 은밀함을 요구하고 형성하는 데 기여한다.

이별

에크하르크 헨샤이트Eckhard Henscheid

체코인은 파렴치하고
프라하 사람은 여위었고
라트비아인: 뚱뚱한 사람
헝가리인: 기껏해야 설익은
몽고인들은 부풀어 있고
그에 반해 흑인: 매우 청렴하고
중국인은 사악하고
유고슬라비아인은 전혀 용감하지 않고
보스니아인: 매우 악의적이고
에스키모는 언제나 기뻐한다

(굽은 길 가에서. 시와 종(種)의 친척들. 1994)

8.3. 상대주의

> 어제는 30도였고, 오늘은 15도밖에 안 된다. 단지 하룻밤 사이에 기온이 절반으로 떨어졌다.

기온? 독특한 진술.
섭씨에서는 기온이 절반정도 떨어졌다.
화씨에서는 얼마나 되나?

이에 해당되는 문헌들에서 보면(Argyle 2002: 90) 일본어로 "하이 hai"가 단어의 본래 의미대로 "예 ja"를 의미하기는 하지만, 실제로는 동의보다 오히려 이해를 표현한다는 것과 같은 사실들을 읽을 수 있다. 그 때 다음과 같은 질문이 제기될 수도 있을 것이다.

● 어떤 한 일본어 표현(역주: 여기서는 일본어의 "하이"를 의미함)이 도대체 어떻게 어휘적으로 어떤 한 독일어 표현(역주: 독일어의 "예 ja"를 의미함)과 같은 의미가 될 수 있나?
● "어휘적"이라는 것과 "실제로"라는 것 사이의 차이점은 무엇인가?
● 어떤 한 일본어 표현의 사용 전부가 어째서 이해하다*Verstehen*와 같은 독일어의 한 어휘로 파악될 수 있다는 것인가?
● 어떤 한 표현의 사용이 도대체 이해하다*Verstehen*와 동의 *Zustimmung*와 같은 그렇게 전체적으로 붙어 다니는 꼬리표처럼 파악될 수 있을까?(역주: 여기서 꼬리표는 일본인들이 말끝마다 '하이'를 붙이는 것을 의미함)
● 그런데 독일어 "예ja"는 본래 무엇을 의미하는가?

우리가 우리에게 고유한 자명함을 의식하지 못하는 한, 우리가 그 입장을 바꿀 수 없는 한, 그리고 우리가 여전히 너무 성급히 평가를 내리는 한, 우리 모두는 어느 정도 자기이해自己利害의 유형들이다.

이에 대하여 비트겐슈타인이 써 놓은 것을 읽어볼만 하다. 이 메모는 그가 인종학적으로 정평이 나 있는 프레이저Frazer의 황금가지 Golden Bough를 강독 할 때 했던 것이다.

문화는 독립적이다

> 프레이저가 서술한 불가사의하고 종교적인 인간의 직관은 불충분하다. 그의 서술은 이러한 직관을 오류들처럼 보이게 한다. 따라서 그렇게 아우구스티누스Augustinus는 그가 "신앙고백"의 어떤 측면에서건 신을 부를 때 오류를 범한 것이 된다. 그러나 [...] 그가 오류를 범하지 않았다면, 그것은 종교를 아주 다른 직관으로 표현하는 불교성자였을 것이다 [...]. 하지만 그들 중 어느 누구도 그가 어떤 이론을 세웠던 것 말고는 오류를 범하지 않았다. 이러한 모든 관습이 궁극적으로는 소위 말하는 어리석음으로써 묘사된다는 것은 매우 기이한 일이다. 여기서 말도 안 되는 것은, 바로 프레이저가 이 민족들이 자연의 행로에 대하여 완전히 잘못된 (그야말로 미친) 생각을 가졌던 것처럼 그렇게 서술한 것이다. 원시적 관습에 대한 그의 설명은 이러한 관습의 의미 자체보다 훨씬 더 조야하다.
>
> (Wittgenstein 1967: 240)

각각의 모든 문화는 독립적인 기능적 체계이다. 이들의 처리방식은 사회적, 진화적으로 형성됐고, 기능을 발휘한다. 이것은 한 문화가 소위 동질적이라거나 일관된 것이라는 것을 의미하지는 않는다. 모순은 문화의 일부이다. 문화 발전에 그토록 많은 사람들이 관여한다면, 그것이 어떻게 그렇지 않을 수 있겠는가?

대조의 경우에서처럼 외부로부터 관찰할 경우에, 우리는 분명하지 않아서 이해하기 어렵게 작용하는 취급방식이 나름의 의미를 지니고 기능을 발휘한다는 사실로부터 출발해야 한다. 종종 사람들은 이 취급방식들을 너무 유리시켜서 본다.

자기이해自己利害 유형들은 물론 그들 자신의 척도에 따라 비교하고 평가한다. 우리는 이와 반대의 입장을 취한다. 비교하고, 차이를 인식하고 이해한다. 처리방식들을 이해하고 분석하며, 이 처리 방식들이 어떻게 그리고 왜 기능을 발휘하는지에 대하여 다루어야 한다.

정말 낯선가?

H. 박사는 두 달 동안 콜롬비아 대학의 객원강사이다. 그의 여(女)동료교수 I.가 그를 한 저명한 기관의 초청강연에 초대하였다. H. 박사는 흔쾌히 수락하였다. 장소와 시간 등을 포함한 3주 후의 정확한 일정이 잡혔다. 그녀는 친히 H.씨를 모시러 간다고 했다. 나아가 준비를 위해 필요한 모든 것이 아주 자세히 논의되었다. OHP용 포일이 준비되어야 하고, 몇 가지는 복사되어야 하며, 그밖에 환등기도 필요하다. I. 교수는 모든 것을 적어놓고, H.가 승낙해 주어서 그녀가 얼마나 기쁜지 다시 한 번 말했다.

강연 일주일 전에 I. 교수와 H. 박사가 잠깐 지나쳐가면서 만나게 되었고, 몇 마디 형식적인 인사말이 오갔다. H.는 이 여자 동료교수가 강연에 대해 한 마디도 언급하지 않은 것이 의아했다. 그는 독일 학술 교류처에 근무하는 독일인 여 동료에게 이러한 사실을 말했다. 그녀는 이 강연에 대해 아무것도 모르고 있었다. 대체 언제 누구와 어떤 일정으로 강연이 약속되어 있다는 것인가? 그녀는 의아해했다. 그녀는 그 약속을 한지 벌써 2주가 지났다는 말을 듣고 웃었다. 네, 그 약속은 아직 재확인이 안됐어요. 그 약속은 - reconfirmación이라고 하는 - 재확인을 통해 다시 한 번 구속력을 갖게 되어야만 해요.

H. 박사는 자기가 제대로 듣지 못한 것이라고 생각했다. 다시 구속력을 갖게 되어야 한다고? 모든 것을 적어두었고, 세부적인 것까지 모두 합의가 되었다고 하더라도, 그것은 재확인되어야 비로소 유효하다고 그렇게 독일 여자 동료가 말해주었다.

H. 박사는 아연실색했다. 그렇다면 강연은 취소되겠군요.

제안

> 당신이 3주 전에 300km 떨어진 곳에 있는 누군가를 만나기로 구두로 약속
> 했을 때, 당신이 그렇게 한 것이 무엇이었는지, 한 번 생각해보시오.

자기민족 중심주의

예전의 전 세계적 문화 접촉은 식민주의로 인해 광범위하게 형성
됐다. 경제적 관심과 더불어 무엇보다도 선교의 목적이 중요했다.
어떤 하나의 인지틀과 평가틀은, 차이점들이 분명해지면, 결핍가
설에 따라 나타나는 정상적인 반응이었다. 이 차이점들은 이러한
틀을 알지 못하고, 또한 이 차이점들은 구별되어질 수 없다. 그것
이 자기민족 중심주의이다.

자기민족 중심주의자들 또한 함정에 빠진다. 오스트리아 토착민들
이 생식과 출산 사이의 연관관계를 알지 못했다고 인종학자들이
주장했던 것처럼 그렇게 소문이 무책임하게 퍼뜨려 지게 된다. 하
지만 오스트리아 토착민들이 인종학자들이 던진 어리석은 질문 때
문에 그들을 우롱했던 것은 아니었는지.

실제 현실

오랫동안 논쟁거리가 되어왔던 한 유명한 논문에서 빈치Winch는
우리가 원시사회를 이해할 수 있을지 어떨지 의문을 제기했다. 빈
치는 아프리카 아잔데 족과 그들 문화를 예로 의문점들을 논의했
는데, 아잔데 족의 문화는 대부분 마법과 마술과 요술에 토대를 두
고 있다. 아잔데 족은 그들의 동료들 중 많은 수가 그들에게 악한
영향을 끼치는 마술사들이라고 생각한다. 그 때문에 아잔데 족은
오라클(神託所)에 묻고, 이러한 악한 영향을 모면하기 위해 주술적
인 약물을 사용한다.

이러한 관습에 대한 민족학적 기술은 대개 다음처럼 되어있다. 우
리는 어떤 마술도 존재하지 않는다는 것과, 동시에 마술은 하나의
미신이라는 것을 알고 있다. 우리는 특히 우리가 여기에 해당하는

학문적 연구를 했고, 객관적 현실을 근거로 판단하기 때문에 그렇게 알고 있다. 그리고 이러한 현실은 어떻든 문화 없이, 언어 없이 존재하고, 어떤 경우든 우리의 언어나 문화를 통해 규정되지 않는다. 그럴 경우에 현실은 정말 객관적이지 않을 것이다.

> 현실은 언어적 감각을 주는 것이 아니다.
> 현실적인 것과 비현실적은 것은 그 자체를 언어가 가지고 있는 감각 안에서 보여준다.
> (Winch 1972: 12)

우리의 문화 속에서 신은 많은 경우의 현실을 위해 존재하기도 하고, 다른 현실을 위해서는 존재하지 않는다. 우리가 우리의 언어를 종교적으로 사용하는 가운데, 신의 존재가 결정되어 있다. 우리 모두는 어쩌면 똑 같은 깊이로는 아닐지라도 신의 말씀을 이해한다. 우리 문화가 실제로 그렇게 합리적인지 어떤지는 하나의 완전히 다른 문제이다. 그것은 그저 공공연한 이상理想에 지나지 않는 것이지 않을까? 우리에게도 마법과 마술이 있는 것은 아닌가? 그것이 우리에게 잘 알려져 있지 않은 것인가? 적어도 우리는 그것을 우리의 역사로부터 알고 있다. 따라서 우리는 그것을 이해하고, 그것을 시대착오적인 것으로 간주한다. 이 같은 인식 없이는 우리가 아잔데 족의 방식을 기술한 것을 전혀 이해할 수 없을지 모른다.

그리고 우리는 아잔데 족의 방식을 기술한 것도 어느 정도까지만 이해한다. 예를 들어 우리는 이러한 방식들이 기능을 발휘한다는 것을 믿지 못한다. 그러나 아잔데 족에게 있어서 그 방식들은 기능을 발휘한다. 그리고 어쩌면 아잔데 족은 실제로 그것을 믿을 것이다. 그렇다면 우리도 이해했을 수 있지 않은가?

또 다른 척도? 따라서 이 객관적 현실은 다른 문화권에서 무엇이 옳고 그른지의 판단을 위한 척도는 아니다. 다른 척도들이 있는가, 그렇다면?

우리는 확신의 체계가 상호 연관된 응집성이 있거나 일관성이 있이야민 한다는 것과 같은 것들을 말할 수 있을 것이다. 이것은 불분명하여 이해하기 힘들 것이다. 우리는 이러한 판단기준이 결코 개개인에게 적용되지 않는다는 것을 알고 있다.

우리는 확신들이 우리에게 이해될 수 있도록 확신에 대한 설명과 근거가 있어야만 한다고 말할 수도 있을 것이다. 아잔데 족에게는 그러나 설명과 근거들이 있다. 그 설명과 근거들도 또한 우리는 믿지 않는다.

우리는 그와 같은 것들을 바로 미신으로 기술하고 이해한다. "미신적", "비합리적", "종교의식적"이라는 말은 우리가 여기서 사용하고 있는 우리 언어 안에서의 표현들이다. 우리는 그것을 우리 자신의 주변 환경으로 부터, 우리 자신의 역사로부터 인식하고 있다고 믿는다. 하지만 우리가 그렇게 표시하는 것이 실제로 그러한 것이어야 할까? 발생학적인 고찰에 있어서의 그것일 수 있을까?

우리는 그 모든 것을 이해한다. 하지만 우리는 그것을 믿지 않는다. 그렇다면 우리가 그것을 이해하는가? 그렇다 그리고 또 아니다.

척도 우리가 행동을 이해하거나 이해하길 원한다면, 기술記述이 필요한데, 그 기술 하에서 우리는 행동을 파악하게 된다. 그 목적으로 우리는 우리 언어를 사용한다. 그리고 이로써 우리는 이미 한쪽의 입장을 취하고 있다.

> 우리는 사회적 행동을 우리의 합리성의 규범과 무관하게 설명할 수 없다.
> (Winch 1972: 28)

우리가 아잔데 족, 즉 아잔데 족의 행동을 올바로 이해하길 원한다
면 우리는 대체 무엇을 할까?

> Zande 범주를 이해하기 원하는 사람들이 우리이기 때문에, 우리 자신이 이
> 미 만들어 놓은 구별의 관점에서 보도록 강요하기 보다는 Zande 범주를 위
> 한 공간을 마련하고자 우리의 이해력을 넓히는 것이 우리의 의무로 보인다.
> (Winch 1972: 37)
> 또 다른 사회의 삶을 이해하려는 그 어떤 시도도 [...]- 사회 생활 속에서 그들
> 의 역할에 대한 - 그러한 개념에 의해 수용되는 유형에 관한 조사는 항상 중
> 심에 위치하면서 이해력이 형성될 수 있는 **토대**를 마련해야 한다.
> (Winch 1972: 47)

오랜 언어 이론적이며 언어학적 토론은 언어와 사고 혹은 언어와   **상대주의와 언어**
세계관의 상관관계에 관한 문제를 다루고 있다. 이러한 생각은 언
어적 상대주의와 언어적 결정론의 표지를 달고 유명해졌는데, 이
로써 상대주의와 결정론의 상관관계에 관한 논제적 방법이 이미
암시되고 있다. 여기에 해당되는 토론은 헤르더Herder, 홈볼트
Humboldt, 사피어Sapir 그리고 워프Whorf라는 이름들과 연관
되어 있다.

> 인간은 객관적인 세계에서만 사는 것도, 보통 이해되는 사회적 활동의 세계
> 안에서만 사는 것도 아니다. 인간은 그들의 사회를 표현해주는 매체가 되는
> 특정 언어에 크게 좌우된다. 의사소통과 반항의 특수한 문제들을 해결하는
> 관습 없이 어떤 한 사람이 본질적으로 현실에 순응한다고 생각하는 것은 상
> 당한 착각이다. 사실, "실제 세계"는 대부분 무의식적으로 그 집단의 언어적
> 습관위에 형성되어 있다.
> (Sapir 1949: 162)

우리가 말하는 개별 언어들은 우리가 현실에 대해 생각하는 방식에 영향을 준다. 우리는 우리 모국어에 의한 진술에 따라 본질을 해부한다. 우리가 현상의 세계로부터 분리해낸 범주와 유형들을 우리는 거기서 찾지는 않는데, 그것은 모든 관찰자들에게 명백하기 때문이다. 오히려 반대로 세계는 우리의 마음에 의해 조직화 되어야 하는 느낌의 끊임없는 변화 속에서 나타난다. 그리고 이것은 우리 마음의 언어적 체계에서 큰 의미를 가진다.

(Sapir 1949: 163)

에드워드 사피어Edward Sapir (1884-1939)
독일계 언어학자이자 미국에서 인디언들의 언어와 문화를 다뤘던 인류학자. 그는 경험적 연구 뿐 아니라, 이론적 연구도 했다. 39개 인디언 언어를 기술했다. 문화와 언어의 밀접한 상관관계를 주창한 초기 학자들 중 한 사람이었다.

사피어-워프의 가설　　보통 사피어-워프의 가설로 표시되는 것이 그 출발점이다. 이 가설은 대략 우리가 사용하는 언어가 우리의 세계상과 우리의 사고를 결정하고, 세상은 어떤 식으로든 객관적으로 주어진 것이 아니라는 것을 말한다.

그렇다 해도 이것은 그다지 통일된 가설은 아니다. 물론 이 두 연구자와 모든 다른 관계자들이 세부적으로 여러 가지 다른 견해들의 입장을 취하고 있기 때문만이 아니라, 이 다양한 변이형들이 엄청나게 다른 것들이기 때문이기도 하다. 그것이 어떠한 것이든 간에 (전반적으로 표현하자면) 세계상이 규정되는 것인지 혹은 사고가 규정되는 것인지 어떤지는 이미 다른 그 어떤 것이다. 무엇보다도 우리가 가정하는 관련성의 강도에 따라 극적인 차이점들이 생겨난다.

- 언어가 세계상을 규정하는가?
- 언어가 세계상을 결정하는가?
- 언어가 세계상에 직접적으로 작용하는가?
- 언어가 세계상을 반영하는가? (언어는 인간 정신의 가장 훌륭한 거울이다.)

그리고 문제가 되는 것은
- 사고인가?
- 개념형성인가?
- 인식인가?
- 세계관인가?
- 생활양식인가?
- 행동방식인가? 이다.

이 언어 상대성 가설을 어떤 식으로 표현하던 간에, 이 가설의 타당성을 논리 정연하게 증명해 내는 것이 어렵다는 것은 불변의 사실이다.

증명의 문제

일단 우선 개인적인 관점을 집단적인 관점으로부터 분리해내는 것이 될 것이다. 그러나 사고한다는 것은 언제나 개인적인 것이다. 어떤 화자가 "나는 인디언하고 얘기할 때, 나는 다르게 사고한다" 혹은 "내가 다른 언어로 말하면, 나는 다르게 사고한다"라고 말하면, 그것은 반박되기 어려울 수 있다. 객관적인 연구로 어떻게 주관적인 느낌을 반박할 수 있겠는가?

- 어떻게 우리가 어떤 한 사람의 사고에 접근할 수 있는가?
- 단지 언어를 통해서만 접근되어질 수 있는 것이 사고와 문화가 아닌가?

● 세계관의 일반적 구조화는 어떻게 인식될 수 있는가?

우리가 언어를 통해서 제한되지 않는다면, 우리는 세계관을 전혀 외부로부터 관찰할 수 없을 수도 있지 않을까?

실험적으로 증명하고자 하는 시도에 있어서 보충적으로 사고 대신 인식 또한 기저에 두게 되었다. 그리고 그 때 일반적으로 얻게 된 사실은, 우리 인간 모두가 동일한 인식능력을 갖고 있기는 하지만, 다양한 사회화를 근거로, 다양한 문화적 환경 안에서 인식이 빨리 되는 것과 쉽게 되는 것이 차이가 있을 수 있다는 것이다.
이것은 원래 사고보다는 의사소통이 훨씬 중요하다는 것을 상기시 킨다. 내가 다른 사람의 사고에 대해 아는 것은 별로 없고, 말해진 것만이 의미를 갖는다. 언어적으로 명백히 표현된 것은 무언중에 초점이 맞춰져 있고, 끊임없이 무의식적으로 사용된다. 그리고 무 엇보다도,

● 어떤 한 언어 안에서 지식은 표현되고 보존 된다 (그 지식은 다 른 한 언어 안에서는 확정되지 못했던 것이다.).
● 어떤 한 언어로 작성된 지식은 어쩌면 또 다른 언어로는 전혀 작성될 수 없는 것이다.

이것이 언어와 문화의 명백한 상관관계이다. 언어는 이러한 지식 의 영향을 받지 않고 존재하지 못한다.

언어와 사고   원래 많은 사람들은 아주 순진하게 언어가 우리의 사고를 규정하 고, 그 때문에 언어가 우리를 오도하고 심지어 조작하기까지 하는 위험 속에 우리가 살고 있다고 생각한다. 이 세상이 어떤 특성을

갖고 있는지 알고 있다고 믿는 어떤 사람은 물론 그렇게 말할 것이다.

정치비평에서는 어떻게 개념들을 만들어 넣고 그럼으로써 유권자들에게 영향을 주는 것이 성공적으로 이루어질 수 있는 지에 대한 긴 토의가 있었다.

언어변화와 관련해서는 종종 이 논의가 반대로 된다. 이것이 여기서 의미하는 것은 세계 또는 사회적 세상이 변했기 때문에 언어가 변화한다는 것이다. 물론 페미니즘적 언어비판은 언어사용에서 여성명사 형태들이 더 많이 나타나도록 한다면, 여성들의 상황을 개선시킬 수 있다고 재차 확신하는 것처럼 보인다.

누군가가 북아메리카 인디언인 이로쿼이 족 언어에서 대명사의 애초의 형태가 여성형이고, 우리와는 반대로 남성명사 형태가 여성명사의 남성명사화를 통해 형성된다는 사실을 알아냈다. 이것은 이로쿼이 족 사회가 모계사회라는 사실과 잘 맞아 떨어진다.

그러나 이러한 상관관계는 그렇게 얄팍하지도 단순하지도 않다.

친족관계의 예

여러 문화권에서 나타나는 친족관계 표시와 친족관계 체계는 잘 연구되어 있다. 그것을 위한 여러 기술(記述) 체계들이 있다. 일반적인 방법은 나를 G^0 세대로 하여 나로부터 합리적으로 기술해가는 것이다. 여기에서 세대들은 앞·뒤로 뻗어나간다.

G^{-2}		nana '조부모관계'	
G^{-1}	egya '아버지'	na '어머니'	wofa '외가쪽 삼촌'
G^0		nua '형제자매'	akyereba '남성의 자매'
G^1	ba		awofasi '자매의 아이'
G^2		nana '손자관계'	

첫 눈에 우리를 의아하게 만드는 것은, 우선 비어있는 칸들이 있다는 것이고, 두 번째로는 한 어휘가 여러 곳에 나타난다는 것이다. 이 같은 한 어휘가 다의적이라는 것인가? 이에 관해서는 여기서 언급된 바 없고, 증명되지도 않았다. 다의성에 대한 가정은 기술상에서 항상 기술의 문제이다. 그런데 어째서 빈칸들이 있는 것일까? 비어있는 칸들과 여러 곳에 같은 단어가 들어가게 되는 기술 체계라 할 수 있는, 기저를 이루고 있는 도식을 통해서 만들어진다. 이 도식은 그 외에도 편견에 기인하고 있다. 이 도식은 또 다른 언어로 표현되고, 발생학적인 상관관계가 척도로써 적합하며 객관적인 현실이라고 하는 편견에 근거한다.

이것이 연구된 문화의 경우에 있어서는 분명히 다르게 나타난다. 아마도 친족관계의 가장 중요한 관점은 공동생활 혹은 서로를 돌보아 주는 것, 의무 등과 같은 것일 것이다.

자유롭지만 구속되어 있는

외국의 문화와 외국인의 행동방식을 기술하고 설명하는 것은 하나의 보조수단이다. 우리는 그렇게 첫 번째 이해를 얻게 된다. 우리는 단지 그렇게만 할 수 있다. 그러나 보다 깊이 있고 나은 이해는 우리가 이러한 실제상황에 참여했을 때, 즉 우리가 예를 들어 낯선 행동을 이에 해당되는 대화와의 상관관계 안에서 경험하고 이해했을 때라야만 비로소 주어진다. 여러 언어를 구사하는 사람은 역시 더 많은 것을 이해한다. 다양한 문화를 알고 있는 사람은 또 다른 의사소통 능력을 갖고 있다.

언어는 안경이고, 안경 없이 우리는 아무것도 보지 못한다. 내가 안경 하나를 벗으면, 또 다른 안경 하나를 써야만 한다. 그리고 그 때문에 우리는 안경 없이 세상이 어떻게 보이는지 알 수 없다. 언어는 그러나 감옥이 아니다. 언어는 열려 있고, 우리는 그 언어 안에서 새로운 것을 표현할 수도 있다.

언어 상대주의는 바로 윤리학적 문제들에 직결된다. 그것은 좋은 일이다.

이것이 시사하는 바는, 언어 상대주의가 어떤 행위를 정당화하는 데 충분하지 않을 수 있다는 것이다. 언어 상대주의가 "도덕적 맹목성"을 근거로 허용될 수 없다는 것은 아동노동·노동자 학대 그리고 이와 유사한 예들에서 찾아볼 수 있다. 그와 같은 일들이 많은 나라들에서 전반적으로 행해지고 있다는 사실이 다국적 기업에게 정당성을 부여해주는 것이어서는 안 되며, 아동들의 노동을 착취하는 것에 대해서도 마찬가지이다.

그렇다면 도대체 어린이는 노동을 해서는 안 된다고 하는 보편적인 윤리 원칙은 어떤 것인가? 여기서 노동은 무엇을 의미하는가? 독일의 어린이들이 6시에 일어나고, 30시간동안 학교에 가고, 오후에는 숙제를 하고 보충지도까지 받는다면, 이것은 노동이 아닌가? 그리고 거기다가 부모 중의 한 명이 주-30시간-노동을 위해 투쟁한다면, 이것이 걸 맞는 것인가?

비교할 수 없는가?

투칭Tutzing의 카톨릭 아카데미 앞에서의 한 강연에서 하이너 가이슬러Heiner Geißler는 다음의 논제에 대한 그의 입장을 밝혔다.

인권

> 다른 문화권의 사람들은 유럽 인권위가 요구하는 보편성 요구의 불손함으로부터 보호되어야만 한다. 그들은 유럽식의 사고를 이미 처음 시작부터 이해할 수 없었다.

그 외에도 가이슬러는 특히 다음과 같이 의문을 제기하면서 바로 답하고 있다.

> 어떤 문화가 간통으로 비난받는 한 여성을 돌로 쳐 죽이며, 이것을 종교적으
> 로 정당화 하는 사람들을 대변해 주는가? [...]
> 그들은 그 어떤 문화도 대변하지 않는다.

당연히 그 사람들은 어떤 문화도 "대변하지" 않는다. 하지만 그들
은 한 문화의 틀 안에서 행동하고 있다.

절대주의는 맹목적이다.

어떤 하나의 절대주의는 모든 다른 절대주의에 대해 상대적이다.

● 민감한 사건들

가렵지 않은 곳은, 긁지 않는다.

Interkulturelle Kommunikation

9 민감한 사건들

가렵지 않은 곳은,
긁지 않는다.

인도네시아에서의 저녁식사

아하, 독일 여자아이가 이렇게 생겼구나.

집에 다시 오니 좋아요. 난 무엇보다도 엄마가 만들어 주시는 음식이 제일 그립더라.

아마드 가족이 식탁에 앉아서 곧 식사를 시작하려고 한다.

할머니 S와 마야가 식사에 함께 하고 있다. 마야는 독일에서 대학을 다니고 있고, 방학을 맞아 인도네시아에 있는 집에 머무르고 있다.

나도 배가 고파. 음식이 맛있어 보인다.

마르티나가 얼마나 오래 동안 머물거지?

음식이 다 맛있었으면 좋겠는데.

벌써 배에서 꼬르륵 거려.

마야는 그녀의 독일 친구 마르티나를 데리고 왔다.

아마드 부인이 음식 시중을 들고 있다. 맨 먼저 그녀는 그녀의 남편 접시에 음식을 담는다.

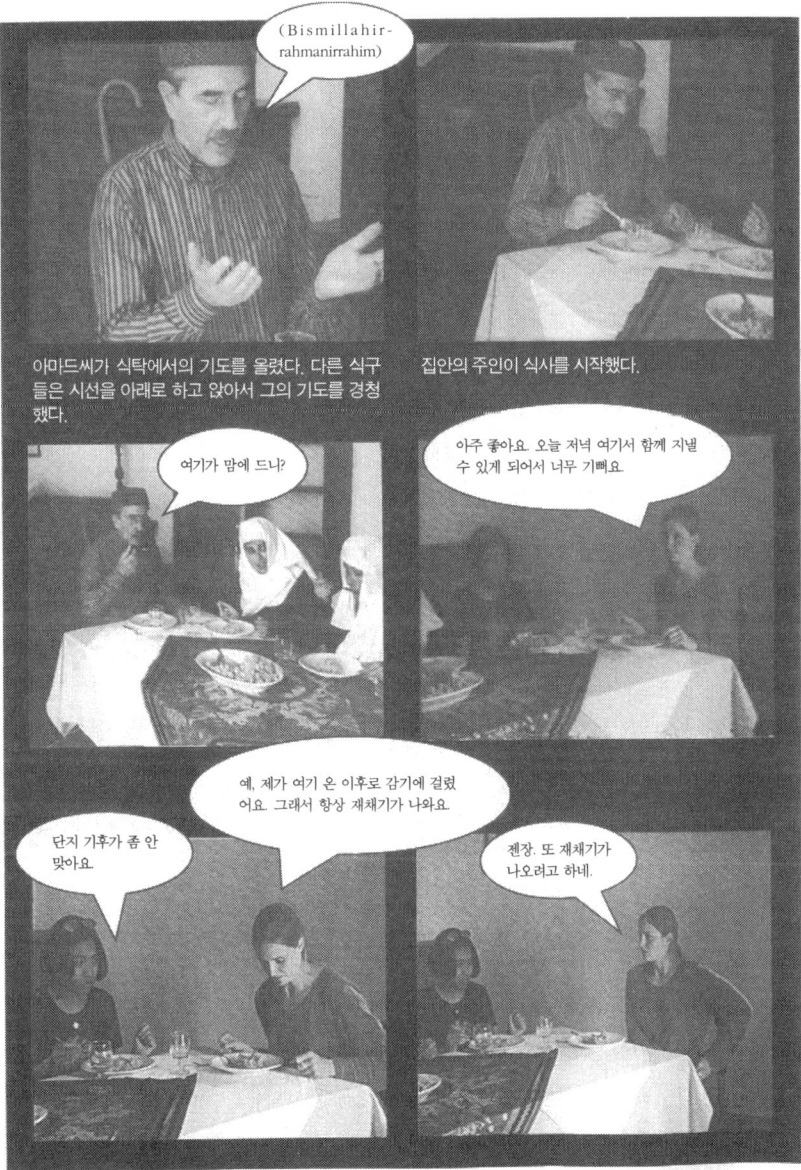

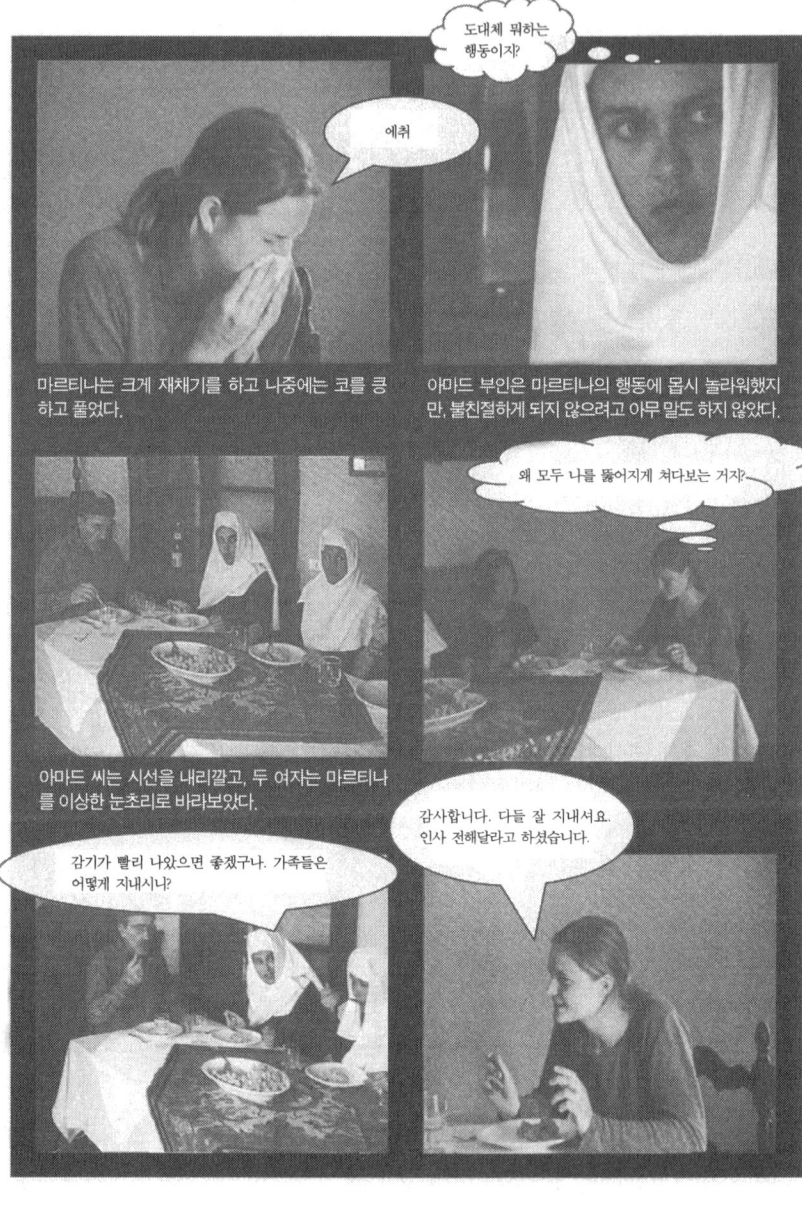

상호 문화적 경험들이 종종 이렇게 보인다. 무엇인가가 잘못되었
다는 것을 느끼지만, 무엇이 문제인지 꼭 설명되는 것은 아니다.

9.1. 민감한 사건들Critical Incidents은 무엇인가?

고도로 복잡한 시스템들을 기술하고 이해하는 것은 무엇보다도 우리를 하나의 문제에 직면하게 한다. 이 시스템을 사용하는 중에, 즉 진행과정 중에 나타나는 문제들을 피하기 위해 우리는 시스템의 얼마나 많은 것들을 예비로 알고 있어야하며 기술해내야만 하는가, 다시 말하면 전체가 영향력을 가질 수 있을 정도에 알맞게 경제적이려면 어느 정도까지 군더더기를 붙이면서 기술해도 되는 가라는 문제이다.

인간이 만든 시스템에서는 우리가 이것을 아무 문제가 되지 않는다고 생각할 수 있다. 이것은 바로 이러한 계획을 수립하는데 명백한 서술을 기저에 두기 때문이다. 이것은 예를 들자면 팬텀 전투기 같은 군대의 비행시스템과 같은 것이라고 할 수 있다. 그러나 여기서도 역시 이 전체적인 복잡한 과정은 방해요소에 민감하다. 기계의 모든 세부적인 것들이 잘 알려져 있다고 할 수 있지만, 진행과정에서 어디에 오류가 발생하는가? 무엇보다도 바로 인간과 기계의 상호의존에서이다.

문화적인 것들과 상호 문화적 의사소통에서 많은 것들이 다음과 같은 생각에서 유도되는데, 우리가 하나의 문화를 아주 상세히 기술 할 수 있고, 기술해야만 하므로, 이 기술에 대하여 알고 있는 사람이라면 문화를 거슬리지 않고 잘 다루게 된다. 그렇지만 그것은 어느 정도일 수 있을까?

우리는 이러한 개념과 함께 프랙탈(차원분열 도형)의 기하학 문제로 들어가는 것은 아닌가? 우리가 더 깊이 파고들면 들수록 모든 것은 보다 더 상세해지고, 계속해서 그렇게 진행될 것이다. 끝은 없는가?

미국인 존 C. 플라나간John C. Flanagan은 복잡한 시스템과 그 진행의 분석과 진단을 위해 Critical Incident Technique(CIT)을 개발했다(Flanagan 1954).

아이디어들

민감한 사건 화법은 제 2차 세계대전 이후 공식적으로 사용되어 왔다. 이것은 항공기 승무원의 선발, 준비자세, 그리고 수행능력을 시험하는 연구에 사용되었다. 핏츠와 존스Fltts & Jones(1947)는 목격자의 보고를 토대로 항공기 계기들을 작동하고 실행할 때의 파일럿의 경험과 오류에 대한 정보를 연구하였다. 한편, 플라나간Flannagan은 공군전투에서 훈련된 관찰자들을 이용하였고 CIT를 업무 중 행동에 관한 자료를 수집하기 위해 사용하였다.
(Jim Carpenter: http://medir.ohsu.edu/~carpentj/cit.html)

플라나간의 아이디어는 인간의 행동에 대한 직접적인 관찰들을 수집하고, 이로써 실질적인 문제들을 해결하고 보다 폭 넓은 기반 위에서 심리학적 원리들을 발전시키고자 하는 것이었다. 어떤 하나의 사건Incident 안에서 플라나간은 "모든 관찰 가능한 인간의 행동은 그 자체로 추론을 허락할 만큼 충분히 복잡하며, 그 사람이 그러한 행동을 하게 되는 것에 대하여 만들어진 예견들이라"라고 이해했다.(Flanagan 1954: 327)

이것을 고안해내고 개발한 사람은 특별히 개개인과 개별 경우들을 집중적으로 다루고 있다. 그러므로 하나의 사건은 여러 가지 다양한 원인들을 가질 수 있고, 세밀하게 파악되고 분석될 수 있다. 행위, 그리고 그로 인한 결과들과 예측들은 역사적으로 유일무이한 사건이며, 너무 성급하게 일반화되어서는 안 될 것이다.

처음에는 전반적으로 인간이 기계를 다루는 것에 관한 것이었다면, 이것은 곧 이러한 방식을 인간 상호작용으로 이행하는 생각을

상호 문화적 의사소통 (IKK)으로의 이행

갖게 된다. 우리와의 관련성 안에서는 특히 상호 문화적으로 일어나는 사건들Incidents을 이러한 기술로 파악하고 분석하는 것이 중요하다.

여기에서 출발점에 놓여있는 주제는 특별한 상황에서 서로 상이한 문화권의 행동방식이 차이가 있다는 것과, 이러한 상이한 문화권에 속한 사람들이 서로 접촉하게 되는 경우 민감한 사건들CIs이 생긴다는 것이었다. 오해와 당황스러움 그리고 갈등이 생겨난다. 조사를 위해 개개인의 경험과 체험들을 구성한다. 민감한 사건들 CIs에 의한 상호 문화적 유용성을 위한 하나의 시나리오를 다음과 같이 그려볼 수 있다.

1. CIs의 이러한 유형에 대한 기본조건은 K_1과 K_2 두 개의 문화가 하나의 역할을 수행하는 것이다.
2. (K_1 문화권 출신인?) 한 연구자 F에 의해 CIs가 조사된다.
3. 외국에서의 경험을 가지고 있고, 외국에서 그들의 CI를 경험한 적이 있는 K_1 문화권 출신의 경험자들 E가 질문을 받게 된다.
4. 경험자들 E에게는 낯선 문화권인 K_2 출신의 상대 파트너 P와 CI로부터 배우고자 하는 K_1 문화권 출신의 이용자 N이 여기에 참여하고 있다.

결과는 다음과 같은 형식의 CI일 수 있다.

인도네시아에 있는 한 미국인 사업가는 인도네시아 사람들이 일터에 늦게 나타나고, 대충 일하는 것 같아 보이고, 일하는 중에 서로 시시덕거리는 것 때문에 늘 화가 나 있었다. 그 사업가는 마침내 "주변에서 어슬렁거리며 빈둥거리는 것은 그만하고 일하러 가라"고 말하면서, 그러지 않으면 강경한 조치를 취할 작정이었다. 몇몇 노동자들은 그만 뒤버렸고, 남아있는 이들은 일부러 더 비효율적으로 일했다.

자료에 접근하기

> 직접적인 관찰은 CIT에 의해 요구되지 않는다. 이 방법은 생산 환경에서 실질적인 업무를 수행하는 실제 사용자들에 관한 풍부한 정보원을 제공해 줄 수 있다.
>
> (Jim Carpenter: http://medir.ohsu.edu/~carpentj/cit.html)

이것을 우리는 설문을 통해서 CIs에 접근하는데 유용하도록 만들었다. 나바호족Navajo에게서 행한 연구에서 잘츠만Salzmann이 했던 것처럼 다음과 같은 첫 질문으로 시작한다.

> 다른 문화권에서 온 사람들이 포함된 사건이나 상황 [...], 즉 당신이 경험하거나 관찰한 것으로 일종의 어려움이나 문제들, 오해 혹은 당신이 다른 집단에 대하여 나쁜 감정이나 생각을 갖게 된 것에 대해 생각해볼 수 있습니까?
>
> (http://jaie.asu.edu/v30/V30S1con.htm)

CI를 얻게 되는 전반적인 과정은 대략 다음의 단계로 진행된다.

네 단계 안에서
얻어지는 것들

1. 인터뷰나 그룹토론을 통해서 경험자들 E에게 비판적인 상호작용 상황들에 대해 묻는다.
2. 이러한 CIs는 두 문화권 출신으로 각각의 모국어를 구사하는 전문가들에게 판단하도록 하고, 자료들이 세부적으로 분석되도록 하며, 수집된 Incidents들은 개연성과 범례화 할 수 있는 가능성에 따라 정리한다.
3. 전문가들이 각각의 CI에 대하여 나름의 설명을 한다. 이 분석들을 일반적인 문화적 상관관계에서 맥락화 하고, 이들을 이와 관련된 유사한 문학적 장면들과 문화 역사적 지식들과 연결시킨다. 그 다음에 CIs를 분석적으로 고찰한다.

시에라리온의 신임 외무부 직원의 부인이 이제 막 현지 장터에서 물건 사는 법을 배우는 중이다. 그녀는 쇼핑을 마치고 오후에 집으로 돌아왔는데, 물건을 거래하는 동안 상점주인이 그녀에게 큰 소리로 말했기 때문에 몹시 기분이 상해있었다. 그녀는 그들의 행동이 무례하다고 느꼈다. 그 외무부 직원의 부인은 그녀가 손님으로 있는 이 문화가 아주 강도 높게 흥정하는 것을 수용하고 즐긴다는 것을 아직 배우지 못했던 것이다. 거기에는 그녀에 대한 그 어떤 악의적 의도는 없었다. 그녀는 그 문화의 그 상황 속에서 사람들 사이의 의사소통방식을 아직 이해하지 못했던 것이다.

4. 이러한 반응들로부터 계속 이끌어 가는 질문들이나 전형적인 설명들을 발전시켜 나갈 수 있고, 이러한 것들은 다시금 전문가들에 의해 판단된다. 이렇게 CIs는 범주화되고 체계화된다.

각각의 출발점에 따라 하나의 CI가 상이하면서 또한 교수법적인 판단기준들을 충족시킨다.

판단기준
- 어떤 하나의 전형적인 상황을 설정하고, 그 상황 안에서 K1 문화권을 대표하는 한 사람이 K2 문화권을 대표하는 사람과 상호작용한다.
- 이러한 상황은 K1 문화권 대표자에게 있어서 갈등을 일으키고, 잘 이해하지 못하며, 상반된 가치를 동시에 갖게 한다.
- K2 문화에 대한 충분한 지식으로 이 상황이 명백하게 설명될 수 있다.

(Fiedler / Mitchel / Triandis 1971: 97)

원칙적으로 CIs의 경우들은 경험들이나 일어난 일들에 관한 것인데, 거기에 관련된 사람들이나 관련된 어떤 한 사람에게 예기치 않았던 혹은 불쾌했던 경험이나 돌발적 사건들에 관한 것이며, 종종 갈등에 관한 것이기도 하다.

특히 그 경우 의사소통 상황이 문제성이 있는 것으로 경험된다.

- 만남과 여기서 기대되는 진행상황은 파트너 중 한 사람이나 혹은 두 사람 모두에게 의미가 있다.
- 파트너들은 예기치 못한 진행 상황들을 자주 경험한다.
- 상대방의 반응들은 우리에게 익숙한 문화적 스키마로는 파악하기도 이해하기도 어렵다.
- 상대방은 원래의 행동에 대해서나 이해시키고자 하는 노력에 합당하게 반응하지 않는데, 왜냐하면 그가 그 상대방을 잘 이해하지 못하기 때문이다.
- 행동을 하고 있는 사람은 그 주변의 상황과 자신을 더 이상 이해하지 못하는 상황에 처하게 되는데, 이것은 어떻게 해야 할지를 정하고 행동을 취하기 위하여 지금까지 동원된 수단들이 더 이상 쓸모없게 되었기 때문이다.(Thomas에 따르면 1991: 105)

학문적 방법론으로서의 CIT

CIT는 우리의 눈에는 상호 문화적 의사소통 연구를 위해 아주 훌륭한 학문적 방법론으로 보인다. 이들은 우리에게 일차적인 자료들을 제공해주고, 이론을 통한 일반화와 전형화가 기록되고 비판될 수 있는 자료들로 만들어질 수 있을 것이다.

> 이것은 특별하다. 이것은 업무의 중요한 요소들을 나타내고, 모호한 특징이나 일반적인 인상은 기록하지 않는다. 그것은 특히 부분적으로 취약한 시스템의 특징을 빨리 확인시켜주며, 항공기의 이상접근, 특히 안전이 위협을 받는 환경을 보고하는 데 중요하다.
> (Jim Carpenter: http://medir.ohsu.edu/~carpentj/cit.html)

원래 목표된 바는 다음과 같은 것이다.

크고 작은 사건들은 자기보고서나 직원 평가에서 동료들에 의해 보고되기도 하고, 인터뷰를 통해서, 또는 적용범위와 CIT 방법론의 두 분야에서 훈련을 받은 관찰자에 의해 수집된다. 보고는, 일회적인 자기보고서나 관찰기관이 마지막에 하는 인터뷰에서부터 불규칙적으로, 혹은 주 단위로, 혹은 매일 매일의 인터뷰와 자기보고서까지 빈도에 변화를 준다. (Jim Carpenter: http://medir.ohsu.edu/)

일련의 필드연구를 위해서는 관찰자들이 무엇보다도 보고서에만 의지해서는 안 된다. 관찰자들은 오히려 자신들이 직접 사건 현장에 있어야만 할 것이며 직접적인 관찰 속에서 작업해야 한다. 이것이 가능할까?

9.2. 상호 문화적 실습훈련

제 2차 세계대전 이후 미국은 정치 · 경제 · 군사 영역에서 더욱 강화된 외교활동을 전개했다. 따라서 훈련의 필요를 인식하고, 낯선 환경에 체류할 경우를 대비한 지침서를 제공하고, "외교관 · 실업가 · 군사고문 · 개발도상국의 자원봉사자 등을 타문화권 구성원들과의 상호작용과 의사소통"에 대비하도록 하였다(Dadder 1987: 69). 이후 이러한 노력의 일환으로 미국에서 수많은 다양한 훈련 프로그램이 고안되었는데, 이러한 훈련 프로그램 안에는 문화적응 방법론도 있다. 문화적응 Culture Assimilator은 문화 특수적인 훈련 프로그램으로써 1962년 일리노이 대학 연구진들인 Fiedler, Osgood, Stolurow와 Traiandis에 의해 개발됐다.

훈련 방법들은 글로 적어 놓은 CI들의 수집과, 지식 전달용으로 구성되거나 짜여진 CIs로 이루어져 있는데, 이들은 이로써 단지 부분적으로만 실제 주어진 사건에 근거하게 된다.

CIs는 상호 문화적으로 발생하는 문제들에 대한 분석 자료와 학습 자료로써 자주 이용된다. CIs는 예시를 통한 설명 목적으로 또 다른 토론맥락에 통합될 뿐만 아니라, 그 자체로도 토론의 여지가 많은 예가 된다. 교육적 의도에 따라 어떤 하나의 CI가 수정될 수도 있고 교육 목적에 맞도록 만들어 질 수 있다.

판단기준

CIs는 상호 문화의 훈련에 있어서 여러 측면으로 이용되고, 각각의 목표하는 바에 따라 CIs의 이용도 달라진다. 이들은 (인지적 측면의 의미에서) 문화에 대한 이론적 지식 전달 뿐만 아니라, 편견을 없애는 데도 적합하다. 모든 컨셉들과, CI-프로그램들 그리고 CI-방법론에 공통으로 적용되는 최소한의 목적은 다음과 같이 요약해볼 수 있다.

● 상호 문화적 훈련의 과제와 목표는 어떤 하나의 문화권 K_1의 사람들에게 어떻게 그들이 또 다른 하나의 문화권 K_2 안에서, 혹은 이 문화권에 관계된 사람들과 함께 효과적이며, 감정을 살려서, 오해를 최소화 하고, 자율성에 대한 손상을 가장 적게 받으면서 상호작용할 수 있는지 가르치는 것이다.

어떻게 CIs이 이를 위하여 성과를 올리게 될 수 있을까?

상호 문화적 의사소통에서 가장 잘 알려진 CIs 이용은 문화 적응 프로그램의 많은 변이형들이다. 이러한 훈련형태의 목표는 "다른 문화권 사람들의 시각에서 상황을 보도록 개개인들을 가르치는 것이다"(Albert 1983: 189).

문화 적응기제

획득되어야 할 것은,

- 선언적 지식
- 노하우(Know how)와 이해
- 그러한 상황을 다루는 노하우(Know how)

이때 문화표준 같은 일반적인 규칙성에 보다 초점이 맞춰질 수도 있고, 혹은 개인적인 경우와 개개인이 관찰결과에 초점이 맞춰질 수도 있다.
궁극적으로는 이 방법론의 목표가 적응이 아니라 오히려 느끼도록 하는 것이기 때문에, 문화적응 대신에 상호 문화적 감지도구에 대해서 말하는 것이 보다 더 적합하다고 할 수 있다.

교육적인 목적의 이용은 일반적으로 다음의 네 가지 단계로 준비된다.

준비   1. CIs이 수집된 것들을 교육적 목적에 적합하도록 그룹별로 나누어 놓고, 이들을 예비 이해단계에 적합하도록 선별하고 체계화하며, 계획된 훈련 프로그램 구조 안에서 이들이 위치할 적절한 자리를 찾아 배치한다.
     2. 각각의 CI에는 여러 대안적 해석들 중에서 하나가 선택될 수 있도록 설계한다. 이 여러 가지 대안적 설명들은 K1과 K2 문화권 사람들과의 협력 안에서 만들어진다. 이들은 이 사건 속의 사람들이 왜 이와 같은 특별한 방식으로 행동했다고 생각하는지에 대한 질문을 받게 된다. 이들의 답변들로부터 각각의 CI에 대해 가장 수긍할 만한 네 개의 설명을 선택한다. 세 가지 설명은 여기에 참여한 사람들의 시각에서는 가능한 것처럼 보일 수 있을

지 모르지만 잘못된 것이다. 따라서 프로그램 설계자는 어떤 설명이 옳은 답변인지 개별 판단기준에 따라 결정하게 된다.

3. 이제 세 번째 단계로서 여기에 묘사된 상황에 대한 추가적인 문화적 배경정보를 포함하고 있는 다중 선택들에 대한 피드백이 만들어 진다(Fiedler/Mitchell/Triandis 1971: 98). 이 연구를 통해 파악된 것들의 질적인 검증을 위하여 K_2 문화권 출신의 사람들에게 다음과 같은 질문이 던져진다. 여기에 묘사된 상황이 얼마나 전형적인지 혹은 얼마나 개연성이 있는지? 어떤 대안적 설명이 가장 솔직하게 잘 들어맞는가? 여기에 적용하고 있는 문화권 출신의 사람들은 목표 문화권에서 체류하고자 하는 누군가를 위해 기술된 상황이 그들에게 얼마나 중요하고 얼마나 관련성이 있는 것처럼 보이는지에 대한 질문을 받게 된다.

4. 네 번째 단계는 이 프로그램의 유효성을 확인하고 입증하는 것을 포함하고 있다. 교육적인 검증을 통과하지 못하는 아이템들은 제거된다.

끝으로 CIs는 발전 가능하도록 혹은 개별 학습 목표에 편입될 수 있도록 체계적으로 정리된다.

감각화 훈련의 진행은 대개 다음과 같은 모습이다.

프로그램 구조

1. 이용자가 CIs을 읽는다.
2. 그 다음에 여기에 관련된 사람들의 시각에서도 표현될 수 있는 유도 질문이 제시된다. 이용자들은 납득할만한 것으로 들리는 네 개의 주어진 설명들 가운데서 그들에게 가장 개연성 있는 것으로 보이는 가능한 대답을 선택하도록 요구된다. 그들은 이 가능한 대답을 여기 묘사된 CI의 원인이라고 생각한다.

3. 이용자들은 답이 들어있는 정답부분에서, 이 답이 그들의 가정 과 들어맞는지 여부에 대하여 읽으면서, 이에 대한 상세한 설명 을 얻게 된다.

4. 이용자가 틀렸다면 그는 텍스트로 다시 돌아가서, 다시 한 번 그 것을 읽을 것과 또 다른 가능한 대답을 찾아보도록 요구된다.

항상 명확하게 답해질 수 없거나 문화특수적인 답을 구해야 하는 훨씬 복잡한 경우들의 예에 대한 것은 한참 후에 Brislin / Cushner / Cherrie / Young이 1986년 보여주고 있다.

예: 토마스의 변이형   자주 사용된 하나의 변이형 안에서 훈련은 다음과 같이 진행된다. (Thomas에 따라서 1991: 118).

구성요소	과제	기능/학습목표
Ci 번호 1	읽기	갈등상황과 낯선 행동방식 익히기
이러한 행동에 대한 설명 요구	그 상황이 되어서 생각하고, 자신의 반응을 실험해 보며, 자신의 문화적 설명 모형 인식하기	문화적 감각화, 자신의 문화적 표준에 대한 의식
다중 선택: 네 가지의 대안 적 답변	답변을 읽고, 문화에 적합한 설명 가치를 서로서로 신중하게 비교 검토하기	낯선 문화 환경에서 방향 감각을 잃었음을 인식 새로운 해석 모형 익히기
답변의 척도	하나의 대안적 답변을 우호적으로 받아들이는 대신에 그 답변들을 평가하기	행동의 다의적 모호성 인식
모든 각각의 대안적 답변 에 대한 설명	읽기, 자신이 생각했던 것과 비교	새로운 행동모형과 해석 모형 익히기
자신의 고유한 행동전략을 발전시켜나가도록 요구	자신의 고유한 행동전략 개발	학습효과 촉진을 위한 독자적 논쟁, 지침을 다시 받는 것이 가능하다는 것을 인식

행동전략	읽기 자신의 고유한 전략과 비교	문화 전형적인 행동차단과 해결방법 인식
문화적 표준, 문화 역사적으로 근거 마련	읽기	문화적 표준과 그것의 문화 역사적 근원 익히기
토론	질문, 자신의 경험에서 나온 예들, 복합적인 것의 문제화	심화하기: 개인적인 설명능력과 해석능력 구축
	해석 가능성	

토마스Thomas와 그의 동료들에 의한 프로그램들은 항상 개별 문화들에 대하여 해석되어 있고, 어떤 한 특정 목표그룹을 언급하는데, 대개 "중국 비즈니스와 문화적응China Business and Culture Assimilator"(Thomas 1996)에서처럼 경제 분야에서의 경영자 혹은 지도층이고 "상호 문화적 성향에 대한 훈련Interkulturellen Orientierungstraining"에서 처럼 학생들이나 대학생, 그리고 실습생이거나 혹은 외국 유학을 위해 독일에 온 미국인들에 관한 것이다(Markowsky / Thomas 1995).

구체화

이 프로그램들은 각각의 문화적 표준과 관련되어 있고 그 각각의 문화 표준들을 모범으로 삼는다.

9.3. 교육적으로 이용하기

인도네시아에서의 저녁

CI-이용 다중선택형

> 조용히 텍스트를 읽으면서 메모하시오.
> 무엇 때문에 이렇게 무거운 분위기가 생기게 되었는지 생각해보시오.

> 독일에서 온 여대생 마르티나Martina는 인도네시아에 있는 독일문화원Goethe-Institut에서 실습을 하고 있다. 마르티나는 그 나라 사람의 가정에 거주한다. 그녀는 여자 친구와 함께 아주 영향력 있고 독실한 신앙심을 가진 이슬람교도 가정에 식사 초대를 받았다. 유감스럽게도 마르티나는 감기에 걸려서 식사 중에 몇 차례 코를 풀 수밖에 없었다. 물론 그녀는 식탁에서 몸을 돌림으로써 아주 예의바르게 코를 풀었다. 그녀는 초대한 가정의 사람들이 그 집 딸과 귓속말을 하는 것을 알아차렸다. 마르티나는 그 딸에게 그녀가 뭘 잘못한 것은 아닌지 물었다. 그 딸은 그런 것이 아니라, 초대한 사람들이 단지 그녀의 건강이 어떤지 물어본 것이라고 설명해 준 다음에, 마르티나에게 혹시 욕실이 어디에 있는지 알고 싶은지 물었다. 마르티나는 배려에 고마워하면서 그런 것은 아니라고 답했다. 그러나 마르티나는 전반적으로 억누르는 듯한 무거운 분위기를 느꼈다. 무엇보다도 이 징글징글한 콧물 때문에, 그녀는 계속해서 코를 풀 수밖에 없었다. 마르티나는 그녀에게 그다지 큰 관심을 보이지 않는 것 같다는 인상을 받았다. 마르티나는 독실한 이슬람교도 신자들과 가까이 지내기란 어렵다는 그녀의 편견을 확인하는 것 외에 달리 이 상황을 설명할 길이 없었는데, 왜냐하면 이것은 다시금 무신론자들에 대한 그들의 편견을 버릴 수 없게 하는 것이기 때문이다.

> 무엇이 당신에게 개연성이 있는 것처럼 보이는가?
> 조용히 더 많은 가능성을 살펴보시오.

> ■ 인도네시아인들은 감염될까봐 매우 두려워한다.
> ■ 마르티나의 언짢은 기분이 전체 분위기로 전달된다.
> ■ 독실한 믿음을 가진 이슬람교도들은 무신론자들과 편안하게 지내기가 거의 불가능하다.
> ■ 사람들은 다른 사람들 앞에서 코를 풀지 않는다.

■ 인도네시아인들은 감염될까봐 매우 두려워한다.

해결되지 않은 반응들

분명 그렇게 해석될 수 있는 몇몇 단서들이 있다. 그렇다 해도 그 단서들은 인도네시아인들이 감염될까봐 특히 더 불안해한다고 하기에는 충분하지 않다.

■ 마르티나의 언짢은 기분이 전체 분위기로 전달된다.

마르티나가 독실한 믿음을 가진 이슬람교도들에 대해 특정한 이미지를 가지고 있는 것은 분명하다. 그녀가 가지고 있는 선입견과 콧물이 나는 것은 분명히 그녀가 편안한 느낌을 가질 수 없도록 한다. 그러나 이것이 전부라고는 말할 수 없다. 또 다른 단서들을 보여주는 많은 정황들이 있다.

■ 독실한 믿음을 가진 이슬람교도들은 무신론자들과 편안하게 지내기가 거의 불가능하다.

마르티나가 그저 무신론자로서만 인식되었다면, 왜 그 가족이 마르티나를 초대하고 대접하며 그녀가 어떻게 지내는지에 대해 관심을 갖는 것인가? 어쩌면 독

실한 신앙을 가진 이슬람교도들과 편안하게 지내는
것이 오직 마르티나 혼자에게만 어려운 일일 수 있다.

■ 사람들은 다른 사람들 앞에서 코를 풀지 않는다.

이에 대한 정황들이 있다. 욕실을 언급한 것이 그것이
다. 코를 풀어야 한다면, 뒤로 물러서서 해야 했다. 식
탁에서 코를 푸는 것은 비위생적이다. 따라서 마르티
나는 중요한 청결규정을 위반한 것이다. 마르티나의
친구는 그것이 아주 다루기 어려운 민감한 주제이기
때문에 솔직히 말하지 않는다. 마르티나는 자신의 잘
못된 행동을 이해하지는 못하지만 긴장감이 감도는
분위기를 느낀다.

배경

문화적 배경

수많은 문화권, 특히 아시아에서는 다른 사람들 앞에서 코를 푸는
것을 가급적 피한다. 그것은 특정한 청결이미지 또는 위생이미지
와 연결되어 있다. 신체 분비물들, 이를테면 땀이나 다른 분비물들
은 일반적으로 문제가 된다. 이것들을 분비해야만 하는 사람은 그
것을 눈에 띄지 않게, 불쾌감을 주지 않도록 하며, 다른 사람들이
있는 곳에서 해서는 안 된다. 인간의 사생활권에 관련된 것이다.
함께 자리하고 있는 사람이 코 묻은 손수건을 자신의 바지 주머니
나 핸드백에 지니고 있다는 생각 자체가 구역질나게 한다. 이와 같
은 종류의 일을 금지하는 것은, 어릴 때부터 배워서 깊이 내면화된
규칙들에 해당된다. 그 규칙들은 일반적으로 통용되는 청결표준의
일부이다. 그 규칙들을 건드리는 것은 금기된 사항을 위반하는 것

과 같다. 그렇기 때문에 그에 대해 이야기 하는 것이 좋지 않을 수밖에 없다.

마르티나는 식사 중 다른 사람들 앞에서 여러 차례 코를 풀었다. 그녀는 금기를 위반했고 이로써 자신을 초대한 사람들을 곤란한 상황에 빠뜨린 것뿐만이 아니다. 금기시 되는 사항을 위반하는 것은 어떻게 해볼 도리가 없다. 이에 대해서 말하기란 무척 어렵다. 왜냐하면 금기를 깨는 것들은 우발적으로 범해진 실수로 취급되는 것이 아니라 - 이러한 변명은 아이들과 미성년자들의 경우에만 통용된다 -, 그 사람의 인격지체와 결부된다. 이와 같은 이유에서 마르티나의 인도 여자친구도 그녀에게 솔직하게 알려줄 수 없었다. 사람들이 다른 사람 앞에서 코를 풀지 않는다고 하게 되면, 그것은 마르티나의 행동을 경멸한다는 판결이 내려지는 것과 같은 결과를 가져올 것이다.

물론 많은 의문점들이 아직 남아 있다. 왜 마르티나는 방문하기 전에 그런 일들에 대해 언질을 받지 못했을까? 그녀가 그때까지 콧물이 나지 않았었는가? 인도네시아인들은 훌쩍거리는 코에서 콧물이 떨어지지 않게 할 어떤 방법을 갖고 있나? - 이 문화권의 아이들은 신체 분비물을 어떻게 하라고 배우나? 독일에서는 코를 들이마시는 것보다 코를 풀라고 배운다. 독일 사람들은 누가 재채기하면 "건강(조심하세요)Gesundheit!"라고 말한다. 하지만 우리에게도 제한되는 것이 있다. 공공의 장소에서 손가락으로 코를 후비는 것, 코를 들이마시는 것, 트림하는 것, 코를 훌쩍이는 것 그리고 방귀를 뀌는 것은 금지된다. 이러한 표현방법들은 이미 어쩔 수 없이 어느 정도 거리를 두고 웃게 만들지 않는가? 이러한 표현방법들의 좀 더 고상한 변이형들은 전반적으로 행해지고 있지 않은가? 음식이든 침이든 우리가 입안에 가지고 있다면, 그것이 혐오감을 주지는 않는다. 그렇지만 우리가 입에 넣었던 것을 다른 사람 앞에서 우리의 접시에 뱉어놓는다면, 그것은 무엇인가? 어떤 사람들은 가래를 공손하게 휴지에 뱉고, 또 다른 사람들은 큰 소리로 바닥에 뱉는다. 후자는 우리에게도 경망스러운 것으로 간주된다. 중국에는 침 뱉는 항아리가 있다. 이것도 유럽인들에게는 익숙함을 요하는 것이다. 많은 아시아인들은 그들이 예를 들어 유럽을 방문했을 때, 공적인 인간관계에서 신체적인 문제들을 어떻게 해야 할지 준비되어 있다. 하지만 그럼에도 불구하고 그들의 혐오감을 억누를 수 없다. 청결표준은 깊이 자리 잡고 있다. 청결표준은 단순히 바른 예의범절의 일부가 아니라 인격과 교양의 거울이다.

CI-이용다중선택   **간의 통증**

조용히 텍스트를 읽으면서 메모 하시오.
여성 Y.에게 부족한 것이 무엇이었을지 생각해보시오.

52살의 여성 터키 공장근로자 Y씨는 18년 전에 독일에 왔다. 그녀는 4일 전부터 검사를 받기위해 종합병원에 있다. 그녀는 처음에는 자신의 가정의에게, 그 다음에는 내과의사와 산부인과 의사에게 조언을 구했었다. 뿐만 아니라 그녀는 최근에 이스탄불에 체류했을 때 한 "유명한 의사"에게 진찰을 받았었고 약물 치료를 받았었다. 터키에서 돌아온 후에 그녀는 석 달 동안 통증 없이 자신의 일에 몰두했다. 그 후에 통증이 다시 시작됐고, 한 젊은 내과의사가 종합병원으로 가도록 조처해 주었다. 그녀는 상복부의 통증을 호소하면서, 자신의 간이 건강하지 않으며, 공장에서 신체적으로 힘든 일을 더 이상 견뎌낼 수 없다고 했다. 진찰 결과 약간의 저혈압과 힘든 노동과 여섯 아이의 출산으로 인한 신체적 쇠약 외에 심각한 증상은 발견되지 않았다. 의사들은 이것을 "우울증 고착"을 동반한 전형적인 "외국인 여성노동자 신드롬"으로 간주했다. 의사들은 그녀에게 터키로 돌아갈 것을 제안했다.

당신에게 무엇이 개연성이 있어 보이는가?
조용히 더 많은 가능성들을 가늠해보시오.

- ■ 약물치료를 받고 좋아졌다는 것은 간이 나빠서 아프다는 것을 증명해준다.
- ■ 오히려 이주자-연금-노이로제에 대해서 생각해봐야 되는 것이 아닌가?
- ■ Y. 여성은 건강해지려면 그녀의 고향 터키가 필요하다.
- ■ 의사들은 심리적 문제가 있다는 것을 간과했다.

■ 약물치료를 받고 좋아졌다는 것은 간이 나빠서 아프다는 것을 증명해준다.

해결되지 않은 반응들

> 일반적으로 독일에서 철저하게 행한 검사가 장기에 손상이 있다는 것을 간과하였는데, 이것을 그녀의 고향에서 의사가 - 그 의사가 그녀와 같은 언어를 구사하기 때문에 - 알아내게 되었다고는 보지 않는다. 증상이 완화된 것은 다른 설명가능성으로도 설명될 수 있다. 이 이야기를 다시 한 번 철저히 검토하고 또 다른 하나의 답변 가능성을 골라 보시오.

■ 오히려 이주자-연금-노이로제에 대해서 생각해봐야 되는 것이 아닌가?

> 외국인들에 대하여 자주 내려지는 평가이며 동시에 차별적인 평가이다. 이러한 평가는 이런 진술에 해당되는 사람들의 부담을 덜어주는데 도움이 되는데, 왜냐하면 이들은 이주민들이 건강할 때의 행동과 질병

을 앓고 있을 때의 행동의 다양성에 익숙하지 않기 때문이다. 이 텍스트는 이러한 해석을 위한 그 어떤 근거도 제공하지 못한다. 이 이야기를 다시 한 번 읽고 또 다른 하나의 답변 가능성을 골라 보시오.

■ Y. 여성은 건강해지려면 그녀의 고향 터키가 필요하다.

외국에서 살고 있는 수많은 사람들처럼 Y.여성은 확실히 고향을 그리워하게 될 것이고, 그 때문에 때때로 슬퍼질 것이다. 문헌들을 살펴보면, 이민생활 중에는 수 년 동안 치유되지 않던 병으로 고생했던 사람들이, 고향으로 귀국하면서 씻은 듯이 병이 낫는 경우들도 있음을 알 수 있다. 그러나 이러한 병력에 대해 개연성 있는 설명을 위한 단서들도 있다.

■ 의사들은 심리적 문제가 있다는 것을 간과했다.

이 대답은 아주 그럴듯하다. 그녀의 간이 건강하지 않다고 말하는 것은 문화 특수적인 질병 증후군에 대해 생각하게 한다. 그녀의 삶에서 심한 고통과 결부되어 있는 사건들에 시선을 돌리게 된다. 보다 강도 높은 언어적으로 표현된 병력은 발병에 직접적인 관련이 있는, 살아가는 동안 일어난 일들에 주목하도록 했을 수도 있다.

배경

수많은 문화권에서 걱정과 근심과 고통은 근본적으로 특정 신체
기관에 결부되어 있다. 많은 관용어들이 이러한 상관관계를 증명
해 준다. 장기기관과 결부시키는 것은 문화에 따라 차이를 두어 나
타난다. 독일어에서는 어떤 사람에게 무엇인가가 신장에 해당된다
면, 영어에서는 그것이 "소화기관guts", 즉 위-장-로(路)에 해당된
다. 터키어에서 간에는 특별한 기능이 부여된다. 그 기능은 독일어
에서는 심장이 갖는 기능에 해당되는 그런 것이다. 특히 간은 외부
에서 가해진 고통이거나 혹은 또 다른 사람과 함께 고통을 느끼는
연민에 해당된다. 장기기관의 역할은 우선은 관용구로 나타난다.
따라서 간의 통증은 전형적으로 손실을 표현하는데, 특히 아이를
잃었을 경우를 표현한다. '간이 탄다' 라고 말하게 되면, 그것은 특
별히 큰 정신적 고통을 표현하는 것이다. 합리적인 사고를 하는 수
많은 사람들은 어쩌면 이것이 육체적으로 의미하는 것이 아무것도
없을 것이라고 가정할 것이다. 그러나 이러한 어법에는 감정이 응
축되어 있기도 하고, 이에 상응하는 감정이 만들어지기도 한다. 신
체와 관련된 표현들은 수 세대에 걸친 경험에 근거하고 있고, 사회
화 속에서 경험들을 조절해 준다.

문화적 배경

CIs은 훈련과 가르침을 위한 현실적 자료들이다. CIs은 짧고 완결
된 것처럼 보이지만, 곧바로 텍스트를 벗어나는 보다 깊은 이해와,
설정 안에서만 가능한 것을 보여준다.
CIs은 CIs를 이용하는 것과 마찬가지로 어떻든 현실을 흉내 낸 것
이지만 그럼에도 불구하고 어느 정도 삶과 밀접한 관련을 맺고 있
다.

CI-방법론의 우수성

> CIT는 시스템 분석과 진행 중인 반복적 발달의 초기 단계에 가장 유용하다. 그것은 유용성 평가 분야에 적합하다. 확보된 데이터들은 실험실의 설정에서 만들어진 관찰보다 더욱 잠재적인 가치를 지닌다. 즉, 제한적인 실험실 평가에서는 보이지 않는 성공과 실패에 관한 것들이 일상적인 사용 안에서 증거를 얻게 될 수도 있다. CIT는 특히 시스템의 문제 영역을 신속하게 찾아내기에 좋다.
>
> (Jim Carpenter: http://medir.ohsu.edu/~carpentj/cit.html)

브라이슬린Brislin과 그의 동료들은 CIs의 가장 큰 장점을 상호 문화적 만남을 흥미로운 방법으로 기술해주는 것이라고 본다. "맞추어 나가려고 노력하는 거론된 사람들이 있고, 이들에게 무슨 일이 일어나는지에 대해서 읽어보는 것은 본질적으로 흥미롭다" (1986: 17).

사람들은 이야기들을 조사할 때, 무슨 일이 일어났고, 그것이 왜 그렇게 진행됐는지 알고 싶어 한다.

경고 적응에 관한 여러 가지 연구들은 훈련 프로그램을 마친 이용자들이 상호 문화적 만남에서 나타나는 문제들을 더 잘 극복한다는 것을 보여 준다(Cushner/Landis 1996: 191 참조).

그러나 이러한 프로그램들에도 물론 문제들이 있다. 이 문제들은 무엇보다도 두드러지는 CIs의 특성에 들어있다.

> CIT는 기억에 의존하기 때문에, CIs이 잊혀지거나 왜곡될 수 있다. 이 방법은 정확하고 신뢰할 수 있는 보고를 요구하는데. 이 보고는 보고자가 가지고 있는 편견을 하나의 가능성으로 볼 수 있게 한다.
>
> (Jim Carpenter: http://medir.ohsu.edu/~carpentj/cit.html)

체험자들도 연구자들과 마찬가지로 모두 K1 문화권 출신이다. 그들은 항상 그들의 시각을 개입시킬 위험 속에 있다. 체험자에게 있어서 그것은 어느 정도 그럴 수밖에 없다고 보여 지는 바이다. 그러나 연구자들에게 있어서는 선입견을 통제하는 것이 절대적으로 요구되는 것일 것이다. 사람들은 이 경우에 어떤 것들을 전제로 하고 있는지 묻게 된다. CI를 파악하기 위해서라면, 결정적인 배경과 설명은 이미 잘 알려져 있어야만 하는 것이 아닌가?

어떤 하나의 CI는 훈련에서는 여러 차례 어떤 한 가지 점에 대하여 집중적으로 훈련하게 되는 것이지만, 다른 문제들은 답을 구하지 못한 채 그냥 놔두는 여러 층위로 된 예이다. **일차원적**

대답들 중 하나는 절대적으로 선호되고 올바른 답으로 평가된다. 그런데 대안들이 갖는 의미는 무엇인가? 그리고 무엇보다도 실험 대상자들은 어떻게 그 대안을 얻는가? 이 대안들은 어쨌든 멀리 있는 것처럼 보이지 않고, 사람들은 저자들이 그 대안을 단지 배제해 버린다는 인상을 자주 얻게 되는데, 그것은 이러한 대안들이 저자들이 가지고 있는 구상, 즉 그들이 목표로 하는 문화적 표준에 맞지 않기 때문이다.

어쨌든 "이것이 바로 그 경우에 해당된다라고 말할 그 어떤 단서도 없다"와 같은 다중 선택의 반응들은 종종 너무 성급하게 내려지는 결정이다. Incident의 텍스트에서는 버려진 대안들을 지지해 주는 그 어떤 것을 끄집어내는 것이 얼마든지 가능하다.

그리고 무엇보다도 대답가능성들은 전문가들에 의해서 이러한 대답가능성들이 과연 얼마나 가능한가에 대한 테스트가 이루어져야 함에도 불구하고, 그저 단순히 비현실적이거나 적합하지 않은 경우들이 있다. 그렇게 되면 이 과제는 그저 하나의 진부한 다중선택 과제로 퇴화되는데, 이 경우 여기에 해당되는 특별한 지식이나 이해 없이도 해결에 이른다.

이용의 측면에서 보면, 이용한다는 것은 바로 텍스트의 정확한 해석이 될 것이고, 그러는 가운데 텍스트에 있는 온라인상의 것과 이용자의 머릿속에 있는 오프라인 상의 것이 철저하게 구분될 것이다. 그렇게 되면 이것은 또 어쩌면 보다 덜 엄격한 다중선택이 될 것인데, 이러한 다중선택은 더욱 사건에 대한 성찰과 우리가 살펴본 두 예에서처럼 이용자의 해석으로 방향을 잡게 될 것이다.

그 때문에 더욱 더 발전해 가는 과정 속에서 답변가능성들을 위해 마련된 자리에 미해결의 문제들이 빈번하게 나타나게 된다.

추가정보들 훈련 프로그램들에서 긍정적인 점은 사람들이 문화적 차이에 대한 수많은 정보들을 얻는다는 것이다. 훈련 프로그램들은 여러 문화의 복잡한 미로 속에서 일정한 방향성을 제공한다.

물론 추가 정보들이 충분한지 아닌지 그리고 특히 그 추가 정보들이 적절한지, 최신 정보들로 업데이트 된 것인지 아닌지 등은 확실치 않은 채로 남아있다. 또한 사람들은 때로 어째서 어떤 하나의 사건의 대가가 하나의 간단한 정보를 파악하는데 가치를 지니게 되는지 묻게 된다.

그밖에도 이러한 정보들은 항상 일반화 · 동질화 · 전형화의 위험을 창출한다. 그리고 이것은 어쩌면 그릇된 해석으로부터 보호해 주는 대신 그러한 그릇된 해석을 야기할 가능성도 있다.

스콜랜과 스콜랜 Scollen / Scollen은 대화 상대자들이 다른 대화 상대자의 문화에 대한 지식을 갖고 있지만, 이러한 지식을 그들이 처한 상황에서 잘못 사용했을 때, 상호 문화적인 의사소통이 실패할 수 있다는 것과 그것이 어떻게 실패할 수 있는지 보여 준다. "이것은 종종 어떤 사람이 문화적으로 민감하려고 노력하는 경우가 실제로는 2차적인 문제를 만들어 내는 경우에 해당되며, 이러한 경우들에서는 이것이 도대체 어떤 종류의 문제인지 깨닫기가 더욱 어려워진다."(Scollon / Scollon 1995: 124).

거세된 사람들

수많은 CIs은 입증되지 않았고, 검증될 수 있도록 기록으로 남겨져 있지 않다. 이용자들이나 비평가들은 신뢰할 수 있는 원문 텍스트 대신 단지 번역이나 각색된 것들을 손에 넣게 된다.

어떤 하나의 CI는 항상 완결된 텍스트의 형태로 있다. 그 텍스트 안에서는 단지 그 안에 들어있는 것만을 찾아낼 수 있다. 그러므로 학습자는 무엇이 실제로 거기에 있는 것이고, 무엇이 해석하는 가운데 덧붙여지는 것인지 알고 있을 필요가 있다.

모든 실제 상황은 그 어떤 서술된 사건이 일어날 수 있는 것보다 몇 배나 훨씬 더 복잡한 것이다. 체험자가 경험했을 수도 있었을 그 모든 것을 이용자는 정신적으로 채워야한다. 이러한 이해과정은 프로그램 안으로 수용되어야 하고 충분히 숙고되어야만 한다. 이 점에 있어서도 온라인과 오프라인을 구분하는 것이 중요하다. 실제 체험에서 학습자는 충분히 숙고하는 가운데 새로운 것을 발견할 수 있는데, 어떤 것은 학습자가 이전에 알아차리지 못했던 것이고, 어떤 것은 학습자가 잊었던 것이거나 중요하게 여겨지지 않았던 것이다. 이 안에 상호 문화적 학습을 위한 보다 큰 잠재력이 숨겨져 있다.

완결성

어떤 한 터키 친구가 나에게 그가 독일에서 친구 집에 처음으로 방문했을 때 일어났던 일에 대해 이야기해 주었다. 사람들이 그에게 방을 보여주면서, 8시에 아침식사가 제공된다고 말해주었다. 그는 그 말을 곧이곧대로 정확하게 받아들이지 않았고, 손님인 그가 늦잠을 자도 될 것이라고 생각했다. 그러나 다음날 아침에 그는 7시 55분에 문 두드리는 소리에 잠이 깼고, 서두르라는 재촉을 받았다.

여기 서술된 CIs는 텍스트들이다. 이 텍스트들은 구연된 이야기거나, 종종 들은 것을 자기 말로 재구성한 것들이다.

- 이야기는 하나의 구조와 전통적인 형태를 갖고 있다. 이 두 가지는 우선 첫 번째로 문화적으로 형성된다. 두 가지 모두 명백한 CI를 규정해 준다. CI는 따라서 하나의 핵심, 클라이맥스를 포함하도록 서술된다. 이것은 서술전통에 의해 요구될 수도 있을 것이다. CI는 방향성을 보여주는 도입과 도덕성을 제공하는 결말을 포함하고 있을 수 있다. CI는 어떤 한 특정 서술 언어 안에서 유지될 수도 있고, 어떤 한 전형적인 시제 등등 안에서 유지될 수 있을 것이다.
- 이야기들은 한 사람의 화자를 갖고 있다. 이 화자는 하나의 의도를 자신의 이야기에 연결시킨다. 그는 어쩌면 파트너가 참여해주고 충고해주기를 바랄 수도 있다. 참여해 줌으로써 이야기를 벗어나서 사건을 해결하거나 해명해 줄 수 있다. 충고해 주는 것은 이야기 속에서 왕이나, 지혜로운 사람 등이 되어서 나타나게 되기도 한다.
- 들은 것을 자기 말로 재구성하는 사람은 그가 비록 연구자라고 하더라도 단지 또 다른 한사람의 화자일 뿐이다. 원래 처음에는 하나의 1인칭 화자 이야기였어야 했다. 따라서 이것이 그 경우가 아니라면, 남의 말을 자기 말로 옮기는 사람이 객관적인 것처럼 들리는 이야기를 하면서 그 뒤에 자신을 숨겼을 때는 특히 주의를 기울여야 한다.
- 이야기들은 단지 한 사람의 화자만을 갖고 있다. 다른 관련자들은 말없이 있다. 따라서 관련자들의 시각은 그야말로 어둠속에 머물러 있다. 그러나 의사소통 안에서는 공통의 지식이 중요하다. 그 점에 있어서 우리는 그렇게 충분하지 않다.

문화는 복잡하고 입체적이다. 학습 프로그램에서도 문화는 오히려 Hotspots에 따라 조직될 수 있는 것, 그래서 사람들이 행동하고 다른 사람들과 관계를 맺을 때 생겨나는 그 어떤 역동적인 것으로서의 문화가 아니었나? 사람들에게 이와 같은 개념을 전달해주려는 시도를 해야 하는 것이 아닌가? 따라서 참여자들에게 다중-선택-문제로 된 예들이 제시될 때, 참여자들을 그렇게 해서 보다 더 전문지식 능력을 갖춘 대화상대자로 만들어 줄 수 있지 않을까? 이 프로그램들은 현실의 복잡성과 가변성에 적합지 않은 부동의 문화개념을 근거로 하고 있다. 이 프로그램들은 단순화된 세계상을 전달해 주는데, 이 단순화된 세계상 안에서는 모든 문제에 대하여 신속하고, 복잡하지 않으며, 순조롭게, 그리고 거의 자동적으로 올바른 해답이 찾아진다.

전망

그렇게 우리는 CIs를 가지고 다음과 같은 종류의 목표에 이르기 위해 노력해야 한다.

- 상호 문화적 의사소통 상황에서는 자기의 고유한 것과 상대방의 행동에 대하여 존중하고, 다른 사람들에 대한 성급한 판단을 피하며, 아직 그 어떤 의미를 가질 수 있는 그런 것들에 대하여 민감하게 된다.
- 의사소통 방법론과 의사소통기술에 익숙해지고, 의사소통을 의미들 사이의 타협점에 이르는 장소로써 인식하기.
- 두려움과 불안을 상호 문화적 만남의 구성요소로서 허용하고, 자기 자신에게 충실하기를 배우기.
- 권력과 신분의 차이도 상호 문화적 의사소통의 구성요소라는 것과 문화적·사회적 요소들이 아주 긴밀하게 결합되어 있고, 고정관념이나 선입견이 문화적 차이의 이면을 이루고 있다는 것을 명확히 해두기.

Literatur

Agar, M. (1994): Language Shock. Understanding the Culture of Conversation. New York

Allport, G. W. (1967): Attitudes. In: Handbook of Social Psychology, Bd. 2, Murchison, C. (Hg.). New York

Antal, L. (1963): Questions of Meaning. The Hague

Argyle, M. (2002): Körpersprache und Kommunikation. Paderborn

Barnlund, D. C. (1975): Public and Private Self in Japan and the United States. Communicative Styles of Two Cultures. Tokyo

Bloomfield, L. (1933): Language. New York

Brislin, R. W. / Cushner, K. / Cherrie, C. / Yong, M. (1986): Intercultural Interactions. A Practical Guide. Beverly Hills

Bühler, K. (1969): Die Axiomatik der Sprachwissenschaften. Frankfurt / Main

Bussiek, J. (1994): Informationsmanagement im Mittelstand. Erfolgspotentiale erkennen und nutzen. Wiesbaden

Carpenter, J. http: / / medir. ohsu. edu / ~carpentj / cit. html

Carroll, R. (1987): Evidences invisibles. Paris

Chomsky, N. (1957): Syntactic Structures. The Hague

Collins, A. M. / Quillian, M. R. (1969): Retrieval Time from Semantic Memory. In: Journal of Verbal Learning and Verbal Behavior 8, 240-248

Cushner, K. / Landis, D. (1996): The Intercultural Sensitizer. In: Landis, D. / Bhagat, R. S. (Hg.): Handbook of Intercultural Training. Thousand Oaks, CA, 185-202

Dadder, R. (1987): Interkulturelle Orientierung. Analyse ausgewählter interkultureller Trainingsprogramme. Saarbrücken

De Saussure, F. (1972): Cours de linguistique générale. Edizione critica a cura di T. de Mauro. Paris

De Saussure, F. (1974): Cours de linguistique générale, fasc. 4. Engler R. (Hg.). Wiesbaden

Ferguson, A. (1923): Abhandlungen über die Geschichte der bürgerlichen Gesellschaft. Jena

Fiedler, F. E. , Mitchell, T. , Triandis, H. C. (1971): The Culture Assimilator: An Approach to Cross-cultural Training. In: Journal of Applied Psychology 7, 95-102

Flannagan, J. C. (1954): The Critical Incident Technique. In: Psychological Bulletin 51, 327-358

Goodenough, W. H. (1964): Cultural Anthropology and Linguistics. In: Hymes, D. (Hg.): Language in Culture and Society. A Reader in Linguistics and Anthropology. New York, 36-39

Grice, H. P. (1967): Logic and Conversation. William James Lectures, publiziert in: Cole, P. / Morgan, J. (1975) (Hg.): Speech Acts, Syntax and Semantics, Vol. 12. New York

Grimm (1847 / 1953): Bericht über das deutsche Wörterbuch. In: Deutscher Geist. Ein Lesebuch aus zwei Jahrhunderten. Berlin, 806-816

Gumperz, J. (1982). Discourse Strategies. Cambridge

Hall, E. T. (1976): Beyond Culture. New York

Harnish, R. M. (1976): Logical Form and Implicature. In: Bever, T. / Katz, J. / Langendoen, T. (Hg.): An Integrated Theory of Linguistic Ability. New York

Hofstede, G. (1983): National Culture in Four Dimensions. A Research Based Theory of Cultural Differences among Nations. In: International Studies of Management and Organization 13, 46-74

Keenan, E. O. (1976): The Universality of Conversational Postulates. In: Language in Society 5, 67-80

Keller, R. (1994): Sprachwandel. Von der unsichtbaren Hand in der Sprache. Tübingen

Keller, R. (1995): Zeichentheorie. Zu einer Theorie semiotischen Wissens. Tübingen

Knapp, K. / Knapp-Potthoff, A. (1990): Interkulturelle Kommunikation. In: Zeitschrift für Fremdsprachenforschung 1, 62-93

Lewis, D. K. (1969): Convention. A Philosophical Study. Cambridge, MA

Lewis, D. K. (1975): Konventionen. Eine sprachphilosophische Abhandlung. Berlin

Lippmann, W. (1922): Public Opinion. New York

Lippmann, W. (1964): Die öffentliche Meinung. München

Ludwig-Uhland-Institut (1986): Fremde Deutsche. Alltagskultur aus der Sicht ausländischer Studierender

Lyons, J. (1981): Language and Linguistics. Cambridge

Markowsky, R. / Thomas, A. (1995): Studienhalber in Deutschland. Interkulturelles Orientierungstraining für amerikanische Studenten, Schüler und Praktikanten. Heidelberg

Menger, C. (1883): Untersuchungen über die Methode der Socialwissenschaften und der politischen Oekonomie insbesondere. Leipzig

Mog, P. / Althaus, H.-J. (1992): Die Deutschen in ihrer Welt. Tübinger Modell einer integrativen Landeskunde. Berlin

Nazarkiewicz, K. (1994): Analysen zur moralischen Kommunikation und pädagogischen Intervention bei ethnischen Stereotypen. Unveröff. Diplomarbeit. Frankfurt

Nozick, R. (1974): Anarchy, State, and Utopia. Oxford

Ogden, C. K. , Richards, I. A. (1923): The Meaning of Meaning: A Study of the Influence of Language upon Thought and of the Science of Symbolism. New York

Paul, H. (1920): Prinzipien der Sprachgeschichte. Tübingen

Payer, M. (2002): http: // www. payer. de / cmc / cmcs01. htm
Postman / Keppel (1970): Norms of Word Association. New York
Quasthoff, U. (1973): Soziales Vorurteil und Kommunikation.
Frankfurt / Main
Robins, R. H. (1979): A Short History of Linguistics. London
Sacks, H. / Schegloff, E. A. / Jefferson, G. (1974): A Simplest
Systematics for the Organization of Turn-Taking for Convers-
ation. In: Language 50, 696-735
Sapir, E. (1921): Language. An Introduction to the Study of
Speech. New York
Sarangi, S. K. / Slembrouck, St. (1992): Non-cooperation in
Communication: A Reassessment of Gricean Pragmatics. In:
Journal of Pragmatics 17, 117-154
Schegloff, E. A. (1968): Sequencing in Conversational Openings,
American Anthropologist 70, 1075-1095
Schegloff, E. A. / Sacks, H. (1973): Opening Up Closings. In:
Semiotica VIII, 4, 289-327
Schmidt-Atzert, L. (1980): Die verbale Kommunikation von
Emotionen. Eine Bedingungsanalyse unter besonderer
Berücksichtigung physiologischer Prozesse. Gießen
Scollon, R. / Scollon, S. (1995): Intercultural Communication. A
Discourse Approach. Oxford
Searle, J. R. (1968): Speech Acts. Cambridge, MA
Searle, J. R. (1992): Conversation. Amsterdam
Searle, J. R. (1996): A Taxonomy of Illocutionary Acts. Cambridge
Strawson, P. F. (1971): Logico-linguistic Papers. London
Szalay, L. / Deese, J. (1978): Subjective Meaning and Culture. An
Assessment through Word Associations. Hillsdale, N. J
Thomas, A. (1991): Kulturstandards in der internationalen Be-
gegnung. Saarbrücken
Thomas, A. (1993): Kulturvergleichende Psychologie. Göttingen
Thomas, A. (1996): Psychologie interkulturellen Handelns.
Göttingen
Ullmann-Margalit, E. (1978): Invisible-Hand-Explanations. In:
Synthese 39, 263-291
Umstätter, W.: http:// www. ib. hu-berlin. de/ ~wumsta/ wistru/
definitions/ da4. html
Watzlawick, P. / Beavin, J. B. / Jackson, D. D. (1969): Menschliche
Kommunikation. Formen, Störungen, Paradoxien. Bern
Winch, P. (1972): Understanding a Primitive Society. In: Winch,
P. : Ethics and Action. London
Wittgenstein, L. (1967): Bemerkungen über Frazers „The Golden
Bough". Rhees, R. (Hg). In: Synthese 17, 233-253
Wittgenstein, L. (1977): Philosophische Untersuchungen. Frank-
furt / Main
Wittgenstein, L. (1971): Über Gewissheit. Frankfurt/ Main

Quellen

Viele der zitierten Critical Incidents entstammen einer Augsburger Sammlung, die über Jahre zusammengetragen wurde von Volker Hinnenkamp und Doris Fetscher.

Zu belegen sind:

S. 32: Ruben, B. D. (Hg.): Communication Yearbook 2. New Brunswick, NJ, 367

S. 39: Müller, B.-D. (1981): Lernpsychologische Aspekte der Aneignung von neuen Handlungsmustern. In: Materialien DaF, Heft 16, 49

S. 50: Schmid, A. (2002): „Come, scusi?" Verständigungsprobleme in Gesprächen zwischen Muttersprachlern und Nicht-Muttersprachlern. Magister-Hausarbeit. Augsburg

S. 68: Loveday (1985): At Cross Purposes: Semiotic Schism in Japanese-Western Interaction. In: Brunt, R. / Enninger, W. (Hg.): Interdisciplinary Perspectives at Cross-Cultural Communication. Aachen, 31

S. 83: Kimura, T. (1979): Language is Culture: Culture-based Differences in Japanese and English. In: Taylor, H. M. (Hg.): English and Japanese in Contrast. New York, 34

S. 86: Apeltauer, E. (1986): Kultur, nonverbale Kommunikation und Zweitsprachenerwerb. In: Rosenbusch, H. / Schober, O. (Hg.): Körpersprache in der schulischen Erziehung. Baltmannsweiler, 140

S. 95: adaptiert nach Gumperz, J. J. (1982): Discourse Strategies

S. 99: Hinnenkamp, V. (1993): Wie kann das Migrations-phänomen in der Schule behandelt werden? Sieben Bausteine für den Unterricht. In: Seminar „Wie kann das Migrationsphänomen in der Schule behandelt werden?" / Séminaire: „Comment traiter le phénomène migratoire à l'école?" Bern, 126

S. 235: Apeltauer, E. (1986): Kultur, nonverbale Kommunikation und Zweitsprachenerwerb. In: Rosenbusch, H. / Schober, O. (Hg.): Körpersprache in der schulischen Erziehung. Baltmannsweiler, 145